Helwich / Frankenberg

Pfändung des Arbeitseinkommens

und Verbraucherinsolvenz

Helwich / Frankenberg

Pfändung des Arbeitseinkommens

und Verbraucherinsolvenz

einschließlich
Pfändung der Sozialleistungen,
Kontopfändung und
Restschuldbefreiung

6. neubearbeitete und erweiterte Auflage 2010

Mit 50 Praxisproblemen und deren Lösungen

Der juristische Verlag
lexxion
Berlin

Prof. Günther Helwich, Norddeutsche Fachhochschule für Rechtspflege (FHR Nord).

Nina Frankenberg, Diplom-Rechtspflegerin, Hildesheim.

Bibliografische Information der Deutschen Nationalbibliothek

Die Deutsche Nationalbibliothek verzeichnet diese Publikation in der Deutschen Nationalbibliografie; detaillierte bibliografische Daten sind im Internet über http://dnb.d-nb.de abrufbar.

ISBN Print: 978-3-869 65-019-7
ISBN E-Book: 978-3-869 65-020-3

www.lexxion.de

Lektorat: Christina Kickum
Satz: Michael Bellenbaum

Vorwort zur 6. Auflage

Mehr als 6 Millionen Bundesbürger sind hoffnungslos überschuldet und die Pfändungen von Lohn und Gehalt, Renten, Kurzarbeiter- und Arbeitslosengeld, Kontoguthaben sowie Privatinsolvenzen sind für die Gerichte zu einem Massengeschäft geworden.

Schnelle Hilfestellung für alle Beteiligten – Gläubiger, Schuldner und Drittschuldner (Arbeitgeber), aber auch Beratungsstellen –, ist zwingend erforderlich. Dieses Buch will daher praxisnah informieren, wie das Pfändungsverfahren im Einzelnen funktioniert, mit welchen Anträgen zu rechnen ist und wie ein gerechter Interessenausgleich zwischen den Parteien hergestellt werden kann.

Die Neuauflage berücksichtigt die Pfändung des Kurzarbeitergeldes, das aufgrund der aktuellen Finanzkrise in vielen Betrieben anstelle von Lohn oder Gehalt gezahlt wird sowie schwerpunktmäßig die Auswirkungen zur Modernisierung des Pfändungsschutzes – insbesondere im Bereich der Kontenpfändung (das P-Konto). Hierbei kommt es auf die Art der Einkünfte künftig nicht mehr an und auch die Kontoguthaben aus den Einnahmen Selbstständiger und aus freiwilligen Leistungen Dritter werden geschützt. So können Schuldner weiterhin Überweisungen, Lastschriften, Barabhebungen und Daueraufträge vornehmen, wie es bisher nicht unbeschränkt möglich war.

Die Pfändung von Unterhaltsansprüchen ist durch die Änderung des Unterhaltsrechts völlig neu zu bewerten; denn die Rangfolge ist mit der neuen Rechtslage dahingehend geändert worden, dass der Ehegatte des Schuldners mit einem pfändenden Kind nicht mehr gleichrangig zu behandeln ist.

Literatur und Rechtsprechung haben sich weiterhin mit folgenden Einzelfragen des Pfändungs- und Insolvenzrechts befasst, deren Inhalte und Entscheidungen bei der Neubearbeitung berücksichtigt worden sind:

- was ist bei der Pfändung des Kurzarbeitergeldes zu beachten,
- wann kann der Drittschuldner mit eigenen Ansprüchen aufrechnen,
- wie sind volljährige Kinder und eigene Einkünfte der Unterhaltsberechtigten sowie
- mehrere Arbeitseinkommen des Schuldners zu berücksichtigen,

- wie sind Abtretung und gleichzeitige Pfändung abzuwickeln und
- wie wirkt sich eine Verbraucherinsolvenz auf die Pfändung aus.

Hildesheim, im Januar 2010

Günther Helwich
Nina Frankenberg

Vorwort zur 1. Auflage

Dieses Erläuterungsbuch will als zuverlässiges Nachschlagewerk ein Berater für diejenigen sein, die als Arbeitgeber bei der Pfändung von Arbeitseinkommen selbständig und eigenverantwortlich die pfändbaren Lohnanteile feststellen müssen.

Der Adressatenkreis umfasst schwerpunktmäßig Unternehmer und Handwerker, die sich als Drittschuldner schnell, gründlich und problemlos auf diesem für die Beteiligten häufig unbekannten Rechtsgebiete informieren wollen. Das Buch wird auch dem in der Praxis Tätigen, Studenten, den Anwälten und Anwaltsgehilfen eine Hilfe sein. Die Darstellung verzichtet im Wesentlichen auf die wissenschaftliche Auseinandersetzung mit Literatur und Rechtsprechung und beschränkt sich auf kurze Hinweise, auf weiterführende Literatur und Grundsatzentscheidungen.

Die in den Text eingefügten Muster für Lohnpfändungsbeschlüsse, Berechnungsbeispiele und die im Anhang abgedruckte Lohnpfändungstabelle sollen den praktischen Gebrauch dieses Buches so veranschaulichen, dass jederzeit hierauf zurückgegriffen werden kann.

Hildesheim, im September 1986

Günther Helwich

Inhaltsverzeichnis

Abkürzungs- und Literaturverzeichnis

AO	Abgabenordnung 1977
ArbG	Arbeitsgericht
BAG	Entscheidungen des Bundesarbeitsgerichts
Baumann/ Brehm	Zwangsvollstreckung, 3. Auflage, 1999
Baumbach/ Lauterbach/ Albers/ Hartmann	Zivilprozessordnung, 67. Auflage, 2009
Baur/Stürner	Zwangsvollstreckungs-, Konkurs- und Vergleichsrecht, 13. Auflage, 2006
BB	Betriebs-Berater
BetrVG	Betriebsverfassungsgesetz
BetrAVG	Gesetz zur Verbesserung der betrieblichen Altersversorgung
BGBl.	Bundesgesetzblatt
BGH	Bundesgerichtshof
BKGG	Bundeskindergeldgesetz
Boewer/ Bommermann	Lohnpfändung und Lohnabtretung in Recht und Praxis, 1987
Bork	Insolvenzrecht, 5. Auflage, 2009
Brox/Walker	Zwangsvollstreckungsrecht, 8. Auflage, 2008
Bülow/Mecke/ Schmidt	Hinterlegungsordnung, 3. Auflage, 1993
Coenen	Hinweise zum Hinterlegungswesen, 1982
DGVZ	Deutsche Gerichtsvollzieher Zeitung
Diepold/ Hintzen	Muster für Pfändung und Überweisung, 2006
DVO	Durchführungsverordnung
FamRZ	Zeitschrift für das gesamte Familienrecht
Fraulob	Richtiges Verhalten in der Zwangsvollstreckung, Beck – Ratgeber Recht

Foerste	Insolvenzrecht, 4. Auflage 2008
Gaul/Gaul	Aktuelles Arbeitsrecht, 1996
GG	Grundgesetz
InsO	Insolvenzordnung
InVo	Insolvenz und Vollstreckung
JurBüro	Das Juristische Büro
JZ	Juristenzeitung
Keller	Insolvenzrecht, 2006
KSchG	Kündigungsschutzgesetz
LAG	Entscheidungen des Landesarbeitsgerichts
LG	Landgericht
MDR	Monatsschrift für Deutsches Recht
NJW	Neue Juristische Wochenschrift
RGZ	Entscheidungssammlung des Reichsgerichts in Zivilsachen
Gaul/Schilken	Zwangsvollstreckungsrecht, 12. Auflage, 2010
Rpfleger	Der Deutsche Rechtspfleger
Schuschke/ Walker	Vollstreckung und Vorläufiger Rechtsschutz, 4. Auflage, 2008
SGB I-XII	Sozialgesetzbuch
Stein/Jonas	Zivilprozessordnung, 22. Auflage, 2002 (Münzberg)
Stöber	Forderungspfändung, 14. Auflage, 2005
Thomas/Putzo	Zivilprozessordnung, 30. Auflage, 2009
VermBG	Vermögensbildungsgesetz
Zimmermann	Insolvenzrecht, 6. Auflage 2006
ZinsO	Zeitschrift für das gesamte Insolvenzrecht
Zöller/Stöber	Zivilprozessordnung, 28. Auflage, 2009
ZPO	Zivilprozessordnung
ZRP	Zeitschrift für Rechtspolitik
ZVI	Zeitschrift für Verbraucher und Privatinsolvenzrecht

A. Die Pfändung des Arbeitseinkommens

I. Einführung

Die wesentlichen Rechtsquellen des Pfändungsrechts in Arbeitseinkommen finden sich im 8. Buch der Zivilprozessordnung. Hier sind die Voraussetzungen und verfahrensrechtlichen Normen zu finden, die zur zwangsweisen Verwirklichung von Rechten im Rahmen einer Zwangsvollstreckung unbedingt erforderlich sind. Das Recht, das zwangsweise durchgesetzt werden soll, muss vor der eigentlichen Vollstreckungsmaßnahme in seinem Bestand festgestellt sein.

Dabei ist der staatliche Pfändungszugriff regelmäßig auf das deutsche Hoheitsgebiet beschränkt.[1]

Das geschieht durch ein Urteil eines Gerichts; erst dieses Urteil schafft die Voraussetzung für eine Zwangsvollstreckung (§ 704 ZPO). Es kann aber z. B. auch ein gerichtlicher Vergleich, ein Kostenfestsetzungsbeschluss, eine notarielle Urkunde oder ein Vollstreckungsbescheid (§ 794 ZPO) Grundlage der Zwangsvollstreckungsmaßnahme sein.

Das Zwangsvollstreckungsverfahren kennt allgemein drei Beteiligte: denjenigen, der die Zwangsvollstreckung betreibt (das Gesetz nennt ihn Gläubiger), den, gegen den sich die Zwangsvollstreckung richtet (Schuldner), und das Organ, das die Zwangsvollstreckung durchführt (das Vollstreckungsorgan). Bei der Pfändung von Arbeitseinkommen (Geldforderungen) kommt eine vierte Person hinzu, nämlich der Arbeitgeber als Drittschuldner. Der Drittschuldner steht notwendigerweise im Spannungsfeld der Gläubiger- und Schuldnerinteressen.

Folgendes Schaubild soll die Beteiligtenpositionen im Lohnpfändungssystem verdeutlichen:

1 LG Tübingen, JZ 1961, 450.

Die Beteiligtenpositionen im Lohnpfändungsverfahren

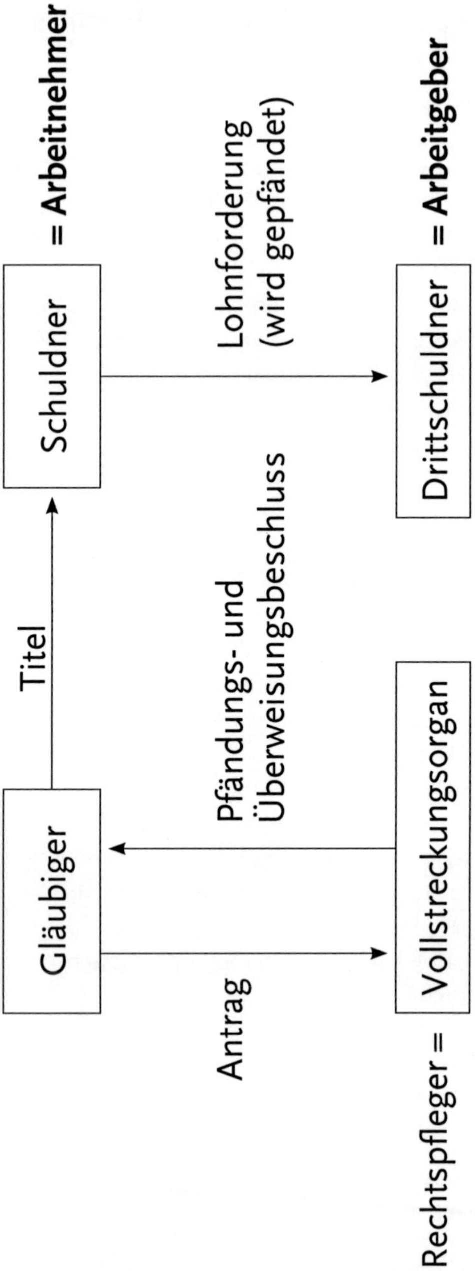

Da nicht selten mehrere Gläubiger den Lohn des Schuldners pfänden und häufig zusätzlich noch Abtretungsgläubiger hinzutreten, entstehen Konkurrenzen und Rangprobleme, die wegen der rechtlichen Schwierigkeiten vom Arbeitgeber als Drittschuldner nicht zu übersehen und zu lösen sind. Gerade im Bereich der Forderungspfändung ist unser Vollstreckungswesen durch den starken Ausbau des Vollstreckungsschutzes immer komplizierter geworden. An die Stelle klarer Unpfändbarkeitsgrenzen, der rechnerischen Schematisierung, ist teilweise eine recht flexible Regelung im Sinne einer bedingten und beschränkten Pfändbarkeit getreten. Die auf Umstände des Einzelfalles, die Billigkeit, abstellenden Tatbestände und Blankettbeschlüsse des Rechtspflegers bestimmen heute das ehemals so konkret formalisierte Lohnpfändungsrecht, das sich längst vom strengen zum billigen Recht entwickelt hat. Die Einbindung eines regelmäßig juristisch unkundigen Arbeitgebers als Drittschuldner in dieses komplexe Pfändungssystem ist daher ziemlich problematisch und auch unbefriedigend, weil meines Erachtens bei Konkurrenz- und Rangproblemen nur wenige Drittschuldner in der Lage sind, die Pfändungen wirklich exakt auszuführen. In diesem Bereich ist eine Reform des Zwangsvollstreckungsrechts längst überfällig; vielleicht dahingehend, dass bei mehrfacher Pfändung grundsätzlich ein Verteilungsverfahren (§§ 853, 872 ZPO) durch das Vollstreckungsgericht eingeleitet werden muss. Das Gericht (Rechtspfleger) teilt dann nach Festlegung der Rangpositionen die pfändbaren Lohnanteile den Gläubigern zu. Nur so würde einerseits für die Gläubiger und den Schuldner Transparenz und Zutrauen in die Lohnpfändung hineingebracht werden können und andererseits der Drittschuldner vom enormen Haftungsrisiko befreit sein.[2]

2 Bruckmann, ZRP 1994, 129.

II. Der Pfändungs- und Überweisungsbeschluss

1. Der Pfändungsbeschluss

Gepfändet wird eine Geldforderung (hier: Lohn und Gehalt) durch einen Gerichtsbeschluss (§§ 828, 829, 850ff ZPO).

Funktionell zuständiges Gerichtsorgan ist hier der Rechtspfleger, der auf Antrag des Gläubigers und nach genauer Prüfung der vollstreckungsrechtlichen Voraussetzungen einen Pfändungs- und Überweisungsbeschluss erlässt.

Da der Schuldner von der Pfändung überrascht werden soll, ist seine Anhörung vor Erlass des Pfändungs- und Überweisungsbeschlusses gesetzlich verboten (§ 834 ZPO). Daher besteht für den Rechtspfleger keine Möglichkeit der Prüfung, ob die vom Gläubiger gepfändete Forderung wirklich besteht und ob die Höhe der Schuld noch zutrifft. Gepfändet wird deshalb lediglich die angebliche Forderung des Schuldners (Arbeitnehmer) gegen den Drittschuldner (Arbeitgeber). Stellt sich heraus, dass die Forderung nicht oder nicht mehr besteht (z. B. durch Abtretung der Forderung), ist die Pfändung wirkungslos und geht ins Leere.[3]

Praxisproblem 1

Der Arbeitnehmer (Schuldner) hat seinen pfändbaren Lohn der Deutschen Bank AG zur Sicherung eines Kredites am 3.1.2010 wirksam abgetreten. Am 10.3.2010 hat ein Gläubiger aufgrund eines titulierten Anspruchs diese angebliche Lohnforderung des Schuldners gegen den Arbeitgeber (Drittschuldner) gepfändet und verlangt Zahlung.

Frage: An wen muss der Arbeitgeber zahlen?

Lösung:

Eine Zahlung des Drittschuldners an den Pfändungsgläubiger darf nicht erfolgen, da durch die erfolgte Abtretung dem Schuldner eine pfändbare Forderung nicht mehr zusteht. Die Pfändung geht somit ins Leere. Der Arbeitgeber muss daher im Falle der Anzeige der Abtretung an die Deutsche Bank zahlen.

Durch den Pfändungsbeschluss wird ein Verbot (Arrestatorium) und ein Gebot (Inhibitorium) ausgesprochen (§ 829 ZPO). Dem Drittschuldner (Arbeitgeber) wird verboten, weiterhin den vollen Lohn an den Schuld-

---

3 a) BGH, NJW 1976, 1090 ff.; NJW 1987, 1703 ff.
b) BAG, NJW 1993, 2699 ff.

ner zu zahlen; der Schuldner (Arbeitnehmer) darf nicht mehr über die gepfändete Forderung verfügen, das heißt, er darf diese nicht mehr einziehen. Diese Regelungen treten aber erst ein, wenn der Pfändungs- und Überweisungsbeschluss dem Arbeitgeber (auch ersatzweise einem der Bediensteten) durch den Gerichtsvollzieher oder durch einen vom Gerichtsvollzieher beauftragten Briefzusteller der Post AG zugestellt ist (§ 829 Absatz 3 ZPO).[4]

Im Pfändungsbeschluss (siehe anliegenden Vordruck) wird als gepfändete Forderung des Schuldners an den Arbeitgeber das Arbeitseinkommen genannt. Mit dieser Bezeichnung ist alles wirksam gepfändet, was die ZPO unter Arbeitseinkommen in den §§ 850 ff. geregelt hat; insbesondere z. B. Lohn, Gehalt, Provision pp. Zusätzlich erstreckt sich gemäß § 832 ZPO diese Pfändung ohne weiteres auf die erst nach Wirksamkeit des Pfändungs- und Überweisungsbeschlusses zu zahlenden Gehalts- und Lohnbeträge. Es wird folglich bereits mit der Pfändung eines Monatslohnes die Pfändung so lange ausgedehnt, bis der Gläubiger bezüglich seiner Titelforderung befriedigt ist oder das Arbeitsverhältnis beendet wird.

Auch bei einem **Betriebsinhaberwechsel** muss gemäß § 613 a BGB ein neuer Arbeitgeber die bewirkten Pfändungsmaßnahmen mit dem bisherigen Rang gegen sich gelten lassen. Das ehemalige Arbeitsverhältnis besteht insoweit fort und der Erlass eines neuen Pfändungsbeschlusses ist daher nicht notwendig.[5]

2. Der Überweisungsbeschluss

Durch den Überweisungsbeschluss (§ 835 ZPO) ist dem Arbeitgeber verboten, weiterhin an seinen Arbeitnehmer zu zahlen. An die Stelle des Arbeitnehmers (Schuldner) tritt als Einziehungsberechtigter der Gläubiger, der nach Zustellung des Pfändungs- und Überweisungsbeschlusses an den Arbeitgeber erwartet, dass die pfändbaren Lohnbeträge jetzt an ihn gezahlt werden. Soweit keine berechtigten Hindernisse vorliegen, wird der Arbeitgeber die pfändbaren Lohnanteile berechnen und diese auf das Konto des Gläubigers überweisen; insoweit ist der Gläubiger dann befriedigt.

---

4 BGBl. I 2001, 1206.

5 HessLAG, MDR 2000, 232.

Der Gesetzgeber gibt dem Gläubiger zwei Möglichkeiten der Überweisung zur Auswahl, nämlich die schon im Vordruck des Pfändungs- und Überweisungsbeschlusses üblicherweise vorgesehene Überweisung zur Einziehung und die in der Praxis ganz selten gehandhabte Überweisung an Zahlungs statt zum Nennwert. Bei der normalen Überweisung zur Einziehung ist die Zwangsvollstreckung erst beendet, wenn der Gläubiger vom Drittschuldner auch Zahlung erhält; die Überweisung an Zahlungs statt wirkt wie eine Abtretung der gepfändeten Forderung (§ 398 BGB, § 835 Absatz 2 ZPO).[6]

Regelmäßig werden Pfändungs- und Überweisungsbeschluss miteinander verbunden. Die Wirksamkeit tritt durch Zustellung des Überweisungsbeschlusses beim Arbeitgeber ein; besondere Anordnungen (z. B. die Herausgabe von Urkunden oder eine Auskunftsverpflichtung) sind extra im Beschluss anzugeben.[7]

6 Thomas Putzo, § 835 Rn. 5.

7 LG Koblenz, DGVZ 1997, 126.

An das Amtsgericht Hildesheim

Ich beantrage, den nachstehend entworfenen Beschluss zu erlassen – sowie die Zustellung, und zwar an Drittschuldner mit Aufforderung nach § 840 ZPO, zu vermitteln.

Drei Durchschläge anbei.

Hildesheim, den 16. Juli ....

Pfändungs- und Überweisungsbeschluss

In der Zwangsvollstreckungssache

des Kaufmanns Eduard Achtermann, Dreischeweg 33, 31135 Hildesheim	**Gläubiger**

Prozessbevollm.: Rechtsanwalt Dr. ....

gegen den Maurer Ehrhard König, Kalenberger Graben 13, 31134 Hildesheim	**Schuldner**

Prozessbevollm.: Rechtsanwalt ....

Nach dem vollstreckbaren Mahnbescheid/Vollstreckungsbescheid des Amtsgerichts Hildesheim vom 3. Juli .... (13 B 1313/....) kann der Gläubiger von dem Schuldner beanspruchen:

1) 3333,00 € – dazu 13 %. Zinsen seit dem 1.4. ....

2) 231,13 € – Kosten des Mahnverf. dazu 4 % Zinsen seit dem 1.6. ....

3) 46,87 € – bisherige Vollstreckungskosten

4) 66,06 € – Kosten für diesen Beschluss

Wegen dieser Ansprüche – sowie wegen der Zustellungskosten für diesen Beschluss wird die angebliche Forderung des Schuldners an den **Arbeitgeber**

Firma Konrad Schaper „elementbau“ GmbH, Luisenallee 33, 31134 Hildesheim	**Drittschuldnerin**

auf Zahlung des gesamten Arbeitseinkommens (einschließlich des Geldwertes von Sachbezügen) so lange gepfändet, bis der Gläubigeranspruch gedeckt ist.

Der Arbeitgeber (Drittschuldner) darf, soweit die Forderung gepfändet ist, nicht mehr an den Schuldner zahlen.

Der Schuldner darf den gepfändeten Teil des Arbeitseinkommens nicht mehr verlangen, ihn auch nicht verpfänden oder abtreten.

Soweit die Forderung des Schuldners an den Arbeitgeber gepfändet ist, wird sie dem Gläubiger zur Einziehung überwiesen.

Von der Pfändung sind ausgenommen und nicht mitzurechnen:

1) Beträge, die unmittelbar aufgrund **steuer**- oder **sozialrechtlicher** Vorschriften zur Erfüllung gesetzlicher Verpflichtungen des Schuldners abzuführen sind, ferner auf den Auszahlungszeitraum entfallende Beträge, die der Schuldner nach den Vorschriften der **Sozialversicherungsgesetze** zur Weiterversicherung entrichtet oder an eine **Ersatzkasse** oder an ein Unternehmen der **privaten Kranken-Versicherung** leistet, soweit diese Kassenbeiträge den Rahmen des Üblichen nicht übersteigen.

2) **Aufwandsentschädigungen, Auslösungsgelder** und andere soziale Zulagen für auswärtige Beschäftigung, das Entgelt für selbstgestelltes Arbeitsmaterial, **Gefahren-, Schmutz- und Erschwerniszulagen** (jedoch nur in üblicher Höhe),

3) die **Hälfte** der für die Leistung von **Mehrarbeitsstunden** gezahlten Teile des Arbeitseinkommens,

4) **Weihnachtsvergütungen** bis zur Hälfte des monatlichen Einkommens, höchstens aber bis 500 Euro,

5) die in § 850 a Nr. 2, 5 bis 8 ZPO genannten Bezüge (z. B. **Urlaubs- und Treuegelder, Heirats-, und Geburtsbeihilfen**).

Von dem errechneten **Netto-Einkommen** ergibt sich der pfändbare Betrag unter Berücksichtigung von Unterhaltspflichten des Schuldners aus der (Lohnpfändungs-) Tabelle zu § 850 c Abs. 3 ZPO.

Hildesheim, den 23. Juli ....

....
(Rechtspfleger)

3. Der Verzicht des Gläubigers

Gemäß § 843 ZPO kann der Gläubiger auf seine Rechte aus dem Pfändungs- und Überweisungsbeschluss verzichten. Der Arbeitgeber hat hierbei auf die genaue Wortwahl des Gläubigerverzichts zu achten; denn es ergeben sich bei der Bewertung zwei verschiedene rechtliche Varianten, die zu unterschiedlichen Ergebnissen führen:

1) Verzichtet der Gläubiger auf alle durch die Pfändung erworbenen Rechte, so erlischt das Gläubigerpfandrecht und der Schuldner kann wieder über sein gesamtes Arbeitseinkommen frei verfügen. Falls nachrangige Gläubiger vorhanden sind, rücken diese im Range auf.
2) Beschränkt der Gläubiger seinen Verzicht lediglich auf die Rechte aus dem Überweisungsbeschluss, so wird das Pfandrecht des Gläubigers hiervon nicht berührt, d.h. der Gläubiger verzichtet lediglich auf die derzeitige Einziehung der Forderung beim Drittschuldner und hat jederzeit die Möglichkeit, den Verzicht zu widerrufen. In diesem Fall muss der Arbeitgeber die pfändbaren Lohnanteile wieder an den Gläubiger abführen, auch wenn nachrangige Pfandgläubiger zwischenzeitlich aufgerückt sind. Der Verzicht selbst muss gemäß § 843 Satz 2 ZPO dem Schuldner erklärt werden und zusätzlich durch den Gerichtsvollzieher zugestellt werden. Eine Zustellung an den Arbeitgeber ist nach allgemeiner Meinung nicht erforderlich.[8]

Eine formlose Benachrichtigung durch den Gläubiger schützt allerdings den Drittschuldner, wenn dieser nach der Verzichtserklärung an den Arbeitnehmer die Lohnanteile wieder zahlt.

Um Drittschuldnerklagen bei streitigen Sachverhalten aus dem Wege zu gehen, sollte der Arbeitgeber beim Vollstreckungsgericht den Antrag auf Aufhebung des gesamten Pfändungs- und Überweisungsbeschlusses unter Vorlage der Gläubiger-Verzichtserklärung stellen[9] oder den gepfändeten Lohn beim Amtsgericht hinterlegen.

---

8 BGH, MDR 1983, 486.

9 Zum Meinungsstand: Stöber, Rn. 682.

III. Die Rechtsstellung des Arbeitgebers als Drittschuldner

1. Allgemeines

Durch die Zustellung des Pfändungs- und Überweisungsbeschlusses wird der Arbeitgeber mit einem neuen Einziehungsberechtigten (Titelgläubiger) konfrontiert. Er darf von diesem Zeitpunkt an die pfändbaren Lohnanteile nicht mehr an den Schuldner zahlen. Leistet er dennoch weiterhin an diesen, so kann der Gläubiger nochmalige Zahlung verlangen, unter Umständen gegen den Arbeitgeber auf Leistung an sich klagen.[10] Allerdings darf der Arbeitgeber durch die Überweisung nicht beeinträchtigt werden. So kann er dem Gläubiger gegenüber alle Einwendungen geltend machen, die er gegen den Schuldner hat. Wichtig ist hier insbesondere die Möglichkeit des Arbeitgebers, mit einer ihm gegen den Schuldner zustehenden Forderung aufzurechnen (z. B. Gehaltsvorschuss).

Weiter gilt gemäß § 836 Abs. 2 ZPO der Überweisungsbeschluss zugunsten des Drittschuldners solange als rechtswirksam, bis dieser aufgehoben wird und der Drittschuldner hiervon Kenntnis hat.

Praxisproblem 2

Der Arbeitnehmer hat seinen pfändbaren Lohn der Deutschen Bank AG am 3.1.2010 abgetreten. Der Arbeitgeber erhält hiervon keine Mitteilung.

Am 10.4.2010 pfändet der Vollstreckungsgläubiger aufgrund eines vollstreckbaren Titels die Lohnforderung durch Zustellung des Pfändungs- und Überweisungsbeschlusses an den Drittschuldner.

Frage: An wen muss der Arbeitgeber zahlen?

Lösung:

Der Drittschuldner (Arbeitgeber) zahlt befreiend an den Pfändungsgläubiger, da er von der Abtretung des Arbeitseinkommens nichts weiß. Die Deutsche Bank AG kann den vom Drittschuldner an den Pfändungsgläubiger ausgezahlten Betrag jedoch dann zurückverlangen, wenn nachgewiesen wird, dass der Pfändungsgläubiger von der Abtretung wusste.[11]

---

10 BGH, NJW 1956, 912.

11 BGH, JurBüro 1976, 752 ff.

Variante:

Die Abtretung an die Deutsche Bank AG ist dem Arbeitgeber rechtzeitig (vor Pfändung) angezeigt. Versehentlich zahlt der Arbeitgeber an den Pfändungsgläubiger.

Lösung:

Die Deutsche Bank AG kann (nochmalige) Zahlung an sich verlangen. Der geschädigte Arbeitgeber hat allerdings einen Herausgabeanspruch (Kondiktion) gegen den Pfändungsgläubiger.[12]

2. Die Drittschuldnererklärung[13]

Um die Pfändungsmaßnahme für den Gläubiger so transparent wie möglich zu gestalten, muss der Arbeitgeber diesem gegenüber auf Verlangen gemäß § 840 ZPO innerhalb von **zwei Wochen** nach Zustellung des Pfändungs- und Überweisungsbeschlusses folgende Fragen beantworten:

a) „Ob und inwieweit er (der Arbeitgeber) die Forderung als begründet anerkenne und Zahlung zu leisten bereit sei"

Damit der Gläubiger die zu pfändenden Teile des Arbeitseinkommens selbständig errechnen kann, ist nach überwiegender Rechtsprechung der Drittschuldner verpflichtet anzugeben,

1. ob der Schuldner bei ihm beschäftigt ist,
2. wie hoch der Lohn des Schuldners ist,
3. welchen Berechtigten der Schuldner Unterhalt zu zahlen hat (Familienstand),
4. zu welchem Termin jeweils mit einer Zahlung zu rechnen ist und
5. nach welcher Steuerklasse der Arbeitgeber Steuern an das Finanzamt abführt.

Zur Vollständigkeit dieser Auskunft gehört auch die spätere Mitteilung von Änderungen der Pfändungskriterien (Kündigung des Arbeitnehmers, Fortfall oder Erweiterung der Unterhaltsberechtigten, Lohnerhöhung). Der Problemkreis des Umfangs der Auskunftspflicht des Drittschuldners gemäß § 840 Abs. 1 ZPO wird in Literatur und Rechtsprechung recht kon-

---

12 BGH, JurBüro 1982, 63 ff.

13 Stöber, Rn. 626 ff.

trovers diskutiert.[14] Damit der Gläubiger jedoch selbständig übersehen kann, welche Lohnanteile ihm zustehen, halte ich mit der überwiegenden Meinung eine umfassende Auskunftspflicht auf Verlangen des Gläubigers für unbedingt notwendig;[15] hierbei sollte eine Rücksprache mit dem Arbeitnehmer selbstverständlich sein.

Ein Sich-Klammern an den Wortlaut des § 840 Abs. 1 ZPO ist völlig unpraktikabel und würde insoweit der erforderlichen Transparenz des Verfahrens und dem Interessenausgleich zwischen den Parteien widersprechen. Letztendlich können dem Gläubiger die Angaben über die Höhe des Lohns bzw. der Anzahl der Unterhaltsberechtigten doch nicht verwehrt werden; das berechtigte Interesse des Gläubigers geht regelmäßig so weit, dass er im Rahmen der Drittschuldnerklage bzw. bei Geltendmachung seines Nebenrechts zum Lohnpfändungsbeschluss gemäß § 836 Abs. 3 ZPO diese detaillierten Auskünfte vom Arbeitgeber bzw. Schuldner gerichtlich einfordern kann. Danach ist z. B. der Schuldner aufgrund des erlassenen Überweisungsbeschlusses verpflichtet, dem Gläubiger sämtliche Urkunden herauszugeben,[16] die für eine erfolgreiche Lohnpfändung erforderlich sind (z. B. Lohnabrechnungen[17], Lohnsteuerkarte, Kontoauszüge[18], Abschriften der Pfändungsbeschlüsse, Abtretungsanzeigen, Aufrechnungsverträge und vorläufige Zahlungsverbote).

Eine Verpflichtung des Arbeitgebers zur Vorlage dieser Belege und Urkunden ist nicht vorgeschrieben[19].

Erfüllt der Schuldner seine Verpflichtung auf Herausgabe nicht freiwillig, kann der Gläubiger die Urkunden im Wege der Herausgabevollstreckung gemäß §§ 836 Abs. 3, 883 ZPO durch den Gerichtsvollzieher erwirken.

Titel ist der Überweisungsbeschluss, in dem die Urkunden genau bezeichnet sein müssen. Gemäß § 836 Abs. 3 ZPO trifft den Schuldner nicht nur die Verpflichtung auf Herausgabe notwendiger Urkunden, sondern auch eine umfassende Auskunftsverpflichtung. Dieser Auskunftsan-

---

14 Thomas-Putzo, § 840 ZPO Rn. 4.

15 LG Münster, Rpfleger 2002, 321.

16 BGH, NJW 2004, 954.

17 BGH, NJW 2007, 606 ff.

18 LG Stendal, JurBüro 2009, 609 ff.

19 BGH, JurBüro 1983, 1025:

spruch des Gläubigers war bisher nur zeitaufwendig und kostenintensiv im Klagewege erzwingbar. Der Schuldner ist auf Antrag des Gläubigers verpflichtet, gemäß § 899 ZPO dem Gerichtsvollzieher die notwendigen Informationen eidesstattlich zu versichern.

Folgende Erklärungen könnten z. B. insoweit im Lohnpfändungsverfahren dem Schuldner abverlangt werden:

1) Welchen Personen gegenüber ist der Schuldner unterhaltsverpflichtet? (§ 850 c ZPO)
2) Ist der Unterhaltsberechtigte berufstätig? Wie hoch ist das Gehalt? (Antrag gemäß § 850 c Abs. 4 ZPO)[20]
3) Leistet der Schuldner regelmäßig Überstunden? (§ 850 a Nr. 1 ZPO)
4) Erhält der Schuldner ein Urlaubsgeld? Wie hoch ist das Entgelt? (§ 850a Nr. 2 ZPO)
5) Wie lange ist der Schuldner im Unternehmen beschäftigt? Erhält der Schuldner Treueprämien? (§ 850 a Nr. 2 ZPO)
6) Werden Aufwandsentschädigungen, Gefahren-, Schmutz- oder Erschwerniszulagen gewährt? Wie hoch sind die monatlichen Zahlungen? (§ 850 a Nr. 3 ZPO)
7) Hat der Schuldner ein Nebeneinkommen? Wie lautet die zustellungsfähige Anschrift des weiteren Arbeitgebers? Wie hoch ist das Einkommen? (Antrag gemäß § 850e Nr. 2 ZPO)
8) Erhält der Schuldner eine Sozialgeldleistung? Wie lautet die zustellungsfähige Anschrift der Sozialgeldstelle? (Antrag gemäß § 850e Nr. 2a ZPO)
9) Leistet der Arbeitgeber Arbeitslohn für die vom Schuldner geleistete Arbeit an einen Dritten? Wie hoch sind die Beträge? (Antrag gemäß § 850 h ZPO)
10) Bezieht der Schuldner Naturalleistungen? Stellt der Arbeitgeber einen Dienst-Pkw zur Verfügung? (§ 850 e Nr. 3 ZPO)

Sollte der Schuldner diese Auskünfte überhaupt nicht oder nur unvollständig erteilen, so treffen ihn die harten Konsequenzen, die ein

20 LG Hildesheim, DGVZ 2001, 87.

Offenbarungsverfahren[21] mit sich bringen – nämlich **Haftbefehl und Freiheitsentziehung.**

Gemäß §§ 901 ff. ZPO ergeht bei Verweigerung auf Antrag des Gläubigers ein Haftbefehl, um den Schuldner zur Auskunftserteilung zu zwingen. Der Gesetzgeber sieht insoweit gemäß § 913 ZPO eine Haftdauer von bis zu 6 Monaten vor, der sich der Schuldner durch rechtzeitige Abgabe der erforderlichen Informationen entziehen kann.

Sind die Auskünfte des Schuldners vor dem Gerichtsvollzieher für den Gläubiger nicht ausreichend oder nur lückenhaft abgegeben, ist der Schuldner in einem Ergänzungsverfahren[22] nochmals dem Gerichtsvollzieher vorzuladen, um seine Erklärungen entsprechend zu ergänzen.

Im Interesse von Gläubiger, Schuldner und Drittschuldner – aber auch insbesondere mit Blick auf die tägliche Praxisarbeit – hat daher der Arbeitgeber auf Verlangen des Gläubigers die erweiterte Auskunftserteilung – nach Rücksprache mit dem Schuldner als Arbeitnehmer – vorzunehmen. Um den Schuldner von Prozesskosten fernzuhalten, entspricht dies auch dem Fürsorgegedanken des Arbeitgebers seinem Arbeitnehmer gegenüber.[23]

b) „Ob und welche Ansprüche andere Personen an die Forderung geltend machen"

Hierbei geht es regelmäßig um Ansprüche, die aus Abtretungen und Verpfändungen des Arbeitseinkommens des Schuldners hergeleitet werden. Solche Abtretungen (z. B. an Banken, Bausparkassen, Lebensversicherungsgesellschaften) sind gemäß §§ 398 ff BGB wirksam und gehen, wenn sie der Pfändung gegenüber vorrangig entstanden sind, dem Pfändungsgläubiger vor.

Voraussetzung ist jedoch, dass der Abtretungsgläubiger seine Rechte aus der Abtretung (Zession) dem Arbeitgeber gegenüber geltend gemacht hat, das heißt die Abtretung dem Drittschuldner angezeigt hat.

---

21 Brox/Walker, RdNr. 1125 ff.

22 Thomas/Putzo, § 807 ZPO, Rn. 30.

23 Meinungsstand: Stöber, Rn. 645, 939.

Hierzu gehören auch die Aufrechnungsverträge, die der Arbeitnehmer mit seinem Arbeitgeber aufgrund von Gehaltsvorschüssen oder Arbeitgeberdarlehen vereinbart hat.

c) *„Ob und wegen welcher Ansprüche die Forderung bereits für andere Personen gepfändet ist"*

Ist das Arbeitseinkommen des Arbeitnehmers mehrfach gepfändet worden, so gilt das Prioritätsprinzip, das heißt, der zuerst zugestellte Pfändungsbeschluss an den Arbeitgeber geht dem später zugestellten Beschluss im Range vor. Das Datum des Antrages auf Erlass oder des Erlasses des Pfändungs- und Überweisungsbeschlusses selbst sind nie maßgebend, weil der Gläubiger selbständig durch Zustellung des Beschlusses das Wirksamwerden des Pfandrechts bestimmt (§ 829 Abs. 3 ZPO).

Hier hat der Arbeitgeber aber auch Vorpfändungen gemäß § 845 ZPO zu beachten und – falls solche vorliegen – im Rahmen seiner Auskunftspflicht den Pfändungsgläubiger hiervon in Kenntnis zu setzen. Die Aufforderung wird in die vom Gerichtsvollzieher zu fertigende Zustellungsurkunde des Pfändungsbeschlusses aufgenommen.

Die Erklärungen des Arbeitgebers müssen wahlweise sofort bei Zustellung des Pfändungsbeschlusses oder innerhalb von zwei Wochen an den Gerichtsvollzieher oder direkt an den Gläubiger erfolgen. Werden die Erklärungen nicht oder nicht rechtzeitig abgegeben, so haftet der Arbeitgeber dem Gläubiger für den aus der Unterlassung oder Verspätung der Erklärung erwachsenen Schaden gemäß § 840 Abs. 2 ZPO. Dies bedeutet, dass der Arbeitgeber auf Zahlung des Betrages verklagt werden kann, der vom Schuldner gefordert wird.[24] Der Arbeitgeber muss nachweisen, dass ihn an der rechtzeitigen Nichterklärung keine Schuld trifft.[25]

Einen einklagbaren Anspruch auf Abgabe der Drittschuldnererklärung hat der Gläubiger grundsätzlich nicht.[26]

Der Arbeitgeber ist gemäß § 840 ZPO nicht verpflichtet, später ergänzende Angaben darüber zu machen, wenn sich die Bedingungen des Arbeitsverhältnisses z. B. durch Beendigung des Arbeitsvertrages oder

24 BGH, DGVZ 1984, 137.

25 BGH, JurBüro 1981, 1501.

26 BGH, NJW 1987, 64.

Krankheit des Schuldners verändert haben;[27] allerdings lässt die Rechtsprechung Wiederholungen des Auskunftsverlangen durch den Gläubiger zu.[28]

Zuständig für die **Klage auf Geltendmachung von Schadensersatz** wegen Nichterfüllung der Verpflichtung aus § 840 Abs. 1 ZPO sind regelmäßig die ordentlichen Gerichte.[29] Stellt sich dabei heraus, dass keine pfändbaren Beträge abzuführen sind, haftet der Arbeitgeber zumindest für die Kosten des Prozesses[30] bzw. für die Anwaltskosten für die Aufforderung des Arbeitgebers zur Drittschuldnererklärung.[31]

Die negativen Folgen lassen sich nur bei rechtzeitiger Erklärung innerhalb von zwei Wochen vermeiden. Eine Auskunftspflicht des Drittschuldners besteht nicht bei der Zustellung eines „Vorläufigen Zahlungsverbotes" (Vorpfändung) gemäß § 845 ZPO.

Pfändungsgläubiger beantragen dies aber auch regelmäßig schon in diesem Verfahrensstadium, um unnötige Kosten zu vermeiden. Nach Rücksprache mit dem Arbeitnehmer – dies sollte im Pfändungsverfahren selbstverständlich sein – müsste dann im konkreten Einzelfall entschieden werden, ob freiwillig Auskunft erteilt werden soll.

Die tatsächlichen **Kosten des Arbeitgebers** (Portokosten) für die Abgabe der Erklärung fallen dem Gläubiger zur Last. Ansprüche auf Ersatz der Personalkosten (**Bearbeitungskosten**) für die Abwicklung der Pfändung selbst kömen nach überwiegender Ansicht jedoch nicht gegen den Gläubiger, sondern nur gegen den Schuldner geltend gemacht werden.[32] Häufig ergeben sich solche Ansprüche durch entsprechende Tarifverträge.[33]

27 LAG Hamm, JurBüro 1991, 131.

28 Stein/Jonas/Brehm, § 840, Rn. 7.

29 Thomas/Putzo, § 840 ZPO, Rn. 19.

30 a) BAG, NJW 1990, 2643 ff.
b) OLG Köln Rpfleger 2003, 670 ff.

31 AG Düsseldorf, JurBüro 2000, 601.

32 BAG, BB 1985, 1199.

33 Übersicht zum Meinungsstand: Schuschke, Vollstreckung und vorläufiger Rechtsschutz, §829 ZPO, Rn. 68.

Hinweise:
Die Erstattung der **Bearbeitungskosten** (§§ 307, 310 BGB):

1. Die Bearbeitungskosten sind vom Arbeitnehmer zu erstatten, wenn dies
   a) im Arbeitsvertrag aufgenommen wurde oder
   b) in einer Betriebsvereinbarung oder einem Tarifvertrag enthalten ist.
2. Durch die Neuregelung der §§ 307ff BGB ist streitig, ob wirksam einzelvertraglich solche Bestimmungen noch wirksam vereinbart werden können. (Art. 229 § 5 EGBGB)[34]
3. Gemäß § 310 Abs. 4 BGB ist nicht vollständig geklärt, ob die AGB-Bestimmungen die Erstattung von Bearbeitungsgebühren rechtfertigen.

Folgender Vordruck als Muster einer Aufforderung nach § 840 ZPO soll das Vorgehen des Gläubigers gegen den Arbeitgeber deutlich machen:

34 BGH, BB 2000, 169.

An die
Fa. Konrad S....................
„elementbau“ GmbH
Luisenallee 33
31134 Hildesheim – Arbeitgeber –

Unter Bezugnahme auf den Ihnen am 29.7. .... durch den Gerichtsvollzieher zugestellten Pfändungs- und Überweisungsbeschluss des Amtsgerichts Hildesheim vom 26.7. .... Aktenzeichen: 13 M 3333/.... in Sachen Achtermann ./. König bitte ich Sie, gemäß § 840 der Zivilprozessordnung mir bis zum 15.8. .... zu erklären:

1. „ob und inwieweit Sie die gepfändete Forderung als begründet anerkennen“
2. „ob und welche Ansprüche andere Personen an die Forderung machen“
3. „ob und wegen welcher Ansprüche die Forderung bereits für andere Gläubiger gepfändet ist.“
4. ob innerhalb der letzten zwölf Monate im Hinblick auf das Konto, dessen Guthaben gepfändet worden ist, eine Pfändung nach § 833a Abs. 2 aufgehoben oder die Unpfändbarkeit des Guthabens angeordnet worden ist, und
5. ob es sich bei dem Konto, dessen Guthaben gepfändet worden ist, um ein Pfändungsschutzkonto im Sinne von § 850k Abs. 7 handelt.

Sie sind zur Abgabe dieser Erklärung gesetzlich verpflichtet.

Sollte daher die Erklärung innerhalb der gestellten Frist nicht abgegeben sein, müsste mein Mandant zu seinem Bedauern gerichtlich gegen Sie vorgehen.

Hochachtungsvoll

....
Rechtsanwalt

Drittschuldnererklärung des Arbeitgebers gemäß § 840 ZPO:
(alternativ:)

Pfändung der Lohnforderung des ....

Sehr geehrter Herr Rechtsanwalt ....,

die mir vom Gerichtsvollzieher zugeleiteten Fragen gemäß § 840 ZPO beantworte ich wie folgt:

1. Die Forderung wird als begründet – nicht – anerkannt.
   Herr .... ist bei mir – nicht – beschäftigt und erhält ein Nettoeinkommen von .... Euro
2. Die Lohnforderung hat der Schuldner an die .... zur Sicherung eines Darlehens in Höhe von .... Euro abgetreten. Die Abtretung wird von mir mit monatlich .... Euro bedient.
3. Die Lohnforderung ist von .... wegen einer Forderung von insgesamt .... Euro gepfändet.

Eine Zahlung auf Ihre Forderung ist daher zurzeit – nicht – möglich.

Mit freundlichem Gruß

3. Rechtsbehelfe

Um dem völlig rechtsunkundigen Arbeitnehmer nach erfolgter Lohnpfändung helfen zu können, besteht für den Arbeitgeber als Drittschuldner die Möglichkeit, bei Verletzung vollstreckungsrechtlicher Bestimmungen Einwendungen im Wege der **Vollstreckungserinnerung** gemäß § 766 ZPO zu erheben;[35] dies folgt aus der allgemeinen Fürsorgepflicht des Arbeitgebers seinem Arbeitnehmer gegenüber. Die komplizierten Bestimmungen des Lohnpfändungsrechts und häufig unklare Blankettbeschlüsse des Rechtspflegers machen es aber auch notwendig, dass der Drittschuldner von sich aus das Vollstreckungsgericht (Rechtspfleger) um Ergänzungs- bzw. Berichtigungsbeschlüsse anruft.

Wenn jedoch für den Arbeitgeber zweifelhaft ist, ob und welcher Betrag von der Pfändung erfasst ist, sollte dieser den streitigen Betrag unter Verzicht auf Rücknahme gemäß §§ 372, 378 BGB hinterlegen. Auch bei mehrfacher Pfändung kann es ratsam sein, als Arbeitgeber von seinem Recht der Hinterlegung gemäß §§ 853, 872 ff. ZPO Gebrauch zu machen. Bei falscher Berechnung oder fehlerhafter Auszahlung läuft man ansonsten Gefahr, von Zahlungsklagen der Gläubiger überzogen und evtl. zur nochmaligen Zahlung verpflichtet zu werden.

Die erfolgte Lohnpfändung kann regelmäßig kein Kündigungsgrund sein, um sich hierdurch als Arbeitgeber der Mehrbelastung, die durch die Pfändung entsteht, zu entziehen. Umstände des Einzelfalles, (z. B. Besonderheit in dem Tätigkeitsbereich des Schuldners, Häufung von Lohnpfändungen), die hinzutreten, können evtl. eine Kündigung rechtfertigen.[36]

---

35 Thomas-Putzo, § 766 ZPO, Rn. 20.

36 LAG Rheinland-Pfalz, BB 1979, 375.

IV. Pfändbares und unpfändbares Arbeitseinkommen

1. Begriff des Arbeitseinkommens

a. Lohn und Gehalt

Die Pfändung des in Geld zahlbaren Arbeitseinkommens erfasst **alle Vergütungen**, die dem Schuldner aus dem Arbeits- oder Dienstverhältnis zustehen, ohne Rücksicht auf ihre Benennung oder Berechnungsart (§ 850 Abs. 4 ZPO). Die Begriffe Lohn und Gehalt sind daher extrem weit auszulegen und umfassen auch das, was an Zulagen gewährt wird.

Zu den Dienstlöhnen zählen z. B. auch die Abfindungen nach §§ 9, 10 KSchG, Bezüge an Vorstandsmitglieder einer AG und an Geschäftsführer einer GmbH. Gewinnbeteiligungen und Tantiemen gelten gemäß § 850 ZPO ebenso als Arbeitseinkommen wie die Provisionen der Außendienstmitarbeiter, Heimarbeitervergütungen, Trinkgelder der Kellner und die Lehrlingsvergütungen der Auszubildenden; sie sind daher ebenfalls pfändbar.

b. Ruhegelder

Hierbei geht es um solche Zahlungen, die der Arbeitgeber aufgrund des Dienstvertrages oder tarifrechtlicher Bestimmungen als Pensionen oder Ruhegelder (Betriebsrenten) dem Arbeitnehmer nach dem Ausscheiden aus dem Betrieb leistet. Dabei macht es keinen Unterschied, ob die Zahlung für ein vorzeitiges Ausscheiden oder als Altersversorgung gewährt wird.

Wird das Ruhegeld nicht vom Arbeitgeber selbst, sondern von einer Unterstützungs- oder Pensionskasse gewährt, ist die Pfändung gegen den Arbeitgeber wirkungslos, sie muss sich dann gegen die Pensionskasse als Drittschuldner wenden.

c. Hinterbliebenenbezüge

Auch Zahlungen, die vom Arbeitgeber nach dem Tode des früheren Arbeitnehmers an die Witwe oder die Kinder als Hinterbliebenenbezüge gewährt werden, sind grundsätzlich pfändbar.

d. Sonstige Vergütungen

Hier handelt es sich um Rechtsverhältnisse für Dienstleistungen ohne persönliche Abhängigkeit, wie man sie z. B. bei Steuerberatern, Ärzten, Rechtsanwälten, Architekten und insbesondere bei freien Handelsvertretern kennt. Ihre Vergütungen, die nicht notwendigerweise regelmäßig und in gleicher Höhe zu zahlen sind, sind gemäß § 850 ZPO pfändbar.

Auch die Entgelte, die früheren Mitarbeitern für die Einhaltung von Wettbewerbsklauseln (Karenzentschädigung) gezahlt werden, sind als Arbeitseinkommen zu behandeln und somit der Pfändung unterworfen.

e. Vermögenswirksame Leistungen

Erhält ein Arbeitnehmer vermögenswirksame Leistungen (z. B. 40 € monatlich) zusätzlich zum Arbeitseinkommen (§ 10 VermBG)[37], so sind diese vermögenswirksamen Leistungen arbeitsrechtlich Bestandteil des Lohns oder Gehalts.

Gemäß § 2 Abs. 7 VermBG ist der Anspruch auf diese Leistung allerdings nicht übertragbar und somit auch nicht pfändbar. Für die Berechnung des pfändbaren Arbeitseinkommens ist gemäß § 850 e Nr. 1 ZPO daher die vermögenswirksame Leistung nicht mitzurechnen.

Wird die vermögenswirksame Leistung nicht zusätzlich, sondern direkt aus dem Arbeitseinkommen des Arbeitnehmers gezahlt (§ 11 VermBG), so ist auch diese Art der Anlage gemäß § 2 Abs. 7 VermBG unpfändbar.

Der Arbeitgeber hat bei Zahlung der vermögenswirksamen Leistung die Lohnpfändung wie folgt abzurechnen:

Praxisproblem 3

Der verheiratete Schuldner mit 2 Kindern erhält monatlich 2400,00 € netto.

Pfändbar sind monatlich 189,29 €.

Enthält dieses Einkommen einen nach § 11 VermBG vermögenswirksam angelegten Einkommensanteil in Höhe von 40,00 €, so ist für die Berechnung des pfändbaren Einkommens von 2360,00 € (2400,00 € ./. 40,00 €) auszugehen.

Frage: Wie hoch ist jetzt der pfändbare Betrag?

Lösung:

Pfändbar sind jetzt monatlich 177,29 €.

---

37 5. VermBG, BGBl I 1994, 407 ff.

Auch die Arbeitnehmer-Sparzulage[38] wird von der Pfändung des Arbeitseinkommens nicht erfasst. Drittschuldner hierfür ist nämlich nicht der Arbeitgeber, sondern das zuständige Finanzamt.

f. Renten, Altersversorgung durch Direktversicherung

Anstelle von Ruhegeldern (siehe b) erhält ein Arbeitnehmer als **betriebliche Altersversorgung** häufig Versicherungsleistungen einer Lebens- oder Unfallversicherung. Diese Versorgungszahlungen als Beiträge zur Direktversicherung sind Leistungen des Arbeitgebers, die als zusätzliche Arbeitseinkommensanteile deshalb auch der Lohnsteuer unterworfen sind (§ 40 b EStG).

Insbesondere gemäß § 1 a BetrAVG kann der Arbeitnehmer vom Arbeitgeber verlangen, dass von seinen künftigen Entgeltansprüchen bis zu 4% der jeweiligen Beitragsbemessungsgrenze in der allgemeinen Rentenversicherung durch Entgeltumwandlung für seine betriebliche Altersversorgung verwendet werden. Die Durchführung des Anspruchs des Arbeitnehmers wird durch betriebliche Vereinbarung geregelt. Ist der Arbeitgeber zu einer Durchführung über einen Pensionsfonds oder eine Pensionskasse (§ 1 b Abs. 3 BetrAVG) bereit, ist die betriebliche Altersversorgung dort durchzuführen; andernfalls kann der Arbeitnehmer verlangen, dass der Arbeitgeber für ihn eine Direktversicherung (§ 1 b Abs. 2 BetrAVG) abschließt.

Soweit der Anspruch geltend gemacht wird, muss der Arbeitnehmer jährlich einen Betrag in Höhe von mindestens einem Hundertsechzigstel der Bezugsgröße nach § 18 Abs. 1 des Vierten Buches Sozialgesetzbuch für seine betriebliche Altersversorgung verwenden. Soweit der Arbeitnehmer Teile seines regelmäßigen Entgelts für betriebliche Altersversorgung verwendet, kann der Arbeitgeber verlangen, dass während eines laufenden Kalenderjahres gleich bleibende monatliche Beträge verwendet werden. Soweit allerdings eine durch Entgeltumwandlung finanzierte betriebliche Altersversorgung besteht, ist der Anspruch des Arbeitnehmers auf Entgeltumwandlung ausgeschlossen.

Bei der Berechnung des pfändbaren Arbeitseinkommens gemäß § 850 e ZPO können die Beiträge zur Direktversicherung allerdings nicht berücksichtigt werden; denn die Beitragsleistungen des Arbeitgebers wer-

---

38 §§ 13, 14 VermBG.

den nicht dem Arbeitnehmer als Dienstbezüge geschuldet, sondern nur der Versicherungsgesellschaft aufgrund des Versicherungsvertrages.

Pfändbar sind daher nur die Leistungen aus der **Direktversicherung** als Lebensversicherungsansprüche, für die jedoch nicht der Arbeitgeber, sondern die Lebensversicherungsgesellschaft Drittschuldner ist. Es ist jedoch nicht entschieden, ob der Schuldner durch eine Vereinbarung der Entgeltumwandlung nach einer vorausgegangenen Pfändung des Arbeitseinkommens sein Einkommen um die vom Arbeitgeber erbrachte Geldleistung vermindern kann.[39] Das durch die Pfändung entstandene Verfügungsverbot gemäß § 829 ZPO verbietet eine solche nachträgliche Entgeltumwandlung zu Lasten des Pfändungsgläubigers; allerdings bewirkt gerade die Entgeltumwandlung, dass für den Arbeitnehmer als Schuldner in der Zukunft kein Anspruch mehr auf Arbeitseinkommen in Höhe der Arbeitgeberleistung besteht. Daraus sind für die Entgeltumwandlung gem. § 1 a BetrAVG folgende Grundsätze zu beachten:

1. Die Arbeitsvertragsparteien können eine Entgeltumwandlung derart vereinbaren, dass in Höhe des umgewandelten Betrages keine Ansprüche auf Arbeitseinkommen gegen den Arbeitgeber im Sinne des § 850 Abs. 2 ZPO bestehen.
2. Die künftigen Ansprüche auf Arbeitseinkommen werden damit gesenkt.
3. Diese Entgeltumwandlungsversorgungsversprechen können erzwungen werden.
4. § 1 a Abs. 1 BetrAVG räumt dem Arbeitnehmer das Recht ein, von seinem künftigen Arbeitseinkommen jährlich bis zu 4% der jeweiligen Beitragsbemessungsgrenze der gesetzlichen Rentenversicherung für seine Altersversorgung umzuwandeln.
5. Für die Pfändbarkeit des Arbeitseinkommens ist nur noch das verringerte Arbeitsentgelt maßgebend.
6. Die Pfändung des Anspruchs auf Entgeltumwandlung ist nicht möglich, da der Anspruch nicht übertragbar ist (§ 1 b Abs. 5 BetrAVG).
7. Der umgewandelte Entgeltbestandteil ist ebenfalls nicht pfändbar.
8. Auch die staatlichen Zulagen gehören nicht zum pfändbaren Einkommen.

---

39 a) Stöber, Rn. 919.
b) BAG, MDR 1998, 721.

9. Die fälligen Leistungen aus der betrieblichen Altersversorgung (Drittschuldner: Versicherung) sind gemäß § 850 b ZPO pfändbar.
10. Der Pfändungsgläubiger kann nicht den Entgeltumwandlungsvertrag zwischen Arbeitgeber und Arbeitnehmer kündigen.
11. Ist das Arbeitseinkommen durch einen Gläubiger bereits gepfändet worden, so ist streitig, ob eine Entgeltumwandlung zu Lasten des Pfändungsgläubigers nicht mehr vorgenommen werden kann. (Verfügungsverbot des § 829 ZPO)[40].

2. Unpfändbare Bezüge

Generell unpfändbar sind die in § 850 a ZPO aufgelisteten Teile des Arbeitseinkommens. Der Arbeitgeber als Drittschuldner hat die Unpfändbarkeit dieser Bezüge von sich aus zu beachten, was nicht immer einfach ist, da diese besonderen Bezüge teilweise ganz, zur Hälfte oder nur in bestimmter Höhe unpfändbar sind.

Heftiger Streit besteht darüber, ob die unpfändbaren Teile des Arbeitseinkommens als Brutto- oder Nettobetrag unberücksichtigt bleiben müssen.[41] Nach den Intentionen der Gesetzesnorm des § 850 a ZPO spricht nach meiner Ansicht alles für einen gerechten Interessenausgleich zwischen Gläubiger und Schuldner. Danach ist der unpfändbare Teil des Einkommens völlig unberücksichtigt zu lassen. Er gebührt allein dem Schuldner und der Drittschuldner hat darauf zu achten, dass durch die Zahlung unpfändbarer Bezüge dem Gläubiger kein Nachteil entsteht. Der Arbeitgeber führt demnach bei in der Höhe gleichbleibenden monatlichen Bezügen die auch in den Vormonaten errechneten pfändbaren Lohnanteile an den Gläubiger ab und belässt dem Arbeitnehmer die vollen unpfändbaren Bezüge nach Abzug der Steuern und Sozialversicherungsbeiträge. Ein im Verhältnis zu den Vormonaten errechneter niedrigerer pfändbare Betrag ergibt sich evtl. aus der Steuerprogression.

---

40 a) BAG, MDR 1998, 721.
b) Stöber, RdNr. 919.

41 a) Für Nettoverdienst: Thomas-Putzo, § 850 a ZPO, Rn. 1; § 850 e ZPO Rn. 1.
b) Für Bruttoverdienst: Stöber, Rn. 984; Boewer/Bommermann, Rn. 645–648.

Praxisproblem 4

Der verheiratete Schuldner mit 2 Kindern erhält ein monatliches Arbeitseinkommen von 4500,00 € brutto (2400,00 € netto).

Pfändbar sind monatlich 189,29 €. Zusätzlich erhält der Arbeitnehmer im Juli als Urlaubsgeld ein 13. Monatsgehalt von ebenfalls 4500,00 € brutto.

Wie viel hat der Arbeitgeber im Juli an den Pfandgläubiger abzuführen?

Lösung:

Hier sollte das Urlaubsgeld als Nettobetrag dem Arbeitseinkommen in der Weise hinzugerechnet werden, dass der ausgezahlte Nettobetrag entsprechend den Bruttoanteilen von Lohn und Urlaubsgeld ins Verhältnis gesetzt wird[42]. Der Arbeitgeber wird daher dem Arbeitnehmer den Betrag netto belassen, der sich aufgrund der Auszahlung des Urlaubsgeldes netto mehr ergibt. Wegen der Steuerprogression ist im Verhältnis zu den sonstigen Monaten evtl. ein geringerer Betrag an den Gläubiger abzuführen. Auf die Steuerprogression hat der Arbeitgeber selbstständig zu achten.

Würde das Urlaubsgeld als Bruttobetrag hinzugerechnet werden, ergäbe sich folgende Berechnung:

a) Gehalt (brutto)	= 4500,- €
b) Urlaubsgeld (brutto)	= 4500,- €
Arbeitseinkommen (brutto) insgesamt	= 9000,- €
abzüglich	
. /. Steuern, Sozialversicherungsbeiträge pp.	= 4000,- €
(auf 9000,- €)	
. /. Urlaubsgeld (§ 850a Nr. 2 ZPO)	= 4500,- €
pfändbares Arbeitseinkommen	= 500,- €

Nach der Tabelle zu § 850 c ZPO ergibt sich bei der Hinzurechnung als Bruttobetrag kein pfändbarer Betrag, weil die abzuführenden Steuern und Sozialversicherungsbeiträge pp. voll zu Lasten des Pfandgläubigers gehen. Dieser Ansatz der Bruttobeträge ist für den Arbeitgeber sicher praxisnah, da die Berechnung ohne Schwierigkeiten vorgenommen werden kann.

Dieser Lösung ist jedoch nicht zuzustimmen: Dem Gesetzeswortlaut entsprechend (§ 850 a Nr. 2 ZPO) hat dem Arbeitnehmer das gesamte Urlaubsgeld (netto) zu verbleiben, so dass von dem Gesamteinkommen

42 ArbG Aachen, FamRZ 2007, 63.

in Höhe von 9.000 € (unter Beachtung der Steuerprogression) wie in den vorherigen Monaten 189,29 € pfändbar sind.

Generell sind der Lohnpfändung nicht unterworfen:

a. Mehrarbeitsvergütung (Überstundenzulage)

Hierbei ist zu beachten, dass nur die Hälfte der Gesamtnettovergütung für Überstunden (nicht nur die Zuschläge der Mehrarbeit) nicht pfändbar ist (§ 850 a Nr. 1 ZPO). Auch der so genannte Nebenverdienst bei einem anderen Arbeitgeber (nicht Schwarzarbeit) gilt als Mehrarbeit im Sinne dieser Vorschrift; dieser zusätzliche Verdienst ist aber nur durch Erlass eines Zusammenrechnungsbeschlusses des Vollstreckungsgerichts gemäß § 850 e Nr. 2 ZPO pfändbar. Keine Überstundenvergütung ist der Mehrverdienst, der durch **Akkord- bzw. Leistungszulagen** während der normalen Arbeitszeit erzielt wird. Bei Teilzeitkräften liegt nur dann eine Mehrarbeit vor, wenn die betriebliche Arbeitszeit eines Vollbeschäftigten überschritten wird.

b. Urlaubszulagen, Jubiläumszuwendungen, Treuegeld

Bezüge, die anlässlich des Urlaubs gezahlt werden, sind zu unterscheiden in Urlaubsentgelt, Urlaubsgeld und Urlaubsabgeltungsanspruch:

1. Unter **Urlaubsentgelt** ist die Weiterzahlung des Lohns oder Gehalts während der tariflichen Arbeitszeit zu verstehen. Nach einhelliger Rechtsauffassung erfasst auch der als Arbeitslohn erlassene Pfändungsbeschluss das als Arbeitslohn gezahlte Urlaubsentgelt.[43]
   Der Arbeitgeber hat insoweit Lohn und Urlaubsentgelt gleich zu behandeln.
2. Das über das Arbeitseinkommen hinaus gewährte **Urlaubsgeld** ist hingegen gemäß § 850 a Nr. 2 ZPO gänzlich unpfändbar, soweit es den Rahmen des Üblichen nicht übersteigt. Was als üblich zu bezeichnen ist, richtet sich danach, was gleichartige Betriebe in den jeweiligen Tarifbereichen ihren Arbeitnehmern bezahlen.
3. Der **Urlaubsabgeltungsanspruch**, der z. B. bei einem Ausscheiden aus dem Betrieb für nicht mehr realisierbaren Anspruch auf Frei-

43 BAG, BB 1965,1456.

zeit in Geld gewährt wird, ist nach überwiegender Rechtsprechung gemäß § 850 ff. ZPO wie jedes andere Arbeitseinkommen pfändbar und wird automatisch von einem formularmäßig erlassenen Pfändungsbeschluss miterfasst.[44] Streitig ist, ob die Urlaubsabgeltung auf monatliche Zeiträume zu verteilen ist.[45]
Wenn die Urlaubsabgeltungsperioden mehrere Monate überschreiten, sollte meiner Ansicht nach – wie bei jeder Lohnnachzahlung auch – eine Umrechnung auf die jeweiligen Monate erfolgen.

Gänzlich unpfändbar sind außerdem gemäß § 850 a Nr. 2 ZPO die Zuwendungen aus Anlass eines besonderen Betriebsereignisses und Treuegelder (Jubiläumszulagen), soweit sie den Rahmen des Üblichen nicht übersteigen. Auch hier wird der Rahmen des Üblichen regelmäßig durch vergleichbare Zahlungen bei gleichartigen Betrieben bestimmt.

c. Aufwandsentschädigungen, Auslösungsgelder

Die sozialen Zulagen für eine auswärtige Beschäftigung und das Entgelt für selbstgestelltes Arbeitsmaterial sind ebenfalls unpfändbar (§ 850a Nr. 3 ZPO), soweit der Rahmen des Üblichen nicht überschritten wird. Hierzu gehören insbesondere Reisekosten, Trennungsentschädigung, Tage- und Übernachtungsgelder und die sonstigen Spesen.

Zu beachten ist hierbei, dass eine Trennung zwischen Gehalt und Aufwandsentschädigung arbeitsvertraglich vereinbart ist. Zahlt der Arbeitgeber als Ausgleich für den Aufwand lediglich erhöhte Bezüge ohne eine Konkretisierung der Entschädigungsregelung, kann der Schuldner als Arbeitnehmer nur über einen gerichtlichen Antrag gemäß § 850 f Nr. 1 a ZPO einen erhöhten Freibetrag erhaltene.[46]

Ohne diesen ergänzenden Pfändungsbeschluss muss der Arbeitgeber die Pfändungsbeträge vom gesamten vereinbarten Einkommen berechnen.

---

44 Zum Meinungsstand:
a) Stöber, RdNr. 988;
b) Boewer/Bommermann, Rn. 445, 451.

45 a) Stein/Jonas (Münzberg), § 850 c ZPO, Anm. 10.
b) Boewer/Bommermann, Rn. 558.

46 OLG Hamm, BB 1972, 855.

d. Zulagen (Schmutz-, Gefahren-, Erschwerniszulagen)

Lohnzuschläge, die zur Abgeltung einer durch die Eigenart der Arbeit verursachten Erschwernis dienen, sind unpfändbar, soweit sie üblich sind (§ 850 a Nr. 3 ZPO), d. h. sich im Rahmen der von den Finanzbehörden als steuerfrei anerkannten Sätze halten oder aufgrund von Tarifverträgen zu zahlen sind. Hierbei sind Nettobeträge zugrunde zu legen.

e. Weihnachtsvergütungen, Jahresendprämien

Auch das so genannte Weihnachtsgeld (vielfach das 13. Monatsgehalt) ist vor der Pfändung teilweise geschützt, nämlich bis zum Betrage der Hälfte des monatlichen Arbeitseinkommens, höchstens aber bis zum Betrage von 500 € (§ 850 a Nr. 4 ZPO). Wichtig ist, dass die Zahlung zeitlich nah zum Weihnachtsfest (zwischen dem 1.11. und 15.1.)[47] erfolgt. Insoweit werden auch die Jahresendbezüge, die den Arbeitnehmern gewährt werden, von dieser Regelung erfasst. Jahres- und Abschlussprämien ohne ursächlichen Zusammenhang zum Weihnachtsfest genießen nicht den Schutz des § 850 a Nr. 4 ZPO.

Die absolut unpfändbare Grenze von z. Zt. 500 € gilt auch für teilzeitbeschäftigte Arbeitnehmer. Entscheidend ist, dass die Pfändung auch für den Monat ausgesprochen wird, in dem die Zahlung des Weihnachtsgeldes gewährt wird. Eine Umlegung auf mehrere Monate oder das ganze Jahr ist nicht möglich. Vom Bruttobetrag sind stets die Lohnsteuer und die Sozialversicherungsbeiträge abzuziehen.

Praxisproblem 5

Das monatliche Nettoeinkommen des Arbeitnehmers beträgt 2400 €. Er ist verheiratet und hat 2 unterhaltsberechtigte Kinder. Als Weihnachtsgeld wird am 15.11.2009 ein Betrag in Höhe von netto 2000 € gewährt.

Frage: Wie hoch ist das pfändbare Arbeitseinkommen?

Lösung:

Von dem gezahlten Weihnachtsgeld sind zusätzlich 1500 € (2000 € abzüglich 500 €) pfändbares Arbeitseinkommen.

Das Nettoeinkommen (2400 €) und das pfändbare Weihnachtsgeld (1500,00 € = 3900 €) bilden das pfändbare Arbeitseinkommen. Anhand der abgedruckten Lohnpfändungstabelle ist jetzt der pfändbare Betrag wie folgt ablesbar:

---

47 Stöber, Rn. 999.

1. Der Mehrbetrag über 3020,06 € ist pfändbar: 3900 € ./. 3020,06 € = 879,94 €
2. Der Tabellensatz beträgt bei 3020,06 € (3 UB) = 375,29 €
Fazit: Insgesamt sind **1255,23 €** (879,94 € + 375,29 €) pfändbar

f. Heirats- und Geburtsbeihilfen

Gewährt der Arbeitgeber Heirats- und Geburtsbeihilfen, so sind diese Zahlungen nur dann pfändbar, wenn ein Anspruch aus Anlass der Heirat oder der Geburt besteht (§ 850 a Nr. 5 ZPO).

Hierher gehören z. B. Ansprüche aus Titeln für eine Säuglingsausstattung, Kosten des Krankenhauses, des Arztes oder der Hebamme bei der Geburt eines Kindes und Ansprüche des Möbelhändlers aus Möbelkauf anlässlich einer Hochzeit. Für alle übrigen Gläubiger, die Titelansprüche aufgrund von Leistungen erworben haben, die mit der Hochzeit oder der Geburt nichts zu tun haben, sind die Heirats- und Geburtsbeihilfen nicht der Pfändung unterworfen.

Erziehungsgelder, Studienbeihilfen und ähnliche Bezüge, Sterbe- und Gnadenbezüge aus Arbeits- oder Dienstverhältnissen und Blindenzulagen sind absolut unpfändbar. Wegen der fehlenden Praxisrelevanz sollen diese Bezüge nur der Vollständigkeit halber hier aufgezählt werden.

3. Bedingt pfändbare Bezüge

Gewisse Bezüge werden gemäß § 850 b ZPO ebenfalls wie Arbeitseinkommen behandelt. Sie sind jedoch nur dann pfändbar, wenn zuvor die Zwangsvollstreckung in das sonstige bewegliche Vermögen des Schuldners erfolglos war und die Pfändung der Billigkeit entspricht. Die Entscheidung, ob ein Fall der bedingten Pfändbarkeit vorliegt, trifft der Rechtspfleger des Vollstreckungsgerichts. Der Arbeitgeber als Drittschuldner hat hierbei von sich aus keine Prüfung vorzunehmen, ob die Pfändung dieser besonderen Leistungen zu bejahen ist oder nicht; er muss den Teil des Arbeitsentgeltes abführen, der in dem Pfändungs- und Überweisungsbeschluss als pfändbar bezeichnet ist.

Zu beachten ist, dass die Pfändung dieser Bezüge erst nach Anhörung des Schuldners durch den Rechtspfleger vorgenommen werden kann (§ 850 b Abs. 3 ZPO). Zu den bedingt pfändbaren Bezügen gehören im Einzelnen:

a. Renten

Hierunter fallen:

1. Renten, die wegen einer Verletzung des Körpers oder der Gesundheit zu entrichten sind,
2. Unterhaltsrenten, die auf gesetzlicher Vorschrift beruhen, sowie die wegen Entziehung einer solchen Forderung zu entrichtenden Renten. Auch der Unterhaltsanspruch, den eine Ehefrau gegen ihren Ehemann hat (**Taschengeldanspruch**) ist nur unter den Voraussetzungen des § 850 b ZPO pfändbar. Der Arbeitgeber wird regelmäßig hiermit dann konfrontiert, wenn durch Gerichtsbeschluss gemäß § 850 e Nr. 2 ZPO Arbeitseinkommen und Taschengeld durch den Pfändungsbeschluss zusammengerechnet werden; Taschengeld allein ist schon wegen der Freigrenzen des § 850 c ZPO nur bei sehr hohen Einkünften des Ehemannes pfändbar.[48]

Praxisproblem 6

Der Gläubiger beantragt, den Taschengeldanspruch der verheirateten Schuldnerin – die nicht berufstätig ist – zu pfänden.

Das Nettoeinkommen des Ehegatten beträgt monatlich 3500 €.

Frage: Wie hoch ist der pfändbare Betrag des Taschengeldes?

Lösung:

Gemäß § 850 b Abs. 2 ZPO kann der Taschengeldanspruch gemäß §§ 1360, 1360 a BGB des in häuslicher Gemeinschaft lebenden, haushaltsführenden und nicht mit einem Einkommen aus Lohn oder Gehalt unterhaltspflichtigen Ehegatten unter der Voraussetzung gepfändet werden, dass die Pfändung der Billigkeit entspricht.[49]

Ist die Billigkeit nachgewiesen (hohe Forderung, hohes Einkommen des Ehegatten, der nicht der Schuldner ist), so ist die Pfändung gemäß § 850 c Abs. 2 ZPO dahingehend zu bemessen, dass dem Schuldner 3/10 des Taschengeldes verbleibt.[50]

Beispiel:	Nettoeinkommen des Ehegatten	=	3500,00 €
	Taschengeldanspruch (7%)	=	245,00 €
	Pfändung (7/10)	=	171,50 €

---

48 BGH, Rpfleger 2004, 503 ff.

49 a) BGH, NJW 2004, 2096.
b) AG Stuttgart, JurBüro 2009, 610 ff.

50 a) BGH, FamRZ 2004, 1784 = NJW 2004, 2450.
b) OLG Köln, FamRZ 1995, 309.

b. Einkünfte aus Stiftungen und Altenteilen

Die fortlaufenden Einkünfte aus Stiftungen und Altenteilen sind ebenfalls nur unter den engen Voraussetzungen des § 850 b ZPO pfändbar.

Einmalige Zahlungen genießen diesen Pfändungsschutz nicht und sind daher voll pfändbar.

c. Bezüge aus Witwen-, Waisen-, Hilfs- und Krankenkassen und bestimmte Lebensversicherungsansprüche

1) Bezüge, die von einer privaten oder öffentlichen Kasse zu Unterstützungszwecken gezahlt werden, sind grundsätzlich unpfändbar. Nur wenn der Gläubiger keine Möglichkeit hat, anders seinen titulierten Geldanspruch durchzusetzen und die Pfändung der Billigkeit entspricht, darf hier eine Pfändung durch das Vollstreckungsgericht ausgesprochen werden.
2) Ansprüche aus **Lebensversicherungen**, die ausschließlich auf den Todesfall des Versicherungsnehmers (Schuldner) abgeschlossen sind und deren Betrag die Versicherungssumme von 3579 € nicht übersteigt, genießen auch den Vollstreckungsschutz des § 850 b ZPO.[51]
Ist der Anspruch höher als 3579 €, so ist nur der überschießende Betrag pfändbar[52]; mehrere Versicherungen sind zusammenzurechnen. Drittschuldnerin ist hier jedoch die Lebensversicherungsgesellschaft und nicht der Arbeitgeber.
3) Versicherungsrenten gemäß § 850 Abs. 3 b) ZPO, die ein Ruhegehalt ersetzen oder ergänzen, genießen den normalen Pfändungsschutz gemäß der Pfändungstabelle zu § 850 c ZPO. Die Altersversorgung Selbstständiger fällt nicht hierunter; insoweit gelten die Vorschriften der §§ 851c, d ZPO[53]. Danach wird die Altersversorgung Selbstständiger in gleicher Weise geschützt wie der Rentenanspruch abhängig Beschäftigter.

---

51 BVerfG, NJW 2004, 2585.

52 BGH, Rpfleger 2008, 267 ff.

53 *Helwich*, JurBüro 2007, 286 ff.

V. Die Ermittlung des pfändbaren Arbeitseinkommens

1. Das Tabellensystem

Das Arbeitseinkommen des Schuldners ist ein sehr begehrtes Vollstreckungsobjekt geworden, dessen Pfändbarkeit jedoch aus sozialpolitischen Gründen (Artikel 20 GG) begrenzt sein muss. Würde der Schuldner völlig „kahl" gepfändet werden, wäre einerseits seine Arbeitsmoral sicher äußerst gering, und andererseits müsste der Staat zu Lasten der Allgemeinheit gemäß dem Schutzgedanken des Sozialstaatsprinzips den Schuldner und seine Familie durch Gewährung der Sozialhilfe unterstützen.

Um dem Interessenkonflikt zwischen Gläubiger und Schuldner gerecht zu werden, hat der Gesetzgeber Pfändungsschutzbestimmungen entwickelt, die es erlauben, dass sowohl die titulierte Zahlungsforderung des Gläubigers ratenweise befriedigt wird als auch dem Schuldner ein Geldbetrag verbleibt, um den erforderlichen Lebensbedarf für sich und seine Familie zu decken.

Des einfacheren Gebrauchs wegen bestimmt die seit 1.7.2005 geltende Pfändungstabelle zu § 850 c ZPO[54], welche Beträge pfändbar sind.

2. Die Pfändungsfreigrenzen

Bei der Pfändung des Arbeitseinkommens gemäß §§ 828 ff. ZPO oder der Pfändung laufender Sozialgeldleistungen gemäß § 54 Abs. 4 SGB I unterliegen Lohn und Gehalt eines Arbeitnehmers bzw. die laufenden Sozialgeldleistungen des Berechtigten (z. B. Rentenleistungen oder Arbeitslosengeldansprüche[55] gemäß §§ 850 ff. ZPO besonderen Vollstreckungsschutzbestimmungen.

Gemäß § 850 c ZPO müssen dem Schuldner und seiner Familie pfändungsfreie Geldbeträge verbleiben, um das verfassungsrechtliche Existenzminimum gemäß Art. 20 GG zu gewährleisten und gleichzeitig den

54 Gesetzestext und neue Pfändungstabelle ab 1.7.2005: BGBl. I 2005, 494 ff. abrufbar unter: www.bmj.bund.de

55 Helwich, Die Pfändung des Arbeitseinkommen nach Inkrafttreten von Hartz IV, JurBüro 2005, 174 ff.

Schuldner von sozialrechtlichen Transferleistungen unabhängig zu machen.[56]

Anhand der jeweils gültigen **Pfändungstabelle** zu § 850 c Abs. 3 Satz 2 ZPO kann der Arbeitgeber die pfändbaren Beträge errechnen, die an den Gläubiger abzuführen sind.

3. Die Dynamisierung

Die gesetzlichen Freibeträge, die dem Schuldner bei der Zwangsvollstreckung in sein Arbeitseinkommen belassen werden, werden jeweils den veränderten wirtschaftlichen Verhältnissen angepasst; denn gemäß § 850 c Abs. 2 a ZPO hat der Gesetzgeber eine Dynamisierungsregelung der Pfändungsfreibeträge beschlossen, wonach dem Schuldner der jeweilige notwendige Lebensunterhalt für sich selbst und seine Familienangehörigen auch für die Zukunft verbleibt[57].

So wird erreicht, dass ein Unterschreiten des „Sozialhilfesatzes" nicht ohne weiteres möglich ist und eine aufwändige Korrektur durch ständige Beschlüsse durch den Rechtspfleger gemäß § 850 f Abs. 1 a ZPO entweder völlig ausgeschlossen oder wirklich nur in Ausnahmefällen notwendig ist.

Daher kann gemäß § 850 c Abs. 3 Satz 2 ZPO erst ab einem Nettoarbeitseinkommen von

a) 990 € bei ledigen Arbeitnehmern;
b) 1360 € bei verheirateten Arbeitnehmern – ein Unterhaltsberechtigter
c) 1570 € bei verheirateten Arbeitnehmern mit einem Kind (2 UB);
d) 1770 € bei verheirateten Arbeitnehmern mit zwei Kindern (3 UB);
e) 1980 € bei verheirateten Arbeitnehmern mit drei Kindern (4 UB);

---

56 BVerfG, NJW 1990, 2896 ff.

57 § 850 c Abs. 2 a ZPO lautet:
„Die unpfändbaren Beträge nach Absatz 1 und Absatz 2 Satz 2 ändern sich jeweils zum 1. Juli eines jeden zweiten Jahres, erstmalig zum 1. Juli 2003, entsprechend der im Vergleich zum jeweiligen Vorjahreszeitraum sich ergebenden prozentualen Entwicklung des Grundfreibetrages nach § 32 a Abs. 1 Nr. 1 des Einkommenssteuergesetzes; der Berechnung ist die am 1. Januar des jeweiligen Jahres geltende Fassung des § 32 a Abs. 1 Nr. 1 des Einkommenssteuergesetzes zugrunde zu legen. Das Bundesministerium der Justiz gibt die maßgebenden Beträge rechtzeitig im Bundesgesetzblatt bekannt."

f) 2190 € bei verheirateten Arbeitnehmern mit vier (und mehr) Kindern (5 UB)

die Pfändung in Lohn oder Gehalt des Schuldners für den Gläubiger zum Erfolg führen.

Dabei ist zu berücksichtigen, dass die Pfändungstabelle bei 3020,06 € endet; denn jeglicher Mehrverdienst über 3020,06 € ist grundsätzlich voll pfändbar.

Hierbei hat der Arbeitgeber zu beachten, dass der Gesetzgeber eine Rundung dieser Beträge nicht beabsichtigt hat.

Praxisproblem 7

Der verheiratete Schuldner bezieht ein Nettoarbeitseinkommen von monatlich 2400 €; er hat zwei unterhaltspflichtige Kinder im Alter von 9 und 13 Jahren.

Frage: Wie hoch ist der monatlich pfändbare Betrag?

Lösung:

Gemäß der gültigen Pfändungstabelle zu § 850 c ZPO sind pfändbar:

189,29 €, die der Arbeitgeber als Drittschuldner monatlich an den Gläubiger abzuführen hat.

Hinweis: Eine Rundung der Pfändungsbeträge ist nicht vorgesehen.

Die nächste Angleichung der Pfändungsfreibeträge wird voraussichtlich zum 1.7.2011 erfolgen (BGBl. I 2001, 3638 – 2009, 1141) und bis dahin ist gemäß einer Entscheidung des Bundesverfassungsgerichts[58] die Bundesregierung wiederum verpflichtet, über die Höhe des steuerfrei zu stellenden Existenzminimums öffentlich zu berichten, damit rechtzeitig eine neue Pfändungstabelle im Bundesgesetzblatt veröffentlicht werden kann.[59]

Die Anpassung der Pfändungsfreibeträge selbst erfolgt anhand des von der Einkommensteuer nicht anzutastenden Grundfreibetrags, der jedem Bürger von seinem Arbeitseinkommen mindestens zu verbleiben hat. Zur Angleichung des existenznotwendigen Grundfreibetrages ist der Gesetzgeber verpflichtet und die Bundesregierung muss regelmäßig über die Höhe des steuerfrei zu stellenden Existenzminimums öffentlich berichten.

58 BverfGE 87, 153, 170.

59 *Helwich*, Die neuen Pfändungsfreigrenzen, JurBüro 2005, 342 ff.

Die jeweils zum 1.7. eines jeden zweiten Jahres prozentuale Erhöhung des steuerlichen Grundfreibetrages wird somit der Maßstab einer entsprechenden Veränderung der Pfändungsfreibeträge sein[60].

Im Interesse des Arbeitgebers als Drittschuldner im Pfändungsverfahren und der gesamten Vollstreckungspraxis wird künftig neben der jährlichen Bekanntmachung der prozentualen Erhöhung des steuerlichen Grundfreibetrages auch eine neue Pfändungstabelle im Bundesgesetzblatt veröffentlicht werden. Diese neue Pfändungstabelle muss der Arbeitgeber jeweils ohne weiteren Gerichtsbeschluss für die Berechnung der pfändbaren Beträge anwenden.[61] Alle Beteiligten haben insoweit einen Rechtsanspruch darauf, dass die jeweils aktuelle Tabelle Grundlage für die Pfändung des Arbeitseinkommens darstellt.

4. Das Berechnungsschema zur Ermittlung der Pfändungsfreibeträge

Der Arbeitgeber als Drittschuldner muss zur Bestimmung des Pfändungsbetrages folgendes **Schema** beachten:

- Errechnen des Nettolohns: d. h. Steuern, Krankenkassenbeiträge und Sozialversicherungsbeträge sind abzuziehen,
- die unpfändbaren Teile des Arbeitseinkommens gemäß § 850 a ZPO sind nicht mitzuberücksichtigen, hierbei sind nur die Nettobezüge zugrunde zu legen,[62]
- die Unterhaltsberechtigten und deren Freibeträge sind festzustellen.

Diese Bezüge und Merkmale kennt der Arbeitgeber, weil sie im unmittelbaren Zusammenhang mit dem Arbeitsverhältnis stehen. Das gilt insbesondere für die Ermittlung der Bestandteile des Arbeitseinkommens sowie für die steuerlichen und sozialversicherungsrechtlichen Abzüge.

Bei privaten Krankenversicherungen kann sich der Drittschuldner an den Krankenversicherungsbeitragssätzen der Sozialversicherung ausrichten.

---

60 Hinweis: Der steuerliche Grundfreibetrag beträgt ab 1. Januar 2010 = 8004 €.

61 BGH, NJW 2006, 777 ff.

62 Zum Meinungsstand:
a) Napierala, Rpfleger 1992, 49 ff.
b) Thomas/Putzo, § 850 a ZPO, Rn. 1.

Die Ermittlung der unterhaltsberechtigten Angehörigen des Schuldners hat der Drittschuldner anhand der Lohnsteuerkarte selbständig zu besorgen. Allerdings sollte sich der Arbeitgeber nicht allein auf die Einträge in der Lohnsteuerkarte verlassen, sondern sich nach der Pfändung vom Schuldner die Angaben insbesondere dahingehend bestätigen lassen, welchen gesetzlichen Unterhaltsberechtigten dieser wirklich Unterhalt leistet[63]. Eigene Ermittlungen, ob der Mitarbeiter wirklich Unterhalt leistet, sind dem Arbeitergeber jedoch nicht zuzumuten[64]. Nur wenn der Drittschuldner von der Nichtzahlung zuverlässig weiß, muss er dies bei der Berechnung berücksichtigen. Bei Unklarheiten besteht die Möglichkeit, einen gerichtlichen klarstellenden Beschluss über die Zahl der Unterhaltsberechtigten zu beantragen[65].

Gesetzliche **Unterhaltsberechtigte** nach dem BGB können der Ehegatte, der Lebenspartner, der frühere Ehegatte, Eltern, Großeltern, eheliche und „nichteheliche Kinder“ sowie Enkelkinder sein, nicht jedoch Stiefkinder, Pflegekinder, Geschwister, andere Verwandte oder Verschwägerte; ebenfalls nicht der Verlobte oder Lebensgefährte. Leistet der Schuldner volljährigen Kindern Unterhalt, sollte sich der Drittschuldner Erklärungen darüber geben lassen, in welcher Höhe der volljährige Unterhaltsberechtigte eigene Einkünfte bezieht[66]. Die Ermittlung der Unterhaltsberechtigten wird nicht immer einfach sein, insbesondere bei ausländischen Arbeitnehmern. Insoweit genügt es, wenn der Drittschuldner den Arbeitnehmer vor der Berechnung des pfändbaren Arbeitseinkommens anhört.

Der erhöhte Pfändungsfreibetrag der ersten Stufe gilt nicht nur für Ehegatten und Lebenspartner, sondern auch für alleinerziehende Schuldner mit Kindern,[67] der geringere Freibetrag der zweiten Stufe ist dann nicht maßgebend. In Zweifelsfällen kann ein klarstellender Beschluss des Vollstreckungsgerichts verlangt oder der streitige Betrag gemäß § 372 BGB hinterlegt werden.

---

63 OLG Karlsruhe, JurBüro 2009, 553 ff.

64 BGH, Rpfleger 2007, 403 ff.

65 BGH, NJW 2006, 777 ff.

66 BAG, NJW 1987, 1573 ff.

67 BGH, JurBüro 2004, 614.

Das Kindergeld ist außer Ansatz zu lassen, da es nicht vom Arbeitgeber, sondern von der Bundesagentur für Arbeit gezahlt wird und regelmäßig nicht pfändbar ist.

Im Rahmen des § 850 e Nr. 2 a ZPO kann lediglich in einem Einzelfall – nämlich dann, wenn ein unterhaltsberechtigtes Kind die Pfändung des Arbeitseinkommens betreibt – vom Gläubiger eine Zusammenrechnung verlangt werden; diese ist allerdings nur durch besonderen Beschluss des Rechtspflegers möglich, der dem Arbeitgeber als Drittschuldner auch zugestellt sein muss.

VI. Die Berechnung der pfändbaren Beträge

1. Die normale Lohnpfändung wegen gewöhnlicher Geldforderungen

Von der normalen (üblichen) Lohnpfändung spricht man, wenn Gläubiger auftreten, die im Rahmen der Vollstreckung keine Unterhaltsansprüche gegen den Schuldner geltend machen.

Regelmäßig handelt es sich um Gläubigerforderungen, die aus Verträgen, Darlehen etc. entstanden sind. Für den Arbeitgeber wird die normale Lohnpfändung durch Zustellung des Pfändungs- und Überweisungsbeschlusses durch den Gerichtsvollzieher erkennbar. In diesem Beschluss wird zur Berücksichtigung der Pfändungsfreibeträge auf die Pfändungstabelle gemäß § 850 c ZPO verwiesen.

Anhand des folgenden Beispiels soll dargestellt werden, wie der Arbeitgeber bei der normalen Lohnpfändung den pfändbaren Betrag errechnet.

Praxisproblem 8

Der Kaufmann Eduard Achtermann (Gläubiger) hat durch Zustellung des Pfändungs- und Überweisungsbeschlusses am 29.1.2010 an die Fa. Konrad Schaper „elementbau" GmbH (Drittschuldner) das Arbeitseinkommen des Maurers Ehrhard König (Schuldner) gepfändet. Der Lohn, der jeweils am Monatsletzten gezahlt wird, beträgt insgesamt:

– Nettolohn (abzüglich Steuern, Krankenkassenbeitrag, Pflegeversicherung und Sozialabgaben)	= 2 580 €
– zuzüglich Überstundenzulage (netto)	= 238 €
– zuzüglich Treuegeld wegen 20jährigerZugehörigkeit zum Betrieb (netto)	= 500 €
	= 3 318 €

Herr König ist verheiratet und hat einen 14jährigen Sohn Klaus (Steuerklasse III/1).

Frage: Wie hoch ist der pfändbare Betrag?

Lösung:

Das pfändbare Arbeitseinkommen beträgt:

2 580 € (Nettolohn)
119 € (§ 850 a Nr. 1, Überstundenzulage zur Hälfte unpfändbar)
0 € (§ 850 a Nr. 2, Treuegeld völlig unpfändbar)
2 699 €

Von dem Betrag in Höhe von 2699 € ist bei Anwendung der im Anhang abgedruckten Pfändungstabelle auszugehen.

Die Tabelle enthält monatlich, wöchentlich und täglich zu zahlende Bezüge. Hier ist die Tabelle für die monatliche Zahlung anwendbar; der Arbeitnehmer (Schuldner) ist zwei Personen (Ehefrau, ein Kind) gegenüber unterhaltspflichtig.

Das abzulesende pfändbare Entgelt beträgt 451,01 € und ist am Zahltag (31.1.2010) an den Gläubiger zu überweisen.

Der verbleibende Teil des Arbeitslohnes in Höhe von 2866,99 € (3318 € abzüglich 451,01 €) ist unpfändbar und daher dem Arbeitnehmer auszuzahlen.

Diese Lohnpfändung wird zugunsten des Gläubigers durch den Arbeitgeber so lange ausgedehnt, bis die Forderung des Gläubigers gänzlich bezahlt ist; im konkreten Fall ist jeweils von monatlich wechselnden Dienstbezügen auszugehen, und daher muss der Arbeitgeber Monat für Monat eine Neuberechnung des pfändbaren Betrages vornehmen.

Nachzahlungen, die aufgrund von Tarifverträgen oder aus sonstigen arbeitsvertragsrechtlichen Gründen gewährt werden, hat der Arbeitgeber als Drittschuldner bei der Berechnung des Arbeitseinkommens nicht für den Monat zu berücksichtigen, in dem sie tatsächlich gezahlt werden, sondern sind auf den jeweiligen Zeitraum umzulegen, für den die Nachzahlung gedacht ist.[68]

2. Die strenge Lohnpfändung wegen Unterhaltsansprüchen (Unterhaltspfändung)

Die Pfändungstabelle zu § 850 c ZPO findet dann keine Anwendung, wenn unterhaltsberechtigte Angehörige wegen gesetzlicher Unterhaltsansprüche die Vollstreckung in das Arbeitseinkommen betreiben. Ihre Forderungen werden bei der Pfändung gewöhnlichen Gläubigern gegenüber bevorzugt behandelt, d. h. die Vollstreckung in das Arbeitseinkommen wird zu Lasten des Schuldners erheblich erweitert (§ 850 d ZPO).

68 Stöber, Rn. 1042.

Zu diesem bevorzugten Personenkreis gehören insbesondere:

a) die Verwandten (Kinder – auch das „nichteheliche" und adoptierte Kind, Eltern, Großeltern pp.) – aber nicht Pflegekinder, Stiefkinder oder nichteheliche Lebensgefährte, es sei denn es handelt sich gemäß § 1615 BGB um die Mutter eines gemeinsamen Kindes. Geschwister, Schwiegereltern oder sonstige Verwandten des Schuldner sind nicht zu berücksichtigen, auch wenn sie im Haushalt des Schuldners wohnen;
b) der jetzige Ehegatte;
c) der frühere Ehegatte;
d) der Lebenspartner gemäß Lebenspartnergesetz;
e) die Mutter eines „nichtehelichen Kindes" und
f) der Träger der Sozialhilfe gemäß § 94 SBG XII,[69] wobei bei der Konkurrenz mit dem Unterhaltsberechtigten der Unterhaltsberechtigte den Vorrang genießt.

Keine besondere Vorzugsstellung haben dabei:

a) vertraglich begründete Unterhaltsansprüche,
b) Altenteilsansprüche.

Bei Pfändung dieser privilegierten Forderung findet die Pfändungstabelle keine Anwendung. Dem Schuldner ist lediglich so viel zu belassen, wie er für seinen notwendigen Unterhalt und zur Erfüllung seiner weiteren laufenden Unterhaltspflicht bedarf.[70] Die Höhe des notwendigen Unterhaltsbetrages für den Schuldner allein ist nach den jeweiligen Umständen des Einzelfalls durch den Rechtspfleger des Vollstreckungsgerichts zu bestimmen. Richtlinie wird hierbei der Eckregelsatz für das Arbeitslosengeld II[71] (Hartz IV) zuzüglich der Aufwendungen für Miete und Nebenkosten sein.[72]

---

69 LG Aachen, FamRZ 2001, 177.

70 a) BGH, NJW 2003, 2918,
b) LG Erfurt, JurBüro 1996, 384.

71 BGBl. I. 2003, 2954 ff.

72 Helwich, Die Pfändung des Arbeitseinkommens nach Inkrafttreten von Hartz IV, JurBüro 2005, 174 ff.

Die Unpfändbarkeitsvorschriften des § 850 a ZPO sind bzgl. der Unterhaltspfändung zusätzlich dahingehend gelockert, dass die Mehrarbeitsvergütung nur noch zu einem Viertel, die Urlaubszulagen, die Jubiläumszuwendungen, das Treuegeld (siehe unter 2 b) und die Weihnachtsvergütung jeweils lediglich zur Hälfte des monatlichen Einkommens unpfändbar sind. Bei der Weihnachtsvergütung gelten insoweit nur noch 250 € als pfandfrei.

Mehrere Unterhaltsberechtigte werden gemäß § 850 d Abs. 2 ZPO, § 1609 BGB seit 1. 1. 2008 in folgender Rangfolge berücksichtigt:[73]

1. minderjährige unverheiratete Kinder und Kinder im Sinne des § 1603 Abs. 2 Satz 2,
2. Elternteile, die wegen der Betreuung eines Kindes unterhaltsberechtigt sind oder im Fall einer Scheidung wären, sowie Ehegatten und geschiedene Ehegatten bei einer Ehe von langer Dauer; bei der Feststellung einer Ehe von langer Dauer sind auch Nachteile im Sinne des § 1578 b Abs. 1 Satz 2 und 3 zu berücksichtigen,
3. Ehegatten und geschiedene Ehegatten, die nicht unter Nummer 2 fallen,
4. Kinder, die nicht unter Nummer 1 fallen (volljährige Kinder),
5. Enkelkinder und weitere Abkömmlinge,
6. Eltern,
7. weitere Verwandte der aufsteigenden Linie; unter ihnen gehen die Näheren den Entfernteren vor.

Bei der Berechnung des pfändbaren Betrages für den Schuldner schließen die Unterhaltsberechtigten einer besseren Rangklasse die der schlechteren aus[74] (z. B.: Pfändet ein „nichteheliches Kind" der Rangklasse a) und sind volljährige Kinder der Rangklasse b) vorhanden, so bleiben die volljährigen Kinder unberücksichtigt)[75]. Innerhalb derselben Rangklasse gilt untereinander Gleichrang; etwas anderes kann nur gelten, wenn im Pfändungsbeschluss eine andere Reihenfolge bestimmt ist.

---

73 BGBl. I.,3189 ff.

74 Kreutzkam, JurBüro 2009, 60 ff.

75 LG Duisburg, JurBüro 1998, 551.

Der Pfändungs- und Überweisungsbeschluss, der wegen einer Unterhaltsforderung vom Rechtspfleger erlassen wird, unterscheidet sich schon äußerlich vom Formular der normalen Lohnpfändung (siehe anliegendes Muster).

Generell wird vom Vollstreckungsgericht ein konkreter Sockelbetrag festgesetzt, der allein dem Schuldner pfandfrei bleiben soll (z. B. 800 € bis ca. 1 000 € monatlich). Der Mehrbetrag des Nettoverdienstes ist dann „im Verhältnis der übrigen Unterhaltsberechtigten gleichmäßig aufzuteilen". Gleichmäßige Befriedigung der dem Pfändungsgläubiger ranggleichen Berechtigten muss nicht zwangsläufig eine Aufteilung nach Kopfteilen bedeuten.[76] Angesichts der Tatsache, dass der Schuldner jedoch vor der Pfändung nicht gehört werden darf, wird das Vollstreckungsgericht regelmäßig die pfandfreien Beträge des Arbeitseinkommens anhand der Zahl der Unterhaltsberechtigten wie folgt aufteilen:

Praxisproblem 9

Der Schuldner hat zwei Unterhaltsberechtigte (zwei minderjährige Kinder); ein Kind pfändet den Lohnanspruch des Schuldners.

Frage: Wie sind die ranggleichen Unterhaltsberechtigten zu berücksichtigen?

Lösung:

Der Pfändungsbeschluss lautet:

Der Mehrbetrag des Nettoeinkommens über den festgesetzten Sockelbetrag hinaus ist in „Höhe von 1/2 unpfändbar".

Da die Unterhaltspfändung fast immer per **Blankettbeschluss** des Rechtspflegers ergeht, wissen Arbeitgeber häufig nicht genau, wie sie sich verhalten sollen bzw. was wirklich pfändbar ist. Um einem Haftungsrisiko zu entgehen, kann entweder ein **Klarstellungsbeschluss** beantragt werden bzw. der gesamte Lohn des Schuldners bei der Hinterlegungsstelle des Amtsgerichts unter Verzicht auf die Rücknahme hinterlegt werden (§§ 372 ff. BGB). Weiter könnte der Arbeitgeber gegen die Festlegung des pfandfreien Betrages Erinnerung gemäß § 766 ZPO einlegen.

Das Vorrecht der Unterhaltsforderung ist zeitlich begrenzt. Nur **Rückstände**, die nicht älter als ein Jahr (für die Abgrenzung ist der Antrag auf Erlass des Pfändungsbeschlusses maßgebend) sind, können bevorrechtigt

76 OLG Frankfurt FamRZ 2000, 614.

gemäß § 850 d ZPO gepfändet werden. Wird vom Gläubiger allerdings geltend gemacht, dass der Schuldner sich seiner Zahlungspflicht absichtlich entzogen hat, gilt auch das Vorrecht für ältere Rückstände. Diese Prüfung nimmt allein das Vollstreckungsgericht vor. Das Pfändungsvorrecht des § 850 d ZPO muss der pfändende Unterhaltsberechtigte in seinem Vollstreckungsantrag klar zum Ausdruck bringen und für sich geltend machen.

Geschieht das nicht, ist der Arbeitgeber gehalten, die Pfändung auch hier gemäß § 850 c ZPO wie bei der normalen Lohnpfändung abzuwickeln. Der pfändbare Betrag ist folglich nach der Pfändungstabelle zu bestimmen.

Folgender Musterbeschluss soll die Unterhaltspfändung (strenge Lohnpfändung) verdeutlichen:

An das Amtsgericht Hildesheim

Ich beantrage, den nachstehend entworfenen Beschluss zu erlassen – sowie die Zustellung an Drittschuldner mit Aufforderung nach § 840 ZPO zu vermitteln.

Hinsichtlich der länger als ein Jahr fälligen Rückstände hat sich der Schuldner seiner Zahlungspflicht absichtlich entzogen.

Der Schuldner ist verheiratet und hat 1 weiteres unterhaltsberechtigtes Kind.

Drei Durchschläge anbei.

Hildesheim den 21.7. ....

Friedrichsen (Rechtsanwalt)

Dem Gläubiger ist Prozesskostenhilfe für die Zwangsvollstreckung bewilligt (§ 114ff ZPO).

Pfändungs- und Überweisungsbeschluss

In der Zwangsvollstreckungssache

des am 30.11.2003 geborenen Daniel Dustmann vertreten durch die Mutter Martha Dustmann, Am Berge 43, 31134 Hildesheim	**Gläubiger**

Prozessbevollm.: Rechtsanwalt ....

gegen den Maurer Ehrhard König, Kalenberger Graben 13, 31134 Hildesheim	**Schuldner**

Prozessbevollm.: Rechtsanwalt ....

Nach dem vollstreckbaren Urteil des Amtsgerichts (Familiengericht) Hildesheim vom 6.3.2003 kann der Gläubiger von dem Schuldner beanspruchen:

1. 3888,00 € (i. B.: dreitausendachthundertachtundachtzig Euro) Unterhaltsrückstand für die Zeit vom 1.1.2008 bis 29.11.2009;
2. 364,00 € (i. B.: dreihundertvierundsechzig Euro) Unterhalt monatlich von der Vollendung des sechsten bis zur Vollendung des zwölften Lebensjahres des Gläubigers;
3. 426,00 € (i. B. vierhundertsechsundzwanzig Euro) Unterhalt monatlich von der Vollendung des zwölften bis zur Vollendung des achtzehnten Lebensjahres des Gläubigers.[77]

Wegen dieser Ansprüche – sowie wegen der Zustellungskosten für diesen Beschluss wird die angebliche Forderung des Schuldners an den Arbeitgeber

Firma Konrad Schaper „elementbau“ GmbH, Luisenallee 33, 31134 Hildesheim	**Drittschuldnerin**

auf Zahlung des gesamten Arbeitseinkommens (einschließlich des Geldwertes von Sachbezügen) so lange gepfändet, bis der Gläubigeranspruch gedeckt ist.

Der Arbeitgeber (Drittschuldner) darf, soweit die Forderung gepfändet ist, nicht mehr an den Schuldner zahlen.

Der Schuldner darf den gepfändeten Teil des Arbeitseinkommens nicht mehr verlangen, ihn auch nicht verpfänden oder abtreten.

Soweit die Forderung des Schuldners an den Arbeitgeber (Drittschuldner) gepfändet ist, wird sie dem Gläubiger zur Einziehung überwiesen.

A. Berechnung des pfändbaren Netto-Einkommens

Von der Pfändung sind ausgenommen:

1. Beträge die unmittelbar aufgrund **steuer- oder sozialrechtlicher Vorschriften** zur Erfüllung gesetzlicher Verpflichtungen des Schuldners abzuführen sind, ferner auf den Auszahlungszeitraum entfallende Beträge, die der Schuldner nach den Vorschriften der **Sozialversicherungsgesetze** zur Weiterversicherung entrichtet oder an eine **Ersatzkasse** oder an ein Unternehmen der privaten Krankenversicherung leistet, soweit diese Kassenbeiträge den Rahmen des Üblichen nicht übersteigen.

2. **Aufwandsentschädigungen, Auslösungsgelder** und andere soziale Zulagen für auswärtige Beschäftigung, das Entgelt für selbstgestelltes Arbeitsmaterial, **Gefahren-, Schmutz- und Erschwerniszulagen** (alle Bezüge jedoch nur in üblicher Höhe),
3. **ein Viertel** der für die Leistung von **Mehrarbeitsstunden** gezahlten Teile des Arbeitseinkommens,
4. die Hälfte der Bezüge nach § 850a Nr. 2 ZPO (z. B. **Urlaubs- und Treuegelder**),
5. **Weihnachtsvergütungen** bis zu einem Viertel des monatlichen Einkommens, höchstens aber bis 250 €,
6. die in § 850 a Nr. 5 bis 8 ZPO genannten Bezüge (z. B. Heirats- und Geburtsbeihilfen, Erziehungsgelder, Sterbe- und Gnadenbezüge sowie Blindenzulagen).

B. Pfandfreier Betrag

Dem Schuldner selbst, der nach Angabe des Gläubigers verheiratet ist – und 1 weiteres unterhaltsberechtigtes Kind hat -, dürfen bis zur Deckung der Gläubigeransprüche von dem nach A. errechneten Nettoeinkommen nur **800 €** monatlich verbleiben.

Der Mehrbetrag des Nettoverdienstes ist im Verhältnis der Unterhaltsberechtigten gleichmäßig aufzuteilen (oder 2/3 des Mehrbetrages sind pfandfrei zu belassen).

Der dem Schuldner hiernach verbleibende Teil des Arbeitseinkommens darf den Betrag nicht übersteigen, der ihm nach den Vorschriften des 850 c ZPO gegenüber nichtbevorrechtigten Gläubigern zu verbleiben hätte.

C. Künftiges Arbeitseinkommen

Die Pfändung umfasst das **künftig** fällig werdende Arbeitseinkommen, soweit am Zahltag noch Unterhaltsrückstände bestehen, weitere Unterhaltsbeträge fällig werden oder geworden sind.

Hildesheim, den 29.5. ....

....

(Rechtspfleger)

Das folgende Beispiel soll zeigen, wie der Arbeitgeber eine strenge Lohnpfändung berechnet.

Praxisproblem 10

Das „nichteheliche" 7jährige Kind Daniel Dustmann (Gläubiger), vertreten durch die Mutter Martha Dustmann, hat bei der Fa. Konrad Schaper „elementbau" GmbH (Drittschuldner) das Arbeitseinkommen des Maurers Ehrhard König (Schuldner) wegen nicht gezahlten Unterhalts gemäß § 850 d ZPO gepfändet. Im Pfändungsbeschluss ist dem Schuldner ein Sockelbetrag in Höhe von 800 € pfandfrei festgesetzt worden. Der Monatslohn beträgt insgesamt:

a) Nettolohn (abzüglich Abgaben)	= 2580 €
b) Überstundenzulage (netto)	= 238 €
c) Treuegeld (netto)	= 500 €
	= 3318 €

Der Schuldner ist verheiratet und hat außer dem „nichtehelichen Sohn" Daniel Dustmann (Pfandgläubiger) zwei eheliche minderjährige Kinder, die Töchter Ella und Nele.

Frage: Wie hoch ist der pfändbare Betrag?

Lösung:

Das pfändbare Arbeitseinkommen beträgt jetzt:

a) 2580,00 € (Nettolohn)

b) 178,50 € (§§ 850 a Nr. 1, 850 d, Überstundenzulage zu einem Viertel unpfändbar)

c) 250,00 € (§§ 850 a Nr. 2, 850 d, Treuegeld zur Hälfte unpfändbar)

= 3008,50 €

./. 800,00 € (festgesetzter notwendiger Unterhalt für den Schuldner allein)

2208,50 €

Der Betrag in Höhe von 2208,50 € ist jetzt im Verhältnis dreier Unterhaltsberechtigten (2 eheliche und das „nichteheliches" Kind – die Ehefrau ist nachrangig und wird nicht berücksichtigt) gleichmäßig (1/3 von 2208,50 € = 736,17 €) aufzuteilen. 736,17 € sind somit für Daniel Dustmann gepfändet. Dieser Betrag ist vom Arbeitgeber solange zu überweisen, bis der Rückstand getilgt ist; anschließend folgt nur noch die Zahlung des Betrages für den laufenden Unterhalt.[78]

---

77 Regelsätze zu § 1612 a BGB (RegelbetragsVO) vom 8.4.2005, BGBl I, 1055.

78 Boewer/Bommermann, Rn. 623.

1. Variante:

Der Arbeitnehmer ist verheiratet und hat außer dem pfändenden nichtehelichen Kind einen 19jährigen ehelichen Sohn Jannik und die minderjährige eheliche Tochter Ella.

Frage: Wie hoch ist jetzt der Pfändungsbetrag?

Lösung:

Da Jannik volljährig ist, gehört er den übrigen Unterhaltsberechtigten (Ehefrau, „nichteheliches" Kind) gegenüber in eine schlechtere Rangklasse und wird daher bei der Berechnung des pfändungsfreien Betrages für den Schuldner nicht mitgerechnet. Somit ist der Betrag in Höhe von 2208,50 € lediglich auf das pfändende „nichteheliche" Kind und die minderjährige Tochter Ella – die Ehefrau ist wiederum nachrangig – (1/2 von 2208,50 € = 1104,25 €) aufzuteilen. Folglich hat der Arbeitgeber 1104,25 € dem Gläubiger („nichteheliches" Kind) zu überweisen.

2. Variante:

Der Schuldner ist verheiratet und hat zwei eheliche minderjährige Kinder, die Töchter Ella und Nele. Pfändungsgläubigerin ist die Ehefrau wegen einer Unterhaltsforderung in Höhe von 350 € monatlich.

Frage: Wie hoch ist jetzt der Pfändungsbetrag?

Lösung:

Die zwei minderjährigen Kinder des Schuldners sind gegenüber der Ehefrau des Schuldners vorrangig. Eine Pfändung gemäß § 850 d ZPO ist insoweit nicht unbeschränkt möglich; denn nur der Nettobetrag des Arbeitseinkommens ist gemäß § 850 d ZPO zu berechnen. Die Pfändung selbst erfolgt für die nachrangige Ehefrau gemäß § 850 c ZPO nach der Pfändungstabelle. Da der Schuldner seiner Ehefrau keinen Unterhalt zahlt, ist sie selbst als Unterhaltsberechtigte nicht mitzuzählen.

Das pfändbare Arbeitseinkommen beträgt jetzt:.

a) 2580,00 € (Nettolohn)

b) 178,50 € (§§ 850 a Nr. 1, 850 d, Überstundenzulage zu einem Viertel unpfändbar)

c) 250,00 € (§§ 850 a Nr. 2, 850 d, Treuegeld zur Hälfte unpfändbar)

= 3008,50 €

Von dem Betrag in Höhe von 3008,50 € ist bei Anwendung der im Anhang abgedruckten Pfändungstabelle auszugehen. Hier ist die Tabelle für die monatliche Zahlung anwendbar; der Arbeitnehmer (Schuldner) ist zwei Personen (Ella und Nele) gegenüber unterhaltspflichtig.

Das abzulesende pfändbare Entgelt beträgt 575,01 € und ist am Zahltag an die pfändende Ehefrau zu überweisen.

Hinweis: Reicht der Pfandbetrag für die Zahlung des laufenden Unterhalts (350 €) nicht aus, kann der nachrangige Unterhaltsgläubiger eine Abänderung des Pfändungsbeschlusses gemäß § 850 g ZPO beim Vollstreckungsgericht beantragen.

3. Zusammentreffen mehrerer Pfändungen

Das Arbeitseinkommen des Schuldners kann für mehrere Gläubiger gepfändet werden. Der Rang der einzelnen Gläubigerrechte richtet sich nach der zeitlichen Reihenfolge der dem Arbeitgeber zugestellten Pfändungs- und Überweisungsbeschlüsse (Prioritätsprinzip) gemäß § 804 Abs. 3 ZPO; d.h. der zuerst zugestellte Pfändungsbeschluss geht dem später entstandenen Pfandrecht im Range vor. Der Arbeitgeber muss an den zuerst pfändenden Gläubiger solange zahlen, bis dessen titulierter Anspruch befriedigt ist; der später pfändende Gläubiger geht vorerst leer aus. Nach vollständiger Befriedigung des ersten Gläubigers können dann die Ansprüche des zweiten Gläubigers beglichen werden usw.

Praxisproblem 11

Dem Arbeitgeber wird am 29.1.2010 ein Pfändungs- und Überweisungsbeschluss des Kaufmanns Eduard Achtermann wegen einer Forderung von insgesamt 4000 € zugestellt. Am 2.2.2010 stellt der Gerichtsvollzieher an den Arbeitgeber einen weiteren Pfändungs- und Überweisungsbeschluss der Firma „kaufgut“ AG wegen eines Anspruchs in Höhe von 2000 € zu.

Frage: An wen sind die errechneten pfändbaren Bezüge in Höhe von 451,01 € auszuzahlen?

Lösung:

Der Arbeitgeber muss zuerst an Eduard Achtermann zahlen und zwar solange, bis dessen Gesamtforderung in Höhe von 4000 € getilgt ist. Bei gleichbleibenden pfändbaren Beträgen in Höhe von 451,01 € je Monat wäre die Schuld des ersten Gläubigers in ca. neun Monaten beglichen. Anschließend muss der Arbeitgeber die pfändbaren Beträge an den im Range nachfolgenden Gläubiger, die Firma „kaufgut“ AG überweisen.

Auch eine Zustellung mehrerer Pfändungs- und Überweisungsbeschlüsse zum gleichen Zeitpunkt (**Gleichrang**) ist denkbar. Hier hat der Arbeitgeber eine Befriedigung im Verhältnis der Gesamtforderung der jeweiligen Gläubiger vorzunehmen.

Praxisproblem 12

Dem Arbeitgeber werden zwei Pfändungs- und Überweisungsbeschlüsse am 29.1.2010 jeweils um 9.50 Uhr zugestellt.

Frage: Wie hat der Arbeitgeber die gepfändeten Bezüge in Höhe von 451,01 € zu verteilen?

Lösung:

Der Betrag in Höhe von 451,01 € ist im Verhältnis der Forderungen der Gläubiger (4000 € ./. 2000 € = 2 ./. 1) aufzuteilen. Der Arbeitgeber hat an den Gläubiger Achtermann = 300,67 € und an die „kaufgut“ AG = 150,34 € zu überweisen.

Pfänden ein bevorrechtigter Unterhaltsgläubiger und ein Normalgläubiger gleichzeitig, so muss der Arbeitgeber den pfändbaren Lohnanteil nur im § 850c ZPO-Bereich im Verhältnis der Forderung aufteilen. Der § 850 d-Bereich steht dem Unterhaltsgläubiger weiterhin allein zu.

Praxisproblem 13

Ein Unterhaltsgläubiger (Gesamtforderung = 4000 €) hat den Lohn des Schuldners in Höhe von 736,17 € gemäß § 850 d ZPO am 29.1.2010 um 9.50 Uhr gepfändet (siehe Praxisproblem 10). Gleichzeitig um 9.50 Uhr pfändet auch ein Gläubiger wegen einer Kaufpreisforderung in Höhe von 8000 € gemäß § 850 c ZPO (pfändbar gemäß Pfändungstabelle = 189,29 €).

Frage: Wie ist der pfändbare Betrag aufzuteilen?

Lösung:

a) Vorrecht des Unterhaltsgläubigers (Unterschiedsbetrag zwischen § 850 d ZPO und § 850 c ZPO) = 736,17 ./. 189,29 € = 546,88 €

b) Aufteilung im § 850 c ZPO-Bereich (= 189,29 €)

   1. Unterhaltsgläubiger = 1/3 = 63,10 €
   2. Normalgläubiger = 2/3 = 126,19 €

Der Arbeitgeber muss also 609,98 € (546,88 € und 63,10 €) an den Unterhaltsberechtigten überweisen. Der Normalgläubiger erhält die restlichen 126,19 €.

Treffen eine normale Lohnpfändung und eine strenge Unterhaltspfändung zusammen, so ändert dies grundsätzlich nichts an dem „Prioritätsprinzip“. War die Pfändung für den Unterhaltsgläubiger zuerst bewirkt, so geht die spätere Pfändung für den Normalgläubiger im Range nach, und somit kann der später pfändende Gläubiger so lange keine Zahlung erhalten, bis der Unterhaltsgläubiger befriedigt ist.

Praxisproblem 14

Der Unterhaltsgläubiger hat den Lohn des Schuldners in Höhe von 736,17 € (siehe Praxisproblem 10) am 29.1.2010 gepfändet. Am 2.1.2010 geht ein weiterer Pfändungsbeschluss des Gläubigers Achtermann wegen einer gewöhnlichen Forderung beim Drittschuldner ein (pfändbar jetzt gem. Tabelle = 189,29 € – drei Unterhaltsberechtigte – Ehefrau, eheliches und „nichteheliches" Kind).

Frage: Wie hoch ist der jeweils abzuführende Betrag?

Lösung:

Aufgrund des Vorrechts geht die erste Pfändung tiefer in das Arbeitseinkommen (= 736,17 €). Somit kann an den Gläubiger Achtermann vorerst keine Zahlung erfolgen. Wenn die Unterhaltsrückstände abgebaut sind, besteht für den Unterhaltsgläubiger nur noch ein Anspruch auf Zahlung des laufenden Unterhalts von z. Zt. monatlich 247 € (siehe auch Muster des Pfändungs- und Überweisungsbeschlusses).

Der Arbeitgeber darf an den zuletzt pfändenden Normalgläubiger weiterhin noch keine Zahlung leisten, da der pfändbare Tabellensatz in Höhe von 189,29 € von dem Unterhaltsgläubiger voll ausgeschöpft wird. Auf Antrag des gewöhnlichen Gläubigers Achtermann besteht jedoch die Möglichkeit, dass dem Arbeitgeber eine Neuberechnung der Pfandbeträge gemäß § 850 e Nr. 4 ZPO vorgeschrieben wird. Diese sieht wie folgt aus:

Praxisproblem 15

1. a) Vorrecht des Unterhaltsgläubigers (Unterschiedsbetrag gemäß § 850 d ZPO und § 850 c ZPO) = 736,17 € ./. 189,29 €	= 546,88 €
b) Restanspruch auf laufenden Unterhalt	= 247,00 €
2. Gewöhnlicher Gläubiger (Tabellensatz)	= 189,29 €

Frage: Wie kann eine anderweitige Verrechnung erfolgen?

Lösung:

Da der laufende Unterhalt (247 €) aus dem Vorrechtsbereich gemäß § 850 d ZPO (546,88 €) voll entnommen werden kann, hat der Arbeitgeber an den Unterhaltsgläubiger 247 € und an den Normalgläubiger 189,29 € (insgesamt = 436,29 €) zu überweisen.

Diese **Verrechnung** kann der Drittschuldner jedoch nicht selbständig vornehmen, sondern es bedarf hierzu eines ausdrücklichen Beschlusses des Gerichts.[79] Der Drittschuldner ist hierzu nicht antragsberechtigt, jedoch der Arbeitnehmer und die Gläubiger. Die gleiche Rechtssituation

79 Thomas Putzo, § 850 e ZPO, Rn. 8.

würde sich im Übrigen ergeben, wenn der erstpfändende Unterhaltsgläubiger auf sein Vorrecht nach § 850 d ZPO verzichtet und lediglich eine Pfändung gemäß § 850 c ZPO beantragt.

Hat allerdings der gewöhnliche Gläubiger zuerst gepfändet, so darf die durch den Unterhaltsgläubiger ebenfalls bewirkte – spätere – Pfändung das Prioritätsrecht des erstpfändenden Gläubigers nicht zerstören.

Praxisproblem 16

Der gewöhnliche Gläubiger Achtermann hat am 29.1.2010 den Lohn des Arbeitnehmers gepfändet. Für den Unterhaltsgläubiger Daniel Dustmann ist die Pfändung erst am 2.2.2010 bewirkt worden.

Frage: Wie ist die Pfändungspriorität?

Lösung:

Der Arbeitgeber hat aufgrund der ersten Pfändung an Achtermann 189,29 € zu überweisen. An den zweiten (Unterhalts-)Gläubiger sind 546,88 € (736,17 € ./. 189,29 €) zu zahlen.

Dieses Beispiel macht deutlich, dass der Unterhaltsgläubiger mit seiner Pfändung auch dann noch zum Zuge kommt, wenn er nicht zuerst gepfändet hat. Der Gesetzgeber hat für diese bevorrechtigten Gläubiger quasi einen Teil des Arbeitseinkommens reserviert, der allein ihrem Zugriff offen steht, ohne dass der Grundsatz der Pfändungspriorität tangiert wird. Eine Durchbrechung dieses Prinzips kann nur durch Beschluss des Rechtspflegers auf begründeten Antrag der Beteiligten vorgenommen werden. Begründet wäre im vorhergehenden Praxisproblem Nr. 16 z. B. ein Antrag auf geänderte Auszahlungsweise durch den Arbeitgeber, wenn der Nettoverdienst des Arbeitnehmers sehr hoch (über 3020,06 €) wäre, weil jetzt ein Zugriff des zuletzt pfändenden Unterhaltsgläubigers nicht mehr gegeben ist.

Pfänden allein bevorrechtigte Gläubiger, so bestimmt auch hier die zeitliche Reihenfolge der zugestellten Pfändungs- und Überweisungsbeschlüsse beim Arbeitgeber grundsätzlich das beste Pfandrecht. Da § 850d Abs. 2 ZPO aber zusätzlich noch eine Rangfolge innerhalb der Unterhaltsgläubiger festlegt,[80] erscheint es fast immer angebracht, solche Konkurrenzsituationen durch das Vollstreckungsgericht regeln zu lassen. Zur Antragstellung ist auch der Drittschuldner befugt.

---

80 BGH, Rpfleger 2003, 514 ff.

4. Zusammentreffen von Pfändung mit Abtretung und Verpfändung

a. Die Abtretung des Arbeitseinkommens

Das fällige und künftige Arbeitseinkommen[81] kann von dem Arbeitnehmer als Kreditsicherheit auch abgetreten oder gemäß §§ 1274 ff. BGB verpfändet werden.

Die Gehaltsabtretung geschieht durch Vertrag gemäß § 398 BGB. Der **Abtretungsvertrag** selbst muss als Inhalt das bestimmbare Arbeitseinkommen zum Gegenstand haben,[82] den neuen Gläubiger bezeichnen und den Umfang der Abtretung näher darstellen. Dabei ist als allgemeine Geschäftsbedingung darauf zu achten, dass gemäß § 305 BGB die Abtretung der künftigen Gehaltsansprüche dann unwirksam ist, wenn der Zweck und Umfang der Abtretung und die Voraussetzungen, unter denen der Zessionar von ihr Gebrauch machen kann, nicht eindeutig bezeichnet sind.[83]

Mit der Abtretung der Lohnforderung tritt der neue Gläubiger (Zessionar) an die Stelle des bisherigen Gläubigers (Arbeitnehmer = Zedent) und der Arbeitgeber als Schuldner der Gehaltsforderung ist jetzt dem neuen Gläubiger gemäß § 410 BGB gegen Aushändigung einer Abtretungsurkunde oder auf schriftliche Anzeige durch den Arbeitnehmer zur Zahlung verpflichtet. Bis zur **Offenlegung** der Abtretung bleibt folglich allein der Arbeitnehmer befugt, die Zahlung des fortlaufenden Lohns an sich zu verlangen. Insbesondere im Zusammenhang mit der Vergabe von Bank-Kleinkrediten, Ratenzahlungskäufen, Abschlüssen von Lebensversicherungen oder Bausparverträgen treten die Arbeitnehmer zu Sicherungszwecken häufig ihre künftigen Lohnansprüche an die jeweiligen Kreditinstitute bzw. Gesellschaften ab.

Die Gehaltsabtretung stellt sich dann wie folgt dar:

---

81 BAG, NJW 2001, 1443.

82 BArbG, JurBürO 1994, 364.

83 BGH, NJW 1992, 2626.

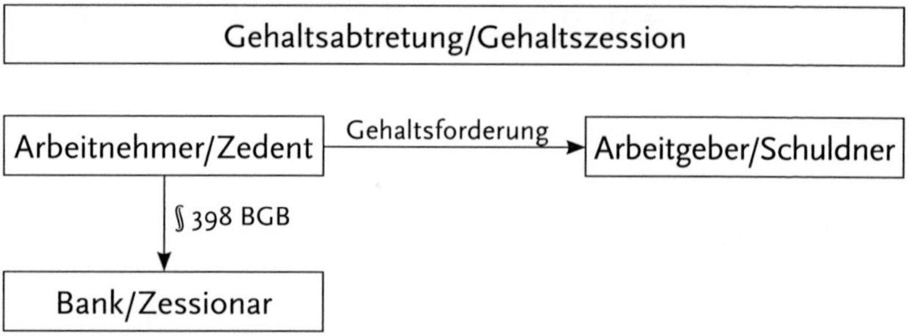

Auch die **künftige Gehaltsforderung** aus einem noch nicht bestehendem Arbeitsverhältnis kann der Arbeitnehmer wirksam abtreten und ist – soweit die vertragliche Abtretung der Forderung aus dem Arbeitsverhältnis zulässig ist – demzufolge auch beim Arbeitsplatzwechsel dem neuen Arbeitgeber gegenüber gültig.[84]

Eine Pfändung hingegen geht auf den neuen Dienstherrn nicht über und führt dazu, dass der Pfändungsgläubiger beim Wechsel des Arbeitsplatzes durch seinen Schuldner dem Abtretungsgläubiger auch dann nachgeht, wenn seine Vollstreckung beim bisherigen Arbeitgeber vor der Abtretung erfolgt war.[85]

b. Das Zusammentreffen von Pfändung und Abtretung

Wenn die Abtretung zwischen dem neuen Gläubiger und Arbeitnehmer gemäß § 398 BGB wirksam zustande gekommen ist, kann der Arbeitnehmer über den abgetretenen Teil seines Arbeitseinkommens nicht mehr frei verfügen; das heißt allerdings, dass gemäß § 400 BGB nur der Teil des Arbeitseinkommen der Abtretung unterliegt, der auch gemäß der Pfändungstabelle zu § 850 c ZPO pfändbar ist.

Die Wechselwirkung des Grundgedankens, wonach eine Gehaltsforderung nicht abgetreten werden darf, soweit sie nicht der Pfändung unterworfen ist, führt allerdings dazu, dass der Arbeitnehmer wegen der hohen Pfändungsfreigrenzen seinen Lohn oder sein Gehalt nur noch bei überdurchschnittlichen Verdiensten zur Absicherung eines Kredits abtreten kann. Bei Geringverdienern und Teilzeitkräften ist eine Pfändung

84 BAG, JurBüro 1994, 364.

85 BGH, NJW 1987, 1268.

regelmäßig aussichtslos und daher eine Lohnabtretung aus diesem Personenkreis unwirksam.

Ist der pfändbare Lohnanspruch jedoch wirksam auf einen neuen Abtretungsgläubiger übertragen worden, steht folglich dieser abgetretene Arbeitnehmeranspruch den Pfändungsgläubigern nicht mehr zur Verfügung und kann daher auch nicht mehr wirksam gepfändet werden. Die Pfändung geht dann ins Leere.[86]

Da die Abtretungen regelmäßig nicht sofort dem Arbeitgeber angezeigt werden (stille Zession), kann dieser selbstverständlich weiter den vollen Lohn seinem Arbeitnehmer auszahlen (§ 836 Abs. 2 ZPO). Erst bei Geltendmachung (Übersendung des Abtretungsvertrages durch den neuen Gläubiger bzw. Abtretungsanzeige des Arbeitnehmers) muss der Arbeitgeber an den neuen Gläubiger (Zessionar) die abgetretenen Bezüge überweisen, wenn die Abtretung wirksam erfolgt ist; denn den Arbeitgeber trifft die Last, die Wirksamkeit der erfolgten Abtretung richtig zu beurteilen.[87]

Für den **Rang der Abtretung** ist nicht die Anzeige an den Arbeitgeber entscheidend, sondern das Datum des Abtretungsvertrages bestimmt dessen Wirksamkeit.

Treffen Abtretung und Lohnpfändung zusammen, so gelten also zwei unterschiedliche Wirksamkeitstermine, die der Arbeitgeber zu beachten hat. Bei der Lohnpfändung ist für den Rang der Pfändung die Zustellung an den Arbeitgeber maßgeblich, bei der Abtretung der Tag des Abtretungsvertrages. Ist dem Arbeitgeber die Abtretung angezeigt und folgt eine spätere Lohnpfändung, so ist diese Pfändung wirkungslos und hindert den Arbeitgeber nicht daran, weiterhin an den Abtretungsgläubiger zu zahlen. In diesem Fall darf erst dann wieder an den Pfändungsgläubiger gezahlt werden, wenn die Abtretung sich erledigt hat; denn das durch die Lohnpfändung entstandene Pfandrecht erstreckt sich auf die nach der Pfändung fällig werdenden Lohnbeträge gemäß § 832 ZPO auch dann, wenn das künftige Arbeitseinkommen bereits wirksam abgetreten ist. Nach der Rechtsprechung des Bundesarbeitsgerichts[88] ist diese Pfändung nicht nichtig und bedarf keiner erneuten Vornahme, sondern sie

86 BGH, NJW 1971, 1939; 1987, 1703; 1989, 2383.

87 BAG, BB 1993, 1088 = NJW 1993, 2699.

88 BAG, NJW 1993, 1452 ff.

ruht so lange, bis der Arbeitgeber den Abtretungsgläubiger aufgrund des Abtretungsvertrages befriedigt hat und lebt anschließend kraft Gesetzes wieder auf, da die erfolgte Pfändung gemäß § 832 ZPO die künftigen Bezüge mitbeschlagnahmt hat. Der Arbeitgeber muss also nach erledigter Abtretung die pfändbaren Beträge an den Pfändungsgläubiger abführen oder im Falle einer erstrangigen stillen Zession, die erst nach der Pfändung dem Arbeitgeber angezeigt wird, die ruhende Zahlung an den Pfandgläubiger wieder aufnehmen. Folgendes Beispiel soll dies erläutern:

Praxisproblem 17

Der Arbeitnehmer Sch. hat am 1.8.2009 seinen pfändbaren Lohn an die A-Bank abgetreten. Diese Abtretung ist dem Arbeitgeber am 10.1.2010 angezeigt worden, der die pfändbaren Lohnanteile gemäß der Pfändungstabelle an die A-Bank abführt. Am 2.2.2010 wird dem Arbeitgeber ein Pfändungs- und Überweisungsbeschluss zugestellt, wonach die Bezüge des Arbeitnehmers Sch. für den gewöhnlichen Gläubiger B gepfändet werden sollen.

Frage: Ist die Pfändung wirksam?

Lösung:

Die Pfändung für B geht vorerst ins Leere, da die Abtretung vorrangig zu behandeln ist. Der Arbeitgeber hat daher weiterhin an die A-Bank zu zahlen. Erledigt sich z. B. jedoch mit Ablauf des 31.07.2010 der Abtretungsvertrag mit der A-Bank, so erlangt der Arbeitnehmer Sch. seinen Lohnanspruch, soweit dieser abgetreten war, nur belastet mit dem Pfandrecht des Gläubigers B zurück, da die künftigen Bezüge des Arbeitnehmers Sch. kraft Gesetzes (§ 832 ZPO) weiterhin gepfändet sind, ohne dass es der Anordnung eines erneuten Pfändungs- und Überweisungsbeschlusses bedarf. Insoweit ist das Arbeitseinkommen des Arbeitnehmers auch für andere Gläubiger wieder zur Pfändung frei. Der Arbeitgeber muss hierbei jedoch die Vorrangigkeit des Gläubigers B beachten, wenn andere Gläubiger im Range danach einen Pfändungs- und Überweisungsbeschluss zugestellt haben.

Hat z. B. ein weiterer Gläubiger C durch Zustellung des Pfändungs- und Überweisungsbeschlusses an den Arbeitgeber am 28.2.2010 die Dienstbezüge von Sch. gepfändet, so kommt Gläubiger C aufgrund des Prioritätsprinzips erst zum Zuge, wenn Gläubiger B voll befriedigt ist. Das Pfandrecht des Gläubigers B lebt nämlich mit Wirkung der Zustellung des Pfändungs- und Überweisungsbeschlusses vom 2.2.2010 wieder auf und damit geht Gläubiger B dem Gläubiger C im Range vor.

Tritt verbotswidrig der Arbeitnehmer sein bereits gepfändetes Arbeitseinkommen ab, so ist diese Abtretung dem pfändenden Gläubiger gegenüber relativ unwirksam. Der Arbeitgeber, der von der späteren Abtretung

Kenntnis erlangt hat, hat die pfändbaren Lohnanteile so lange an den Pfändungsgläubiger auszuzahlen, bis dieser befriedigt ist. Anschließend muss er jedoch die Abtretung beachten und dem Abtretungsgläubiger die abgetretenen Dienstbezüge überweisen. Manche Unternehmer und Betriebe haben durch Tarifverträge die Unzulässigkeit von Lohnabtretungen vereinbart. Der Arbeitgeber hat dieses Abtretungsverbot zu beachten und darf in keinem Falle an einen Abtretungsgläubiger zahlen (§ 399 BGB). Etwas anderes gilt nur im Falle des Restschuldbefreiungsverfahrens gemäß § 287 Abs. 3 InsO.

Das **Verbot der Abtretung** gilt auch für einen Arbeitsplatzwechsel des Schuldners. Hatte dieser bereits vorab seinen Lohn wirksam abgetreten und tritt er anschließend in eine neue Firma ein, bei der die Lohnabtretung durch Tarifvertrag unzulässig ist, so muss der neue Arbeitgeber die Leistung aus der Abtretung verweigern.[89]

Generell halte ich den Ausschluss der Abtretbarkeit des Gehaltsanspruchs für äußerst zwiespältig und sozialpolitisch für sehr bedenklich. Die Dienstbezüge des Arbeitnehmers sind häufig das einzige Sicherungsmittel für einen Bankkredit, und insoweit bedeutet der Ausschluss der Verpfändbarkeit des Lohns regelmäßig die Kreditunwürdigkeit des Arbeitnehmers. Allein der Kostenfaktor und der Arbeitsaufwand hinsichtlich der Bearbeitung von Lohnabtretungen sollten für den Arbeitgeber und insbesondere für die gewerkschaftlichen Interessenvertreter des Arbeitnehmers keinen Grund für eine solche Einschränkung der Verkehrsfähigkeit des Lohnanspruchs darstellen.

Bei Unklarheit, ob wirklich wirksam gepfändet oder abgetreten ist, ist dem Arbeitgeber als Drittschuldner anzuraten, von der Möglichkeit der Hinterlegung gemäß §§ 372 ff. BGB Gebrauch zu machen; die Einleitung eines Verteilungsverfahrens gemäß §§ 853, 872 ff. ZPO ist nicht gegeben, da das Arbeitseinkommen nicht für mehrere Gläubiger gepfändet ist.

5. Die Vorpfändung

Bei der Pfändung von Arbeitseinkommen ist für den Gläubiger eine gute Rangposition von besonderer Wichtigkeit. Die bürokratischen Hemmnisse bis zur endgültigen Erlangung eines Pfändungs- und Überwei-

89 BGH, NJW 1958, 1281.

sungsbeschlusses durch das Gericht versuchen geschickte Gläubiger durch Zustellung eines vorläufigen Zahlungsverbotes (Vorpfändung) gemäß § 845 ZPO zu umgehen. Diese Vorpfändung (siehe anliegendes Muster) muss zur Wirksamkeit durch den Gerichtsvollzieher – der sich hierbei auch der Post bedienen kann – dem Arbeitgeber zugestellt werden. Der Gläubiger sichert sich durch diese Benachrichtigung aber nur dann einen hervorragenden Rang, wenn innerhalb von einem Monat dem Arbeitgeber der endgültige Pfändungs- und Überweisungsbeschluss zugestellt wird; ansonsten wird die Vorpfändung unwirksam. Bei der Fristenberechnung ist darauf zu achten, dass der Tag der Zustellung nicht mitzuzählen ist, § 222 ZPO, § 187 BGB.[90] Die Überweisung des pfändbaren Betrages an den Gläubiger ist aufgrund der Vorpfändung nicht möglich. Der Arbeitgeber darf seinem Arbeitnehmer allerdings die „vorläufig" gepfändeten Bezüge nicht auszahlen, sondern er muss diese Beträge vorerst einbehalten, unter Umständen beim Gericht hinterlegen. Wird der Pfändungs- und Überweisungsbeschluss nicht innerhalb eines Monats zugestellt, hat der Arbeitgeber dem Schuldner (Arbeitnehmer) den festgehaltenen Lohn wieder auszuzahlen. Wird jedoch der Pfändungs- und Überweisungsbeschluss innerhalb der Monatsfrist nach der Zustellung der Vorpfändung dem Arbeitgeber zugestellt, so richtet sich die Rangposition dieses Gläubigers im Verhältnis zu anderen Berechtigten nach dem Zeitpunkt des „vorläufigen Zahlungsverbots".

90 Baumbach/Lauterbach/Albers/Hartmann, § 845 ZPO, Rn. 11.

An die Verteilungsstelle
für Gerichtsvollzieheraufträge
des Amtsgerichts

in Hildesheim

Vorläufiges Zahlungsverbot
(Gemäß § 845 der Zivilprozessordnung hat dieses
Zahlungsverbot die Wirkung eines Arrestes)

In Sachen

des Kaufmanns Eduard Achtermann, Dreischeweg 33, 31135 Hildesheim	**Gläubiger**

Prozessbevollmächtigter Rechtsanwalt Dr. ...

gegen den

Maurer Ehrhard König, Kalenberger Graben 13, 31134 Hildesheim	**Schuldner**

steht auf Grund des vorläufig vollstreckbaren – Vollstreckungsbescheids – des Amtsgerichts Hildesheim vom 3. Juli ....

wegen	3 333,00 €	Hauptforderung
		nebst 13 % Zinsen seit 1.4. .... (13 B 1313/...)
	60,00 €	vorgerichtlicher Kosten des Gläubigers
	431,33 €	festgesetzter Prozesskosten nebst 4 % Zinsen seit 1.6. ....
	46,87 €	Zwangsvollstreckungskosten

die Pfändung der umstehend angekreuzten angeblichen und zukünftigen Forderungen und Ansprüche bevor, welche obengenanntem Schuldner gegen den Arbeitgeber, Firma Konrad Schaper „elementbau“ GmbH, Luisenallee 33, 31134 Hildesheim zustehen.

Gemäß § 845 der Zivilprozessordnung werden Schuldner und Drittschuldner von bevorstehender Pfändung in Kenntnis gesetzt.

An Drittschuldner Firma Konrad Schaper „elementbau“ GmbH ergeht die Aufforderung, insoweit an Schuldner nicht zu zahlen.

Um die Kosten eines Pfändungsbeschlusses zu sparen, wird der Drittschuldner um baldige Mitteilung an den unterzeichneten Rechtsanwalt gebeten, falls der Schuldner nicht bei ihm beschäftigt ist bzw. pfändbare Ansprüche nicht bestehen.

Der Schuldner wird aufgefordert, sich jeder Verfügung über die bezeichneten Forderungen und Ansprüche, insbesondere deren Einziehung, zu enthalten.

Zustellung erbeten an:	Rademann, Rechtsanwalt
1. Firma Konrad Schaper „elementbau“	Hildesheim, den
2. Ehrhard König	1. Juli ....

☐ **Anspruch A (an Arbeitgeber)**

auf Zahlung des gesamten gegenwärtigen und künftigen Arbeitseinkommens (einschließlich des Geldwertes von Sachbezügen).

Berechnung des pfändbaren Arbeitseinkommens

Von der Pfändung ausgenommen sind Steuern, Beiträge zur Sozialversicherung, ebenso Beiträge in üblicher Höhe, die der Schuldner laufend an eine Ersatzkasse, eine private Krankenversicherung oder zur Weiterversicherung zahlt, ferner die in § 850 a bis c und e Ziffer 1 ZPO genannten Bezüge.

Von dem errechneten Nettoeinkommen ergibt sich der pfändbare Betrag unter Berücksichtigung von Unterhaltspflichten des Schuldners aus der Tabelle zu § 850 c Absatz 3 ZPO in der jeweils gültigen Fassung.

Andere Ansprüche (alternativ):
Folgende Alternativen sind vom Gläubiger bei der (Vor-)Pfändung zu berücksichtigen und evtl beim jeweiligen Drittschuldner zu beantragen:

☐ **Anspruch A (an Arbeitgeber)**

1. auf Auszahlung von Steuererstattungsansprüchen für das abgelaufene Kalenderjahr und frühere Jahre, sofern diese durch den Arbeitgeber infolge Vornahme des Lohnsteuerjahresausgleichs ausgezahlt oder verrechnet werden,
2. auf Herausgabe der Lohnsteuerkarte mit Lohnsteuerbescheinigung zum Jahresende zwecks Stellung des Antrags beim Finanzamt auf Erstattung des Lohnsteuerjahresausgleichs bzw. von Einkommensteuerüberzahlungen.

☐ **Anspruch B (an Finanzamt)**

auf Durchführung des Lohnsteuerjahresausgleichs bzw. Auszahlung insbesondere von Lohn- und Kirchensteuer sowie auf Erstattungen von Einkommen-, Kirchen- und Vermögensteuer, und zwar für das Jahr
Gleichzeitig wird der Schuldner aufgefordert, die Lohnsteuerkarte(n) an den Gläubiger oder einen zu beauftragenden Gerichtsvollzieher herauszugeben.

☐ **Anspruch C (an Banken etc.)**

1. auf Zahlungen und Leistungen jeglicher Art aus der laufenden Geschäftsverbindung, insbesondere gegenwärtig und zukünftig entstehende Guthaben bzw. gegenwärtig und zukünftig zu seinen Gunsten entstehende Salden, auf Auszahlung des bei einem Rechnungsabschluss sich zu seinen Gunsten ergebenden Guthabens;
2. auf Auszahlung des Guthabens und der bis zum Tage der Auszahlung aufgelaufenen Zinsen sowie auf fristgerechte bzw. vorzeitige Kündigung der Sparguthaben aus seinen bei der Drittschuldnerin geführten Sparkonten; das Gericht wird anordnen, dass der Schuldner das über die jeweiligen Sparguthaben ausgestellte Sparkassenbuch an den Gläubiger – zu Händen des Gerichtsvollziehers – herauszugeben hat;

3. auf Zahlungen und Leistungen jeglicher Art aus dem zu dem Wertpapierkonto gehörenden Geldkonto, auf dem die Zinsgutschriften für die festverzinslichen Wertpapiere gut gebracht sind;
4. auf Zutritt zu dem Bankstahlfach und Mitwirkung bei der Öffnung zum Zwecke der Entnahme des Inhalts; das Gericht wird anordnen, dass ein vom Gläubiger zu beauftragender Gerichtsvollzieher anstelle des Gläubigers Zutritt zu den Schließfächern zu nehmen hat, um nach Öffnen der Fächer den Inhalt derselben für den Gläubiger zu pfänden;
5. auf Rückübertragung aller gegebenen Sicherheiten.

Auf § 835 Absatz 3 Satz 2 ZPO wird der Drittschuldner hingewiesen.

☐ **Anspruch D (an Lebensversicherungsgesellschaft)**

1. auf den mit der Drittschuldnerin abgeschlossenen Lebensversicherungsvertrag, Versicherungs-Nr. sowie auf Gewinnanteile und auf Zahlung des Rückkaufwertes,
2. auf das Recht zur Bestimmung desjenigen, zu dessen Gunsten im Todesfall die Versicherungssumme ausgezahlt wird, bzw. zur Bestimmung einer anderen Person anstelle der vom Schuldner vorgesehenen,
3. auf das Recht zur Kündigung des Lebensversicherungsvertrages,
4. auf Umwandlung der Lebensversicherung in eine prämienfreie Versicherung,
5. auf das Recht zur Aushändigung der Versicherungspolice.

Der Schuldner hat die Versicherungspolice und die letzte Prämienquittung – zu Händen des Gerichtsvollziehers – herauszugeben.

Praxisproblem 18

Am 29.1.2010 wird dem Arbeitgeber durch den Gerichtsvollzieher ein **„vorläufiges Zahlungsverbot"** für den Gläubiger Achtermann zugestellt. Am 2.2.2010 stellt ein Gerichtsvollzieher für den Gläubiger Berger einen Pfändungs- und Überweisungsbeschluss zu. Am 13.2.2010 geht beim Arbeitgeber aufgrund der am 29.1.2010 erlassenen Vorpfändung der Pfändungs- und Überweisungsbeschluss für Achtermann ein.

Frage: An wen muss der Arbeitgeber die errechneten pfändbaren Bezüge auszahlen?

Lösung:

Da der Pfändungs- und Überweisungsbeschluss für den Gläubiger Achtermann innerhalb der notwendigen Monatsfrist nach Zustellung des „vorläufigen Zahlungsverbots" dem Arbeitgeber zugestellt wird, hat Achtermann den ersten Rang mit Wirkung vom 29.1.2010. Der Gläubiger Berger ist damit nachrangig, und der Arbeitgeber muss die pfändbaren Lohnanteile solange an Achtermann zahlen, bis dieser befriedigt ist.

Mehrere nacheinander zugestellte Vorpfändungen lösen jeweils die Monatsfrist erneut aus; das zuerst zugestellte „vorläufige Zahlungsverbot" verliert jedoch nach dem Ablauf von einem Monat seine Wirkung. Das zweite „vorläufige Zahlungsverbot" erfasst jedoch alle Lohnansprüche, die der Arbeitgeber noch nicht an den Arbeitnehmer abgeführt hat. Insoweit beschlagnahmt die wiederholte Vorpfändung den jeweils noch ausstehenden Lohn des Schuldners, auch wenn dieser aufgrund des ungültigen Zahlungsverbotes einbehalten wurde.[91]

Eine **Wiederholung der Vorpfändung** ist daher grundsätzlich möglich. Sie verlängert jedoch nicht die Frist der ersten Vorpfändung; denn das erste vorläufige Zahlungsverbot erlischt mit Ablauf der Monatsfrist. Die erneute Vorpfändung erfasst allerdings das durch den Arbeitgeber einbehaltene Arbeitseinkommen, das durch die inzwischen unwirksam gewordene erste Vorpfändung weder an den Schuldner noch an den Gläubiger ausgezahlt werden konnte. Hierzu folgender Sachverhalt:

Praxisproblem 19

Gläubiger Achtermann hat dem Arbeitgeber am 3.3. diesen Jahres durch den Gerichtsvollzieher ein „vorläufiges Zahlungsverbot" zustellen lassen. Da für

91 a) Stöber, RdNr. 808 (Anm. 51).
b) Thomas-Putzo, § 845 ZPO, Rn. 8.

den Erlass des Pfändungs- und Überweisungsbeschlusses die Monatsfrist des § 845 ZPO nicht eingehalten werden kann, ergeht am 31.3. eine weitere Vorpfändung für den Gläubiger Achtermann. Der endgültige Pfändungs- und Überweisungsbeschluss erfolgt am 7.4. nach.

Frage: Wie hoch sind die pfändbaren Beträge bei einem Nettoeinkommen von 2400 €? (Der Schuldner ist verheiratet und hat zwei unterhaltsberechtigte Kinder.)

Lösung:

Aufgrund der Vorpfändung vom 3.3. diesen Jahres hat der Arbeitgeber 189,29 € vorläufig einbehalten.

Die erneute Vorpfändung vom 31.3. erfasst das Arbeitseinkommen von 2400 € zuzüglich der noch ausstehenden 189,29 €.

Der Arbeitgeber muss daher aufgrund des wirksamen Pfändungsbeschlusses vom 7.4. von einem Gesamtnettoeinkommen in Höhe von 2589,29 € (2400 € zuzüglich der einbehaltenen 189,29 €) den pfändbaren Lohnanteil berechnen. Pfändbar sind daher insgesamt 243,29 €.

6. Die Pfändung hohen Arbeitseinkommens

Verdient ein Arbeitnehmer überdurchschnittlich viel an Lohn oder Gehalt, werden die Schuldnerschutzbestimmungen zugunsten des Gläubigers außer Kraft gesetzt. Die Grenze liegt bei netto 3020,06 €. Übersteigt das Arbeitseinkommen des Schuldners diesen Betrag, so ist der Mehrbetrag des Arbeitseinkommens voll pfändbar; der Teil des Arbeitseinkommens bis 3020,06 € ist selbstverständlich zusätzlich gemäß der Pfändungstabelle der Pfändung unterworfen.

Praxisproblem 20

Der Nettoverdienst des Arbeitnehmers beträgt 4200 €. Er ist verheiratet und hat ein eheliches und ein nichteheliches Kind zu unterhalten. Die Pfändung des Arbeitseinkommens wird vom Normalgläubiger Achtermann beantragt.

Frage: Wie hoch ist der pfändbare Betrag?

Lösung:

Es sind pfändbar:

1. Der Mehrbetrag über 3020,06 € (4200 € ./. 3020,06 €)	= 1 179,94 €
2. Tabellensatz (bei 3020,06 €, drei Unterhaltsberechtigte)	= 375,29 €
	= **1555,23 €**

Der Arbeitgeber muss 1555,23 € an den pfändenden Gläubiger überweisen; der Differenzbetrag in Höhe von 2644,77 € (4200 € ./. 1555,23 €) verbleibt dem Arbeitnehmer.

Variante:

Sachverhalt wie Praxisproblem 20. Die Pfändung wird beantragt von dem „nichtehelichen Kind" als Unterhaltsgläubiger gemäß § 850 d ZPO.

Frage: Wie hoch ist der pfändbare Betrag für das Kind?

Lösungsschritt 1:

Es sind unpfändbar:

1. Der notwendige Unterhalt für den Schuldner (Sockelbetrag)	= 800,00 €
2. 2/3 des Mehrbetrages des übersteigenden Nettoverdienstes – für zwei weitere minderjährige eheliche Kinder (4200 € ./. 800,00 € = 3400,00 € x 2/3)	= 2266,67 €
	= 3066,67 €

Hiernach wären für das „nichteheliche" Kind 1133,33 € (4200 € ./. 3066,67 €) pfändbar. Dies wäre dem Normalgläubiger gegenüber eine erhebliche Schlechterstellung, denn dieser kann insgesamt 1555,23 € pfänden. Deshalb wird gemäß § 850 d Absatz 1 Satz 3 ZPO normiert, dass der Unterhaltsgläubiger zumindest dem Normalgläubiger gleichzustellen ist. Die Pfändung vollzieht sich daher nach der Vorschrift des § 850 c ZPO. Hierbei ist zu beachten, dass das „nichteheliche Kind" nicht berücksichtigt wird, da Unterhalt vom Schuldner nicht gewährt wird.[92]

Der Arbeitgeber muss 1762,95 € (1179,94 € zuzüglich 583,01 €) an das nichteheliche Kind überweisen, soweit die Forderung (Unterhaltsrückstand) überhaupt diesen Betrag erreicht.

(endgültiger) Lösungsschritt 2:

Es sind pfändbar:

1. Der Mehrbetrag über 3020,06 € (4200,00 €./. 3020,06 €)	= 1179,94 €
2. Tabellensatz (bei 3020,06 €, zwei Unterhaltsberechtigte!; zwei minderjährige eheliche Kinder)	= 583,01 €
	= 1762,95 €

Treffen bei der Pfändung hohen Arbeitseinkommens Gläubiger wegen eines gewöhnlichen Anspruchs und einer Unterhaltsforderung zusammen, so ergeben sich für den Arbeitgeber dann Probleme bei der Be-

92 Stöber, Rn. 1106.

rechnung der pfändbaren Bezüge, wenn der Unterhaltsgläubiger zuletzt gepfändet hat. Für den erstpfändenden Normalgläubiger ist ein so hoher Geldbetrag der Pfändung unterworfen, dass für den nachfolgenden Unterhaltsgläubiger keinerlei bzw. ganz geringe pfändbare Bezüge zur Verfügung stehen. Die vom Gesetzgeber vorgeschriebene Privilegierung des Unterhaltsgläubigers geht bei der Pfändung hohen Arbeitseinkommens somit ins Leere.

Der Arbeitgeber darf von sich aus keinerlei Beträge an den Unterhaltsgläubiger überweisen; er sollte seinen Arbeitnehmer allerdings veranlassen, eine anderweitige Verteilung der pfändbaren Bezüge beim Vollstreckungsgericht zu beantragen. Eine weitere Möglichkeit besteht in der Hinterlegung der pfändbaren Bezüge gemäß § 853 ZPO; insoweit muss das Vollstreckungsgericht von Amts wegen eine Verteilung vornehmen.

Beläuft sich das Arbeitseinkommen des Schuldners auf mehr als 2985 € (netto), so kann das Vollstreckungsgericht auf Antrag eines Gläubigers die Höhe der pfändbaren Bezüge nach freiem Ermessen festsetzen (§ 850 f Absatz 3 ZPO). Der Arbeitgeber hat die pfändbaren Lohnbezüge nicht nach der Pfändungstabelle zu berechnen, sondern muss sich dann an die konkrete Anweisung des Rechtspflegers im Pfändungs- und Überweisungsbeschluss halten. Die gleiche Regelung gilt im Übrigen bei Forderungen aus **vorsätzlich begangenen unerlaubten Handlungen**. Auch hier finden die Pfändungsbeschränkungen des § 850 c ZPO dann keine Anwendung, wenn aufgrund des Gläubigerantrags das Vollstreckungsgericht einen erweiterten Pfändungszugriff ausdrücklich bestimmt. Folgendes Beispiel mag dies verdeutlichen:

Praxisproblem 21

Dem Arbeitgeber wird am 29.1.2010 ein Pfändungs- und Überweisungsbeschluss des Kaufmanns Eduard Achtermann wegen einer Forderung aus einem gewährten Darlehen zugestellt. Das pfändbare Arbeitseinkommen beträgt gemäß der Pfändungstabelle zu § 850 c ZPO 451,01 € (siehe Praxisproblem 8). Am 2.2.2010 stellt der Gerichtsvollzieher dem Arbeitgeber einen weiteren Pfändungs- und Überweisungsbeschluss der Hausfrau Julia Bornemeyer wegen eines Anspruchs aus unerlaubter Handlung zu. Für diese Gläubigerin hat der Rechtspfleger im Pfändungsbeschluss den pfändbaren Betrag auf 600 € festgesetzt.

Frage: An wen muss der Arbeitgeber – wie viel – zahlen?

Lösung:

Aufgrund des **Prioritätsprinzips** geht die Pfändung des Kaufmanns Achtermann der Pfändung der Hausfrau Bornemeyer im Range vor. Der Arbeitgeber muss daher gemäß Pfändungstabelle 451,01 € an Achtermann und den Differenzbetrag in Höhe von 148,99 € (600 € ./. 451,01 €) an Frau Bornemeyer überweisen. Sobald der Kaufmann Achtermann voll befriedigt ist, erhält die Hausfrau Julia Bornemeyer monatlich 600 €.

7. Die mitverdienenden Familienangehörigen

Bei der Berechnung des pfändbaren Arbeitseinkommens erhält der Arbeitnehmer für seine Angehörigen (Ehegatte, Kinder pp.) entsprechend der Pfändungstabelle Freibeträge. Für den Arbeitgeber ist die Anzahl der Unterhaltsberechtigten des Schuldners anhand der Lohnsteuerkarte bzw. Befragung des Schuldners als Arbeitnehmer festzustellen. Änderungen, die sich im Laufe der Pfändung ergeben (z. B. die Geburt eines Kindes) hat der Arbeitgeber selbständig zu beachten. Angehörige mit eigenem Einkommen werden grundsätzlich als Unterhaltsberechtigte mitgezählt,[93] wenn ihnen der Schuldner nach dem BGB unterhaltspflichtig ist und den Unterhalt wirklich leistet. Davon kann der Arbeitgeber stets ausgehen.

Wenn das Arbeitseinkommen **beider Ehegatten** gepfändet wird, hat der Arbeitgeber jeden Ehepartner als Unterhaltsberechtigten zu berücksichtigen. Ein Ausgleich ist nur durch einen Beschluss des Vollstreckungsgerichts möglich.

Sind Einkünfte des Angehörigen vorhanden (über ca. 500 €)[94], so kann das Vollstreckungsgericht auf **Antrag eines Gläubigers** bestimmen, dass diese Person als Unterhaltsberechtigte unberücksichtigt bleibt (§ 850 c Abs. 4 ZPO). Hierbei ist ein schlüssiger und substantiierter Vortrag der konkreten Tatsachen für den Wegfall des Unterhaltsberechtigten durch den Gläubiger zwingend erforderlich.[95] Zu den eigenen Einkünften der Unterhaltsberichtigten gehört auch der von anderen Unterhaltsverpflichteten gezahlte Barunterhalt[96]. Insoweit stellt z. B. die Unterhaltszahlung

93 Thomas-Putzo, § 850 c ZPO, Rn. 6.

94 20 % über dem sozialrechtlichen Grundbedarf: LG Leipzig, JurBüro 2002, 211.

95 BGH, Rpfleger 2005, 301, 371.

96 BGH, DGVZ 2009, 185 ff.

des Vaters oder der Mutter an die Kinder eigenes Einkommen im Sinne des § 850c Abs. 4 ZPO dar.

Eine **Drittwirkung** für andere Gläubiger tritt insoweit nicht ein.[97] Bei geringen eigenen Einkünften eines Angehörigen kann auch eine teilweise Nichtberücksichtigung (z. B. nur zur Hälfte) angeordnet werden. Nachpfändenden Gläubigern hat dann der Arbeitgeber freiwerdende Pfändungsbeträge auszuzahlen, wenn der erstrangige Gläubiger einen entsprechenden Antrag nicht gestellt hat. Hierzu folgendes Beispiel:

Praxisproblem 22

Der Kaufmann Eduard Achtermann hat durch Zustellung des Pfändungs- und Überweisungsbeschlusses am 29.1.2010 an die Fa. Konrad Schaper „elementbau“ GmbH (Drittschuldner) das Arbeitseinkommen des Maurers Ehrhard König (Schuldner) gepfändet. Am 2.2.2010 geht dem Arbeitgeber ein zweiter Pfändungs- und Überweisungsbeschluss der Firma „kaufgut“ AG zu. Hierzu ist angeordnet, dass die mitverdienende Ehefrau als Unterhaltsberechtigte nicht mitberücksichtigt wird. (Dieser Zusatz ist im Pfändungs- und Überweisungsbeschluss für den Kaufmann Achtermann nicht enthalten.)

Das monatliche pfändbare Arbeitseinkommen beträgt 2699 €. Der Schuldner ist verheiratet und hat zwei Kinder.

Frage: An wen hat der Arbeitgeber das gepfändete Arbeitseinkommen auszuzahlen?

Diese vollstreckungsrechtliche Vorschrift des § 850 c Abs. 4 ZPO gilt für eine Abtretung des Arbeitseinkommens gemäß §§ 398 ff BGB nur dann entsprechend, wenn auf Nichtberücksichtigung des Unterhaltsberechtigten geklagt wird und das Prozessgericht den Anspruch geprüft hat[98].

Lösung:

Anhand der Pfändungstabelle sind für den erstpfändenden Gläubiger Achtermann 276,29 € (drei Unterhaltsberechtigte) gepfändet. Dieser Betrag ist diesem Gläubiger zu überweisen. Für die nachpfändende Gläubigerin „kaufgut“ AG sind jedoch 451,01 € (zwei Unterhaltsberechtigte – Ehefrau zählt laut Beschluss nicht mit) der Pfändung unterworfen, so dass der Arbeitgeber auch dieser Gläubigerin noch 174,72 € (451,01 € ./. 276,29 €) zu zahlen hat. Stellt der vorrangig pfändende Gläubiger Achtermann nachträglich ebenfalls einen Antrag auf Nichtberücksichtigung der Ehefrau als Unterhaltsberechtigte, so gebühren ihm vom nächsten Lohnzahlungstermin ab allein die gepfändeten 451,01 €, wenn das Vollstreckungsgericht in einem **Ergänzungsbeschluss**

97 a) LAG Hamm, DB 1982, 1676.
b) LG Mönchengladbach, Rpfleger 2003, 517.

98 BGH, Rpfleger 2009, 627 ff.

eine entsprechende Bestimmung getroffen hat. Aufgrund des Prioritätsprinzips ist die Pfändung der „kaufgut" AG nachrangig und Zahlungen können insoweit an diese Gläubigerin erst geleistet werden, wenn der erstpfändende Gläubiger Achtermann voll befriedigt ist. Auf die Reihenfolge der Anträge gemäß § 850 c Abs. 4 ZPO kommt es nicht an.

8. Zusammenrechnung mehrerer Arbeitseinkommen

Erhält ein Schuldner mehrere Arbeitseinkommen verschiedener Arbeitgeber, so müssen bei der Pfändung dieser Dienstbezüge die Pfändungsschutzbestimmungen des § 850 c ZPO mehrfach berücksichtigt werden; d.h. jeder Arbeitgeber hat selbständig unter Beachtung der Pfändungstabelle die pfändbaren Beträge zu errechnen. Auf Gläubigerantrag kann jedoch gemäß § 850 e Nr. 2 ZPO erreicht werden, dass der zu pfändende Betrag aus dem Gesamteinkommen mehrerer Arbeitseinkommen berechnet wird. Diese Anordnung der Zusammenrechnung darf nur durch Beschluss des Vollstreckungsgerichts ergehen; eine Zusammenrechnung, die ein Arbeitgeber von sich aus vornimmt, macht diesen haftungspflichtig. Durch die Zusammenrechnung wird ein erhöhter Zugriff für den Gläubiger bewirkt; dem Schuldner verbleibt lediglich die einmalige Berücksichtigung der Pfändungsschutzbestimmungen. In dem Beschluss des Rechtspflegers auf Zusammenrechnung ist zwingend notwendig anzugeben, welcher Arbeitgeber künftig die pfändbaren Beträge abführen muss (unter Umständen mehrere Arbeitgeber); die Höhe der pfändbaren Bezüge muss der Arbeitgeber allerdings regelmäßig selbst errechnen, da die Zusammenrechnung durch so genannte Blankettbeschlüsse erfolgt. Hierbei ist zu beachten, dass die Zusammenrechnung nicht voraussetzt, dass mehrere Arbeitseinkommen unbedingt gepfändet sind. Das weitere Einkommen dient insoweit nur als Berechnungsgrundlage.[99] Weiter muss bei der Berechnung berücksichtigt werden, dass das zweite Einkommen (Nebenverdienst) bei einem anderen Arbeitgeber als Mehrarbeit zu gelten hat[100] und daher bei der normalen Lohnpfändung nur zur Hälfte pfändbar ist. Folgendes Beispiel soll dies veranschaulichen:

99 Zöller, § 850 e ZPO, Rn. 10.

100 Stöber, RdNr. 1143.

Praxisproblem 23

Das Arbeitseinkommen des Maurers Ehrhard König (Schuldner) ist von dem Kaufmann Eduard Achtermann (Gläubiger) durch Zustellung des Pfändungs- und Überweisungsbeschlusses an den Arbeitgeber, die Fa. Konrad Schaper „elementbau“ GmbH (Drittschuldner), am 29.1.2010 gepfändet worden. Das monatliche Nettoeinkommen beträgt 2699 €. Der Schuldner ist verheiratet und hat zwei Kinder. Außerdem bezieht der Schuldner ein weiteres Einkommen von monatlich netto 300 € bei dem Landschaftsgärtner Bruno Baum, das ebenfalls von Achtermann gepfändet ist. Am 2.2.2010 geht beiden Arbeitgebern ein **Zusammenrechnungsbeschluss** des Amtsgerichts Hildesheim zu mit der Anordnung, dass beide Arbeitseinkommen zusammengerechnet werden, wobei das unpfändbare Einkommen des Schuldners zunächst seinem Arbeitseinkommen bei der Fa. Schaper zu entnehmen sei.

Frage: Wie hoch ist der pfändbare Betrag?

Lösung:

Ohne Berücksichtigung des Zusammenrechnungsbeschlusses wäre anhand der Pfändungstabelle für den Gläubiger Achtermann 276,29 € (drei Unterhaltsberechtigte) gepfändet. Das Zweiteinkommen, das auch gepfändet ist, ist pfandfrei zu belassen, da es unterhalb des Tabellensatzes liegt. Durch die Anordnung der Zusammenrechnung haben beide Arbeitgeber eine Neuberechnung des pfändbaren Arbeitseinkommens vorzunehmen und zwar:

a) Haupteinkommen (Fa. Schaper)	= 2699 €
b) Zweiteinkommen (Fa. Baum) (§ 850 a Nr. 1 ZPO)	= 150 €
	= 2849 €

Hierbei ist das Zweiteinkommen gemäß § 850 a Nr. 1 ZPO nur zur Hälfte zu berücksichtigen [101].

Das abzulesende pfändbare Entgelt beträgt nach der Pfändungstabelle 321,29 € (drei Unterhaltsberechtigte) und ist aufgrund des Beschlusses des Rechtspflegers künftig in Höhe von 300 € von der Fa. Baum (Zweiteinkommen) und in Höhe der restlichen 21,29 € von der Fa. Schaper (Haupteinkommen) an den Gläubiger zu zahlen.

Dieses Beispiel zeigt, dass eine Verständigung der Arbeitgeber über die Einkommenshöhe unbedingt erforderlich ist, will man sich nicht haftungspflichtig machen. Die Absprache der beteiligten Drittschuldner wird allerdings nur dann erforderlich, wenn das Haupteinkommen nicht ausreicht, um den unpfändbaren Grundbetrag zu decken. Die zusätzlichen rechtlichen Schwierigkeiten erfordern regelmäßig auch einen Klarstel-

101 Thomas/Putzo, § 850a ZPO, RdNr. 2.

lungsbeschluss durch den Rechtspfleger des Vollstreckungsgerichts,[102] der vom Arbeitgeber jederzeit beantragt werden kann.[103]

Eine weitere Möglichkeit bietet sich für den Arbeitgeber noch in der Hinterlegung des streitigen Betrages.

Diese vollstreckungsrechtliche Vorschrift des § 850 e Nr. 2 ZPO gilt für eine **Abtretung des Arbeitseinkommens** gemäß §§ 398ff BGB nur dann entsprechend, wenn auf Zusammenrechnung mehrerer Arbeitseinkommen geklagt wird und das Prozessgericht den Anspruch geprüft hat.[104]

9. Zusammenrechnung von Arbeitseinkommen mit Sozialleistungen

Eine Zusammenrechnung des Arbeitseinkommens mit Sozialleistungen (z. B. Renten, Kindergeld, Wohngeld pp.) kann gemäß § 850 e Nr. 2a ZPO nur vom Rechtspfleger des Vollstreckungsgerichts auf **Gläubigerantrag** bestimmt werden; der Arbeitgeber darf von sich aus eine Zusammenrechnung nicht vornehmen.

Bei der Prüfung der Frage, ob eine Zusammenrechnung der Dienstbezüge mit laufenden Geldleistungen nach dem Sozialgesetzbuch überhaupt erfolgen kann, hat das Vollstreckungsgericht nach dem Billigkeitsgrundsatz zu entscheiden (§ 54 SGB).

Anwendungsfälle in der Pfändungspraxis sind z. B. auch die beantragten Anordnungen der Zusammenrechnung von Lohn oder Gehalt mit dem von der Arbeitsagentur zu zahlenden Kindergeld oder dem vom Sozialamt gewährten Wohngeld; diese Zusammenrechnung ist gemäß §§ 54 Abs. 5, 54 Abs. 3 Nr. 2 a SGB I jedoch nur dann möglich, wenn ein Kind wegen seines gesetzlichen Unterhaltsanspruchs oder der Vermieter die Pfändung betreibt.

Ist die Zusammenrechnung durch das Vollstreckungsgericht beschlossen worden und ist dem Drittschuldner ein entsprechender Beschluss zugegangen, so hat der Arbeitgeber das **Gesamteinkommen** zu berechnen und hieraus den pfändbaren Betrag zu ermitteln. Die Sozialleistung

102 BGH, NJW 2006, 777.

103 Stöber, Rn. 1137.

104 BGH, Rpfleger 2009, 627 ff.

gilt nicht als Mehrarbeit im Sinne des § 850 a ZPO und muss daher den Dienstbezügen vollständig hinzugerechnet werden.

Praxisproblem 24

Die ledige Arbeitnehmerin Sch. hat Anspruch auf:

1. 1100 € netto Arbeitseinkommen: pfändbar = 80,40 € (ohne Antrag des Gläubigers auf Zusammenrechnung gemäß Pfändungstabelle)
2. 400 € **Witwenrente**: pfändbar = 0 € (ohne Antrag auf Zusammenrechnung)

Frage: Wie wirkt sich ein Zusammenrechnungsbeschluss aus?

Lösung:

bei Zusammenrechnungsbeschluss gemäß § 850 e Nr. 2 a ZPO:

Pfändbar (jetzt: 1500 € netto Einkünfte) = 360,40 €, die vom Arbeitgeber (Arbeitseinkommen) abzuführen sind.

(Vorteil für den Gläubiger: 280 €)

10. Zusammenrechnung von Arbeitseinkommen mit Naturalleistungen

Erhält der Schuldner neben seinen Geldbezügen auch Naturalleistungen (Kost und Logis, Dienstwohnungsvergütungen, freie **PKW-Nutzung** oder unentgeltliche Arbeitskleidung, Waren zum Vorzugspreis pp.), so hat der Arbeitgeber von sich aus eine Zusammenrechnung beider Leistungen vorzunehmen, ohne dass es eines ausdrücklichen Beschlusses des Vollstreckungsgerichts bedarf (§ 850 e Nr. 3 ZPO). Den Geldwert der gewährten Naturalbezüge muss der Arbeitgeber nach wirtschaftlichen und ortsüblichen Maßstäben festsetzen[105], nötigenfalls das Vollstreckungsgericht um Klarstellung und Entscheidung anrufen.[106] Durch die **automatische Zusammenrechnung** wird das pfändbare Gesamteinkommen zugunsten des Gläubigers erhöht. Hierzu folgendes Beispiel:

Praxisproblem 25

Das Arbeitseinkommen des Maurers Ehrhard König (Schuldner) ist am 29.1.2010 gepfändet worden. Er ist bei der Fa. Konrad Schaper „elementbau" GmbH (Drittschuldner) beschäftigt und erhält monatlich 1900 € Nettobezüge. Sein Arbeitgeber stellt ihm außerdem eine Dienstwohnung zur Verfügung, für die Ehrhard König keinerlei Mietbeiträge zu leisten hat; lediglich für Strom,

---

105 AG Verden, JurBüro 2008, 216.

106 OLG Hamm, MDR 1963, 227.

Heizung und Wasser hat der Schuldner selbst aufzukommen. Nach der DVO zum Einkommensteuergesetz ist die Kaltmiete der Wohnung (vier Zimmer, Küche, Bad und Garage) auf 400 € festgesetzt worden. Der Schuldner ist verheiratet und hat zwei Kinder.

Frage: Wie errechnet sich der pfändbare Betrag?

Lösung:

Der Arbeitgeber hat das Gesamteinkommen aus Geldbezügen und Naturalleistungen (freie Dienstwohnung) selbständig zu ermitteln. Für den steuerlichen Mietwert der freien Dienstwohnung fallen sowohl Lohnsteuer- als auch Sozialversicherungsbeiträge an, die vom Bruttobetrag (400 €) abzuziehen sind. Der Arbeitgeber muss stets die Beträge zugrunde legen, die tatsächlich einzubehalten sind. Im vorliegenden Rechnungsbeispiel wird von netto 300 € für die freie Überlassung der Dienstwohnung ausgegangen.

a)	Nettoeinkommen	= 1900 €
b)	Naturalleistung (§ 850e Nr. 3 ZPO) (festgesetzter Nettobetrag der Wohnung)	= 300 €
		= 2200 €

Der Arbeitgeber muss von dem Betrag in Höhe von 2200 € (drei Unterhaltsberechtigte) bei Anwendung der Pfändungstabelle ausgehen. Das ablesbare pfändbare Entgelt beträgt demnach 129,29 € und dieser Betrag ist daher dem Gläubiger zu überweisen.

Gewähren **verschiedene Arbeitgeber** Geldbezüge bzw. Naturalien, so kommt eine Zusammenrechnung nur zustande, wenn das Vollstreckungsgericht eine entsprechende Anordnung durch Beschluss getroffen hat (§ 850 e Nr. 2 ZPO).

Eine Zusammenrechnung kommt dann nicht in Betracht, wenn der Arbeitgeber einen adäquaten Gegenwert für die gelieferten Naturalleistungen von den Dienstbezügen seines Arbeitnehmers abgezogen hat.

11. Dauer- und Vorratspfändung

Grundsätzlich kann eine Pfändung nur dann bewirkt werden, wenn der titulierte Gläubigeranspruch auch wirklich fällig ist. Bei der Vollstreckung wegen bevorrechtigter Forderungen der Unterhaltsberechtigten (Ehegatte, Kinder pp.) – sowie wegen der aus Anlass einer Verletzung des Körpers oder der Gesundheit zu zahlenden Rente – wird dieser Grundsatz durchbrochen (§ 850 d Abs. 3 ZPO). Gleichzeitig mit der Pfändung des fälligen Unterhalts kann hier auch schon in den künftig fällig werdenden Arbeitslohn wegen der künftig fällig werdenden Unterhaltsansprüche vollstreckt werden.

Diese Vollstreckung bezeichnet man als **Vorratspfändung**. Sie wird durch Zustellung des Pfändungs- und Überweisungsbeschlusses an den Arbeitgeber sofort wirksam und wirkt für den gesamten Zeitraum, für den der Unterhalts- oder Rentenanspruch tituliert ist. Pfändungen anderer Gläubiger, die nachträglich erfolgen, sind den Unterhalts- oder Rentengläubigern gegenüber nachrangig, und Zahlungen können an sie erst geleistet werden, wenn auch die künftig fällig werdenden Unterhalts- oder Rentenansprüche getilgt sind.

Literatur und Rechtsprechung halten eine solche Vorratspfändung auch bei allen anderen wiederkehrenden Leistungen (z. B. in Miet- oder Pachtzinsforderungen) für anwendbar.[107]

Allerdings bewirkt diese Art der Vollstreckung – man nennt sie **Dauerpfändung** – keine sofortige Rangwahrung künftiger Ansprüche; künftige Forderungen sind folglich erst mit ihrer Fälligkeit der Pfändung unterworfen, d. h. später pfändende Gläubiger gehen mit ihren fälligen Ansprüchen den Dauerpfandgläubigern wegen ihrer erst künftig fällig werdenden wiederkehrenden Leistung im Rang vor. Der Vorteil der Dauerpfändung liegt für den Gläubiger darin, dass bereits mit einem Pfändungs- und Überweisungsbeschluss alle künftigen Leistungen im Voraus gepfändet sind; der Pfändungsrang wird jedoch erst durch Fälligkeitseintritt der Forderung bestimmt; d. h.: Pfandrechte nachrangiger Gläubiger, deren Forderungen bereits fällig sind, gehen dem „Dauerpfandrechtsgläubiger“ im Range vor.

12. Behandlung einmaliger Bezüge

Überall dort, wo keine fortlaufend wiederkehrenden Löhne oder Gehälter, sondern einmalige Vergütungen für Dienstleistungen (z. B. Honorare für Rechtsanwälte, Ärzte, Künstler, Handelsvertreter, Makler pp.) gewährt werden, greifen die Pfändungsschutzbestimmungen der Pfändungstabelle nicht mehr; hierzu zählen auch die Abfindungsansprüche

107 a) LG Saarbrücken, Rpfleger 1973, 373.
b) OLG Hamm, Rpfleger 1994, 222.
c) andere Ansicht: Schuschke, § 850 d ZPO, Rn. 17.

des Arbeitnehmers aus §§ 9, 10 KSchG und §§ 112, 113 BetrVG. Jede Einmalvergütung ist grundsätzlich in voller Höhe pfändbar.

Da aber diese einmaligen Bezüge regelmäßig den Unterhalt des Schuldners und seiner Familie sichern sollen, kann das Vollstreckungsgericht auf Antrag des Schuldners bestimmen, dass diese Einmalvergütung wiederkehrenden Einkünften gleichgestellt wird (§ 850 i ZPO). Der Arbeitgeber besitzt ein solches Antragsrecht nicht; im Rahmen seiner Fürsorgepflicht für den Arbeitnehmer sollte er diesen jedoch zu einer Antragstellung veranlassen.

In dem vom Rechtspfleger zu erlassenden Beschluss wird dann dem Schuldner für die Zeitperiode, für die die einmaligen Bezüge gezahlt werden, ein Freibetrag an Geld festgesetzt, der ihm nach freier Schätzung des Gerichts verbleiben würde, wenn sein Einkommen aus laufendem Arbeits- oder Dienstlohn bestünde. Bei der Entscheidung sind die wirtschaftlichen Verhältnisse des Schuldners, insbesondere seine sonstigen Verdienstmöglichkeiten, frei zu würdigen. Der Antrag des Schuldners ist insoweit abzulehnen, als überwiegende Belange des Gläubigers entgegenstehen.

Praxisproblem 26

Der Maler und Bildhauer Sebastian P... hat laut Werkvertrag von seinem Auftraggeber für das Erstellen einer Holzplastik ein Honorar in Höhe von 28.800 € netto zu erhalten. Das Honorar ist von dem Gläubiger G... wirksam gepfändet worden. Der Maler Sebastian P... ist verheiratet und hat zwei minderjährige Kinder.

Beim Vollstreckungsgericht stellt er einen Antrag auf Pfandfreigabe des Honorars mit der Begründung, dass er dieses Geld für sich und seine Familie benötigt, um davon für ein Jahr seinen Unterhalt zu bestreiten.

Frage: Wie wird das Vollstreckungsgericht entscheiden?

Lösung:

Gemäß § 850 i ZPO wird dem Schuldner auf seinen Antrag hin der Betrag frei gegeben, der einem abhängig Beschäftigten bei einer Lohnpfändung gemäß § 850 c ZPO zur Verfügung stehen würde. Ein Jahreseinkommen von 28800 € entsprich 2400 € netto Monatseinkommen, so dass monatlich bei 3 Unterhaltsberechtigten gemäß Pfändungstabelle 189,29 € pfändbar (2210,71 € monatlich unpfändbar) wären.

Das Vollstreckungsgericht wird demzufolge anordnen, das dem Maler für ein Jahr von seinem Honorar insgesamt 26528,52 € (12 x 2210,71 €) pfandfrei bleiben müssen.

Variante:

Der Schuldner Karl L... wird entlassen und hat gemäß §§ 9. 10 KSchG einen Abfindungsanspruch in Höhe von 7200 € netto. Dies entspricht einem dreimonatigen Arbeitseinkommen. Der Gläubiger G... hat das Arbeitseinkommen des Schuldner gepfändet. Der Schuldner ist verheiratet und hat zwei minderjährige Kinder.

Frage: Ist der Abfindungsanspruch der Pfändung unterworfen?

Lösung:

Der Abfindungsanspruch des Schuldners ist als einmalige Leistung aus dem Arbeitsverhältnis mit der Pfändung des Arbeitseinkommens gemäß §§ 850 c, d ZPO automatisch mit gepfändet, sofern der Pfändungsbeschluss alle angebliche Ansprüche aus Arbeitseinkommen benennt.

Für den einmaligen Abfindungsanspruch ist jedoch ein Pfändungsschutz gemäß Pfändungstabelle oder gemäß § 850 d ZPO nicht gegeben, sondern dieser einmalige Bezug ist in voller Höhe gepfändet und vom Arbeitgeber an den Gläubiger abzuführen.

Hier kann dem Schuldner allerdings auf seinen Antrag hin in Bezug auf seinen einmaligen Abfindungsanspruch gemäß § 850 i ZPO ebenfalls ein Pfändungsschutz dahingehend gewährt werden, dass ihm für einen angemessenen Zeitraum der Betrag freizugeben ist, den er und seine Familie zur Begleichung des Unterhalts benötigt[108]. Der Arbeitgeber sollte insoweit dem Arbeitnehmer die Möglichkeit einer Antragstellung innerhalb einer angemessenen Frist einräumen. Hat der Drittschuldner den Abfindungsanspruch an den Gläubiger ausgezahlt, ist für einen Vollstreckungsschutzantrag gemäß § 850 i ZPO kein Raum mehr.

Vom Vollstreckungsgericht könnte insoweit dem Schuldner Karl. L... ein Dreimonatsfreibetrag in Höhe von 6632,13 € (3 x 2210,71 €) belassen werden, wenn die Abfindung für einen Überbrückungszeitraum bis zum Beginn eines neuen Arbeitsverhältnisses in drei Monaten gedacht war. Der Differenzbetrag in Höhe von 567,87 € (7200 € ./. 6632,13 €) ist insoweit vom Arbeitgeber an den Gläubiger zu zahlen.

13. Behandlung von Abschlagszahlungen und Lohnvorschuss

In einigen Branchen und Betrieben ist es immer noch üblich, als Vorauszahlung jeweils für eine Woche eine angemessene Abschlagszahlung an die Arbeitnehmer auszuzahlen und erst am Monatsende die endgültige monatliche Gehaltsabrechnung vorzunehmen; mit dem Monatsletzten

108 LG Bamberg, JurBüro 2009, 327 ff.

erhält der Schuldner den endgültigen errechneten Restbetrag seines Lohnes. Wie der Arbeitgeber hier vorzugehen hat, ist in Literatur und Rechtsprechung recht kontrovers dargestellt.[109]

Meines Erachtens kann hier im Interesse einer gerechten Lösung der pfändbare Betrag nur aus dem Gesamteinkommen ermittelt werden, wobei der noch auszuzahlende Restlohn die Obergrenze des Pfandbetrages darstellt. Hierzu folgendes Beispiel:

Praxisproblem 27

Der Maurer Ehrhard König (Schuldner) ist bei der Firma Konrad Schaper „elementbau" GmbH (Drittschuldner) beschäftigt. Dort geht am 29.1.2010 für den Gläubiger Achtermann eine Lohnpfändung ein. Das Lohnbüro der Fa. Schaper berechnet am 30.1.2010 die Vergütung des Maurers König wie folgt:

a) Nettolohn für Monat Januar 2010	= 1 900 €
b) 4 Abschlagszahlungen zu je 200,– €	= 800 €
auszuzahlender Restlohn	**= 1100 €**

Der Schuldner ist verheiratet und hat zwei Kinder.

Frage: Wie viel ist pfändbar?

Lösung:

Der Arbeitgeber muss bei der Berechnung des pfändbaren Arbeitseinkommens von der Pfändungstabelle für den Monat ausgehen. Das Nettoeinkommen bestimmt sich daher nach dem Gesamteinkommen in Höhe von 1 900 € und nicht nach dem noch auszuzahlenden Restlohn. Der ablesbare Pfandbetrag beläuft sich auf 39,29 € und ist von der Restvergütung in Höhe von 1 100 € abzuziehen und dem Gläubiger zu überweisen.

Rechtlich ganz anders zu behandeln sind Lohn- und Gehaltsvorschüsse, die als Vorauszahlungen oder Darlehen direkt vom Arbeitgeber gewährt werden und die Höhe eines Monatslohns weit überschreiten. Hierbei ist es unbedingt erforderlich, dass Arbeitnehmer und Arbeitgeber für die Rückzahlungsmodalitäten klare Absprachen getroffen haben. Es empfiehlt sich daher, ein Arbeitgeberdarlehen (für den Hausbau, Umzug pp.) zu vereinbaren, für das ein **Aufrechnungsvertrag** dahingehend abgeschlossen wird, dass der Arbeitgeber bestimmte monatliche Raten vom Arbeitseinkommen des Schuldners einbehalten kann. Hierbei ist darauf

109 Zum Meinungsstand:
a) Stein/Jonas/Münzberg, § 850 e ZPO, Rn. 14.
b) Stöber, Rn. 1262–1268.

zu achten, dass das aufrechenbare Arbeitseinkommen gemäß §§ 392, 394 BGB durch § 850 c ZPO begrenzt ist; d. h. soweit das Arbeitseinkommen nicht pfändbar ist, unterliegt es auch nicht der Aufrechnung. Mit der Aufrechnung erlangt der Arbeitgeber den Vorteil, dass er bei einer nachfolgenden Pfändung diese Aufrechnungseinrede dem Pfändungsgläubiger gegenüber geltend machen kann[110].

Die Aufrechnung geht der Pfändung vor und der pfändende Gläubiger erhält erst dann einen Betrag ausgezahlt, wenn der Arbeitgeber die gewährte Darlehenssumme in voller Höhe zurückerhalten hat.[111] Folgende Fallkonstellation soll dies verdeutlichen:

Praxisproblem 28

Der Arbeitgeber hat am 1.3.2009 seinem Arbeitnehmer zum Bau eines Hauses ein zinsloses Arbeitgeberdarlehen in Höhe von 15000 € ausgezahlt. Gleichzeitig wurde schriftlich vereinbart, dass von dem künftigen Arbeitseinkommen des Arbeitnehmers ein Teilbetrag in Höhe von 180 € monatlich von dem Arbeitgeber aufrechnungsweise einbehalten wird. Der Lohn des Arbeitnehmers wird am 16.1.2010 durch Zustellung des Pfändungs- und Überweisungsbeschlusses an den Arbeitgeber gepfändet.

Frage: Wer ist einziehungsberechtigt?

Lösung:

Die Aufrechnung ist am 1.3.2009 wirksam geworden, da sie zu diesem Zeitpunkt durch vertraglich entstanden ist. Die Aufrechnungsvereinbarung ist damit der Pfändung gegenüber vorrangig zu behandeln, so dass er Arbeitgeber bis zur Tilgung des Arbeitgeberdarlehens weiterhin die vereinbarten 180 € von dem Lohn des Arbeitnehmers einbehalten darf. In Höhe von 180 € geht die nachfolgende Pfändung ins Leere.

Erfolgt die Gewährung des Lohnvorschusses erst nach einer bereits zugestellten Pfändung, so geht das Arbeitgeberdarlehen der Lohnpfändung nach.

14. Die Pfändung fiktiven Arbeitseinkommens (Verschleiertes Einkommen)

Wenn die Höhe des Lohnes des Arbeitnehmers in einem krassen Missverhältnis zu seiner beruflichen Qualifikation steht, oder wenn der Ar-

---

110 BGH NJW 1980, 584 ff.

111 BGH, Rpfleger 1980, 98 ff.

beitgeber sich verpflichtet hat, für eine Dienstleistung des Schuldners eine Vergütung – auch teilweise – an einen Dritten (z. B. die Ehefrau) zu zahlen, besteht für den Vollstreckungsgläubiger die Möglichkeit, das fiktive Arbeitseinkommen des Schuldners bzw. den Anspruch des Drittberechtigten zu pfänden (§ 850 h ZPO).

Das Prozess- oder Vollstreckungsgericht weist dann durch Beschluss den Arbeitgeber an, bei der Berechnung des pfändbaren Arbeitseinkommens nicht von dem tatsächlichen, sondern von dem angemessenen Nettogehalt auszugehen. Eine solche Anordnung durch das Gericht ist eigentlich nicht erforderlich, da ein Pfändungs- und Überweisungsbeschluss das pfändbare fiktive Arbeitseinkommen ohne weiteres miterfasst,[112] sie ist aber zweckmäßig und zwingt den Arbeitgeber als Drittschuldner, die Berechnung des pfändbaren Arbeitseinkommens von dem fiktiven Vergütungsanspruch vorzunehmen bzw. die Geldleistung an den Drittberechtigten mit dem tatsächlichen Einkommen des Schuldners zusammenzurechnen und daraus den pfändbaren Betrag zu ermitteln.

Hierzu zählt auch die Wahl einer ungünstigen **Steuerklasse** durch den Schuldner, die in Gläubigerbenachteiligungsabsicht gewählt worden ist. Hier hat auch ohne besondere Anordnung des Gerichts der Arbeitgeber das Arbeitseinkommen fiktiv nach der für den Gläubiger günstigeren Steuerklasse zu berechnen,[113] unabhängig davon, wann der Wechsel der Steuerklasse stattgefunden hat.

Praxisproblem 29

Wird z. B. das Einkommen der Ehefrau des Schuldners nach der Steuerklasse III versteuert, das des schuldnerischen Ehemanns nach der Steuerklasse V, so ist bei Nachweis des Fehlens eines sachlichen Grundes für diese Wahl der Steuerklasse V das Einkommen des Schuldners nach der Steuerklasse IV zu versteuern.[114]

Sollte der Arbeitgeber diese für den Gläubiger günstigere Berechnung nicht von sich aus vornehmen, kann der Gläubiger einen entsprechenden Änderungsbeschluss durch das Vollstreckungsgericht wie folgt beantragen:

---

112 ArbG Lübeck, MDR 1984, 174.

113 BGH, Rpfleger 2006, 25 ff.

114 OLG Köln, JurBüro 2000, 217.

Änderung der Steuerklasse IV/IV – Musterantrag –:

In pp. beantrage ich, folgenden klarstellenden Beschluss zu erlassen: Der Schuldner ist aufgrund des Pfändungs- und Überweisungsbeschlusses vom .... so zu behandeln, als wenn er nach der Steuerklasse IV besteuert würde.

Gründe:

Aus der beiliegenden Gehaltsabrechnung ergibt sich, dass der Schuldner nach der **Steuerklasse V** besteuert wird, so dass seine mitverdienende Ehefrau Steuern nach der **Steuerklasse III** bezahlt.
Ohne sachlichen Grund hat der Schuldner die für den Gläubiger ungünstige Steuerklasse gewählt. Daher ist der Schuldner nach der Steuerklasse IV zu behandeln.[115]

15. Die Sicherungsvollstreckung

Aus einem nur gegen Sicherheit vorläufig vollstreckbaren Urteil darf der Gläubiger auch ohne Sicherheitsleistung bereits das Arbeitseinkommen des Schuldners pfänden. Das Vollstreckungsgericht erlässt in einem solchen Falle nur den Pfändungsbeschluss; die Anordnung der Überweisung hat zu unterbleiben (§ 720 a ZPO).

Der dem Arbeitgeber als Drittschuldner zugestellte Pfändungsbeschluss allein verschafft dem Gläubiger noch kein Recht zur Befriedigung, d. h. der Arbeitgeber darf weder dem Schuldner noch dem Gläubiger Beträge überweisen. Dies ist für den Arbeitgeber eine besonders problematische Situation; denn er muss das gepfändete Arbeitseinkommen solange zurückhalten, bis ihm ein vom Vollstreckungsgericht erlassener Überweisungsbeschluss zugeht. Eine Zahlung vor Zustellung des Überweisungsbeschlusses macht den Arbeitgeber haftungspflichtig. Um sich von seiner Leistungspflicht zu befreien, sollte der Arbeitgeber den streitigen Betrag gemäß §§ 372 ff. BGB beim Amtsgericht hinterlegen.

Dies ist regelmäßig schon im Pfändungsbeschluss angeordnet (§§ 720 a Abs. 2, 930 Abs. 2 ZPO).

115 LG Krefeld, JurBüro 2002, 547.

16. Die Behandlung der Lohnpfändung bei Arbeitsplatzwechsel

Grundsätzlich erfasst eine Lohnpfändung nur das Arbeitseinkommen aus dem Dienstverhältnis, das zum Zeitpunkt der Pfändung besteht. Bei Beendigung eines Arbeitsverhältnisses ist die Pfändung unwirksam, und es muss erneut gepfändet werden, falls der Schuldner ein anderes Arbeitsverhältnis eingeht und zu einem neuen Arbeitgeber wechselt. Liegt lediglich eine Unterbrechung des Arbeitsverhältnisses vor, so bleibt die frühere Pfändung in ihrer alten Rangposition erhalten. Dies gilt insbesondere:

1) Bei kurzfristiger Entlassung (und anschließender Weiterbeschäftigung im selben Betrieb) wegen Arbeitsplatzmangel, Krankheit, Arbeitsunfähigkeit oder Saisonarbeit. Hier gilt gemäß § 833 Abs. 2 ZPO eine Unterbrechungsfrist von neun Monaten als kurzfristig.
2) Bei vorübergehender Verbüßung einer Freiheitsstrafe.
3) Bei Einberufung zum Grundwehr- oder Ersatzdienst.
4) Bei Fortsetzung eines Zeitarbeitsverhältnisses.

17. Die Pfändungsfortwirkung

Gemäß § 833 Abs. 2 ZPO hat der Drittschuldner bei allen Pfändungsverfahren darauf zu achten, dass dann eine Pfändungsfortwirkung eintritt, wenn das Arbeitsverhältnis zwischen Schuldner und demselben Arbeitgeber nach einer Unterbrechung von neun Monaten wieder aufgenommen wird. Diese Regelung gilt also für alle Dienstverhältnisse, die innerhalb von neun Monaten neu begründet werden. Folgendes Beispiel soll dies verdeutlichen:

Praxisproblem 30

Die OLB in Emden und zwei weitere Gläubiger haben wegen ihrer titulierten Forderungen das Gehalt des Kellners Uwe Kerstan im April dieses Jahres wirksam gepfändet. Arbeitgeber ist das Hotel „Zum K…“ auf Norderney, dessen Geschäftsführer die pfändbaren Lohnanteile an die erstrangige OLB in Emden monatlich überweist. Zum Saisonende wird am 1.10.2009 dem Uwe Kerstan wegen Arbeitsplatzmangel gekündigt mit der Abrede, dass eine Neueinstellung im März des nächsten Jahres 2010 beabsichtigt ist.

Fragen:

1) Wie gestaltet sich die Lohnpfändung?

2) An wen sind bei Neueinstellung des Uwe Kerstan die pfändbaren Beträge abzuführen?

Lösung:

Da das Arbeitsverhältnis zwischen Schuldner und demselben Arbeitgeber nach einer Unterbrechung von weniger als neun Monaten (hier: ca. sechs Monate) wieder aufgenommen werden soll, lebt die Pfändung des Arbeitseinkommens mit den alten Rangpositionen im März 2010 wieder auf.

Der Arbeitgeber, das Hotel „Zum K..." auf Norderney, muss die pfändbaren Beträge an die OLB in Emden als erstrangige Gläubigerin überweisen, ohne dass es der Vorlage eines weiteren Pfändungs- und Überweisungsbeschlusses bedarf. Die übrigen Gläubiger sind erst nach vollständiger Pfändungsabwicklung der OLB Emden zu befriedigen.

Hinweise:

1. Die Regelung geht von der Identität des Arbeitgebers aus. Wechselt z. B. der Arbeitnehmer von der Muttergesellschaft zur Tochtergesellschaft, muss eine erneute Pfändung vorgenommen werden.
2. Unterbrechungen sind: Kündigung, Befristung oder Aufhebung des Vertrages.
3. Die Pfändung wirkt auch fort, wenn eine Wiederaufnahme nicht beabsichtigt oder der Arbeitnehmer zwischenzeitlich bei einem anderen Arbeitgeber beschäftigt war.
4. Die Pfändungsfortwirkung hat den früheren Rang entsprechend dem Pfändungsbeschluss.
5. Die 9-Monatsfrist läuft vom Ende bis zum Widerbeginn des Arbeitsverhältnisses. Der Zeitpunkt der Kündigung oder des Vertragsabschlusses ist unerheblich.

Auch bei einem Betriebsinhaberwechsel gemäß § 613 a BGB muss ein neuer Arbeitgeber die bewirkten Pfändungsmaßnahmen mit dem bisherigen Rang gegen sich gelten lassen. Das ehemalige Arbeitsverhältnis besteht insoweit fort und der Erlass eines neuen Pfändungsbeschlusses ist daher nicht notwendig[116].

Entsprechendes gilt bei Überführung der Arbeitnehmerschaft in einen anderen Betrieb und im Falle der Insolvenz des Arbeitgebers gegenüber dem Insolvenzverwalter, Rechtsnachfolge durch die Erben, Änderung

116 Hess. LAG MDR 2000, 232.

der Rechtsform (KG in OHG). Auch bei Verschmelzungen gemäß UmwG wird der Anspruch des Gläubigers aus der Lohnpfändung dem Rechtsnachfolger gegenüber als Drittschuldner nicht berührt.

Liegt eine Unterbrechung des Arbeitsverhältnisses von mehr als neun Monaten vor, kann die frühere Pfändung selbstverständlich nicht mehr unverändert fortgelten und muss daher erneut vorgenommen werden.

VII. Die Zahlung an den Gläubiger

Durch die Zustellung des Pfändungs- und Überweisungsbeschlusses an den Arbeitgeber sind die gepfändeten Beträge des Arbeitseinkommens des Schuldners so lange an den Gläubiger auszuzahlen, bis dessen Anspruch voll gedeckt ist; falls sich der Gläubiger bei der Durchsetzung seines Anspruchs eines Rechtsanwalts bedient, kann auch an diesen gezahlt werden. Die Überweisung des gepfändeten Einkommens an das Vollstreckungsgericht oder den Gerichtsvollzieher, der den Pfändungs- und Überweisungsbeschluss zugestellt hat, ist nicht mit befreiender Wirkung dem Gläubiger gegenüber möglich.

Da zur Tilgung sämtlicher Ansprüche des Gläubigers eine einmalige Überweisung des gepfändeten Arbeitseinkommens regelmäßig nicht ausreicht, hat der Arbeitgeber darauf zu achten, dass eine Verrechnung zunächst auf die **Kosten**, dann auf die **Zinsen** und zuletzt auf die **Hauptforderung** erfolgen muss (§ 367 BGB). Folgendes Beispiel soll dies veranschaulichen:

Praxisproblem 31

Laut Pfändungs- und Überweisungsbeschluss kann der Gläubiger vom Schuldner beanspruchen:

a) 3333,00 € Hauptforderungen zuzüglich 13 % Zinsen seit dem 1.4. ....
b) 231,13 € Kosten des Mahnverfahrens zuzüglich 4 % seit dem 1.6. ....
c) 46,87 € bisherige Vollstreckungskosten
d) 66,06 € Gerichts- und Rechtsanwaltskosten

Die Zustellung des Pfändungs- und Überweisungsbeschlusses an den Arbeitgeber erfolgt am 29.7.2009. Der Nettolohn des Arbeitnehmers, der jeweils am Monatsletzten gezahlt wird, beträgt insgesamt 2400 €. Der Schuldner ist verheiratet und hat zwei Kinder zu unterhalten.

Frage: In welcher Reihenfolge ist der pfändbare Betrag an den Gläubiger auszuzahlen?

Lösung:

Nach der Pfändungstabelle beträgt das pfändbare Entgelt (Einkommen: 2400€, drei Unterhaltsberechtigte) 189,29 €, das erstmals am 31.7.2009 an den Gläubiger wie folgt zu überweisen ist:

a) 66,06 € Kosten für den Pfändungsbeschluss
b) 46,87 € bisherige Vollstreckungskosten
c) 1,54 € Teilzinsen aus den Kosten des Mahnverfahrens 4 % vom ....

d) 74,82 € Teilkosten des Mahnverfahrens (189,29 € ./. 114,47 €)

= **189,29 €**

Auf die Zinsen der Hauptforderung und auf die Hauptforderung selbst können am 31.7.2009 noch keine Zahlungen erfolgen.

Bei der nächsten Überweisung am 31.8.2009 hat der Arbeitgeber folgende Verrechnung vorzunehmen (es sollen erneut 189,29 € pfändbar sein):

a) 0,52 € 4% Zinsen aus den Kosten des Mahnverfahrens in der Höhe der Restforderung von 156,31 € (231,13 € abzüglich 74,82 €) vom 1.8.2009 bis 31.8.2009

b) 156,31 € Restliche Teilkosten des Mahnverfahrens

c) 32,46 € Teilzinsen der Hauptforderung (13 % aus 3333 € vom 01.4.2009 bis 31.8.2009 = 180,54 €)

= **189,29 €**

Die nächste Überweisung am 30.9.2009 tilgt neben den restlichen Zinsen der Hauptforderung auch erstmals einen Teil des Hauptanspruchs.

Die Zahlung in Höhe von 189,29 € verrechnet sich wie folgt:

a) 184,19 € Teilzinsen des Hauptanspruchs (13 % aus 3333,00 € vom 1.4.2009 bis 31.9.2009 = 216,65 €, abzüglich bereits gezahlter 2,46 €)

b) 5,10 € Hauptforderung

= **189,29 €**

Die weiteren Zinsen für den nächsten Monat errechnen sich jetzt von dem restlichen Betrag der Hauptforderung (3333 € ./. 5,10 € = 3327,90 €).

Die jeweiligen Zinsen und die Restforderung sind insoweit monatlich immer wieder neu zu berechnen, bis der Anspruch des Gläubigers voll getilgt ist. Dabei ist außerdem zu berücksichtigen, dass jeweils dann eine Neuberechnung des pfändbaren Arbeitseinkommens erfolgen muss, wenn sich die Höhe der Vergütung (Zulagen, Unterhaltsberechtigte, Zusammenrechnungsbeschluss pp.) ändert. Die Einnahmen aus den Zinsen sind für den Gläubiger im Übrigen als Schadensersatz zu behandeln, und damit entfällt hierfür die Zahlung der Mehrwertsteuer.[117]

Die Abtragung einer **Unterhaltsverpflichtung** (Pfändung gemäß § 850d ZPO) wird grundsätzlich in der gleichen Reihenfolge – erst die Kosten, dann die Zinsen und zum Schluss der Hauptanspruch – vollzogen. Hinsichtlich der Hauptforderung (hier: der Unterhalt) muss jedoch eine weitere Differenzierung vorgenommen werden, weil regelmäßig neben laufendem Unterhalt auch rückständige Unterhaltsbeträge gefor-

117 Bundesminister der Finanzen, BB 1983, 429.

dert werden. Der Arbeitgeber hat zu beachten, dass zuerst die Unterhaltsrückstände in der Reihenfolge ihres Alters getilgt werden müssen. Nach deren Zahlung setzt die Befriedigung des laufenden Unterhalts ein, und zwar wieder in der Reihenfolge des Entstehungszeitpunkts (§ 366 BGB).

Abweichend von der Regelung des § 367 BGB ist jedoch zu verfahren, wenn die Forderung des Gläubigers aus einem Kredit nach verbraucherkreditrechtlichen Bestimmungen des § 497 BGB entstammt. Der Arbeitgeber hat nämlich in solchen Fällen zuerst auf die Kosten der Rechtsverfolgung, dann auf die Hauptschuld und erst zuletzt auf die Zinsen zu zahlen. Diese veränderte Tilgungsverrechnung bewirkt für den Schuldner einen enormen Entlastungseffekt,[118] da durch die vorrangige Tilgung des Kapitals der Schuldbetrag schneller abgebaut wird.

Damit dem Schuldner die vorteilhafte Tilgungsverrechnung des § 497 BGB auch in der Zwangsvollstreckung erhalten bleibt, muss der Arbeitgeber dem Ursprung der titulierten Forderung nachgehen. Handelt es sich um eine Forderung aus einem **Verbraucherkredit**, so darf die Verrechnung nur in der Reihenfolge **Kosten, Hauptforderung und Zinsen** erfolgen. Die übliche Tilgungsregelung gemäß § 367 BGB würde den Arbeitgeber regresspflichtig machen. Die automatisierten Mahn- und Vollstreckungsbescheide der Amtsgerichte erhalten bereits einen klaren Hinweis, ob die Verbraucherkreditvorschriften Anwendung finden oder nicht. Insoweit sind die Zahlungsmodalitäten für den Drittschuldner gut ersichtlich. In allen übrigen unklaren Fällen sollte der Arbeitgeber von der Hinterlegung gemäß § 372 BGB Gebrauch machen.

118 § 497 Abs. 3 BGB lautet: „Zahlungen des Darlehensnehmers, die zur Tilgung der gesamten fälligen Schuld nicht ausreichen, werden abweichend von § 367 Abs. 1 zunächst auf die Kosten der Rechtsverfolgung, dann auf den übrigen geschuldeten Betrag (Absatz 1) und zuletzt auf die Zinsen (Absatz 2) angerechnet. Der Darlehensgeber darf Teilzahlungen nicht zurückweisen. Die Verjährung der Ansprüche auf Darlehensrückerstattung und Zinsen ist vom Eintritt des Verzugs nach Absatz 1 an bis zu ihrer Feststellung in einer in § 197 Abs. 1 Nr. 3 bis 5 bezeichneten Art gehemmt, jedoch nicht länger als zehn Jahre von ihrer Entstehung an. Auf die Ansprüche auf Zinsen findet § 197 Abs. 2 keine Anwendung. Die Sätze 1 bis 4 finden keine Anwendung, soweit Zahlungen auf Vollstreckungstitel geleistet werden, deren Hauptforderung auf Zinsen lautet."

VIII. Die Hinterlegung (Hilfe für den Arbeitgeber)

Durch die Zustellung eines Pfändungs- und Überweisungsbeschlusses wird der Arbeitgeber verpflichtet, Aufgaben für den Schuldner zu erledigen, die häufig rechtlich äußerst kompliziert, oft kaum noch überschaubar, aber regelmäßig nur mit großem Risiko zu erledigen sind. Per Beschluss wird dem Arbeitgeber aufgegeben, die titulierten Schulden seines Arbeitnehmers in exakter Höhe und an den richtigen Gläubiger zu begleichen. Mit jeder Zahlung läuft der Drittschuldner Gefahr, mit Prozessen überzogen zu werden, weil der pfändbare Betrag nicht genau berechnet oder weil bei Mehrfachpfändungen der Empfänger der Leistung nachrangig ist. Unterliegt der Arbeitgeber in einem solchen Verfahren, so ist er haftungspflichtig und muss unter Umständen ein zweites Mal aus eigenen finanziellen Mitteln bezahlen. Um diesen Nachteilen aus dem Wege zu gehen, ist der Arbeitgeber als Drittschuldner berechtigt, den Schuldbetrag bei der **Hinterlegungsstelle des Amtsgerichtes** zu hinterlegen.[119] Die Hinterlegung wirkt schuldbefreiend und bedeutet für den Arbeitgeber die Erfüllung seiner Verpflichtung. Bei Unklarheiten und Schwierigkeiten im Pfändungsverfahren – insbesondere bei mehrfacher Pfändung – muss für den Arbeitgeber daher die Devise lauten: Lieber vorsorglich hinterlegen, als eine Doppelzahlung in Kauf zu nehmen. Verfahrensrechtlich stehen dem Arbeitgeber als Drittschuldner zwei Wege zur Hinterlegung der streitigen Beträge offen, und zwar nach § 372 BGB (bei: Unklarheit, Sicherungsvollstreckung, Vorpfändung, Ungewissheit über den Umfang der gepfändeten Beträge) und nach § 853 ZPO (bei mehrfacher Pfändung), im letzteren Falle muss die Hinterlegung des Geldes bei dem Amtsgericht erfolgen, dessen Beschluss dem Drittschuldner zuerst zugestellt worden ist. Hierbei hat der Arbeitgeber unter Anzeige der Sachlage sämtliche ihm zugestellten Vorpfändungen und Pfändungs- und Überweisungsbeschlüsse vorzulegen.

Das Vollstreckungsgericht leitet daraufhin von Amts wegen ein **Verteilungsverfahren** ein, bei dem die Reihenfolge der Gläubiger festgelegt wird und die hinterlegten Beträge ausgezahlt werden (§§ 853, 872 ZPO). Dieses Verfahren wird so lange durchgeführt, bis alle Gläubiger befriedigt sind (teilweise Jahrzehnte) oder keine Geldbeträge mehr hinterlegt

119 Thomas/Putzo, § 853 ZPO, Rn. 2.

werden, d. h. der Arbeitgeber muss weiterhin Monat für Monat die gepfändeten Beträge jeweils neu berechnen und diese beim Amtsgericht hinterlegen. Die Verpflichtung zur Hinterlegung ist für den Drittschuldner erst dann beendet, wenn sämtliche Gläubigerforderungen erfüllt sind oder der Arbeitnehmer seinen Arbeitsplatz wechselt. Bei mehrfacher Pfändung kann der Arbeitgeber von einem Gläubiger auch zur Hinterlegung des streitigen Betrages gezwungen werden. Dagegen kann sich der Arbeitgeber nicht wehren; denn die Verpflichtung zur Hinterlegung durch den Drittschuldner kann unter Umständen nach § 856 ZPO eingeklagt werden.

Treffen **Pfändungen und Abtretungen** zusammen, kann eine Hinterlegung nach §§ 853 ff. ZPO weder vom Arbeitgeber freiwillig vorgenommen noch von dem Gläubiger verlangt werden, denn in dem zwangsvollstreckungs-rechtlichen Verteilungsverfahren dürfen nur die Konkurrenzverhältnisse mehrerer Pfändungsgläubiger geregelt werden. Die Vermischung dieses strengen Verfahrens mit einer Abtretung als fremdes – vertragliches – Element ist daher gemäß § 872 ZPO verboten.[120] Der Arbeitgeber hat in einem solchen Falle nur die Möglichkeit, den Schuldbetrag nach §§ 372 ff. BGB zu hinterlegen. Hiervon muss er die Gläubiger, zu deren Gunsten hinterlegt worden ist, unterrichten (auch den Abtretungsgläubiger). Sämtliche Gläubiger müssen dann entweder durch Urteil klären lassen oder vertraglich regeln, in welcher Reihenfolge die Befriedigung durch die Hinterlegungsstelle des Amtsgerichts zu erfolgen hat.

120 RGZ 144, 391 ff.

B. Die Pfändung von Sozialleistungen

1. Allgemeines

Jeder Bürger hat Anspruch auf Leistungen und Hilfen in den verschiedensten Sozialleistungsbereichen, sofern bei ihm die für die jeweilige Leistungsart vorgeschriebenen Voraussetzungen im Einzelfall vorliegen und dem Leistungsträger nicht nach gesetzlicher Vorschrift ein Ermessen eingeräumt ist.

Die wesentlichen Sozialleistungen – Dienst-, Sach-, einmalige und laufende Geldleistungen – sind im **Sozialgesetzbuch (SGB)** zusammengefasst. Das betrifft die Leistungen und sonstigen Hilfen der Sicherung für Arbeitssuchende (z. B. **Arbeitslosengeld I und II**), der Ausbildungs- und Arbeitsförderung, der gesetzlichen Kranken-, Pflege-, Unfall- und **Rentenversicherung** einschließlich der Alterssicherung für Landwirte, der Kinder- und Jugendhilfe, der Kriegsopferfürsorge und der Sozialhilfe, ferner die Leistungen an Schwerbehinderte sowie zur Eingliederung Behinderter, zur Entschädigung bei Gesundheitsschäden, insbesondere der Kriegsopfer, das **Kindergeld** und das **Wohngeld** wie auch Leistungen bei Schwangerschaftsabbrüchen.

2. Die Pfändung von Sozialleistungen

Für die unter das Sozialgesetzbuch fallenden Sozialleistungen werden im Allgemeinen Teil – (SGB I) – gemeinsame Grundsätze festgelegt. So gestattet das geltende Sozialrecht gemäß § 54 SGB keinerlei Pfändungen von Dienst- und Sachleistungen; erlaubt aber im Einzelfall die Vollstreckung in einmalige sozialrechtliche Geldleistungen (z. B. Renten-Abfindungsbeträge), wenn die Pfändungsmaßnahme der Billigkeit entspricht.

Bei der Gewährung einer Dienstleistung erfüllt der Leistungsträger (Agentur für Arbeit, Deutsche Rentenversicherung, Sozialamt, Knappschaft usw.) seine Verpflichtung gegenüber dem Berechtigten durch Einsatz menschlicher Arbeitskraft: z. B. Auskunft, Beratung, persönliche Betreuung, kassenärztliche Versorgung oder ärztliche oder pflegerische Dienste.

Eine Sachleistung liegt immer dann vor, wenn ein spezieller Bedarf des Berechtigten durch Bereitstellung der konkret den Bedarf deckenden Leistung befriedigt wird: z. B. Gewährung von Gegenständen oder Hilfsmitteln (Arzneimittel, Bereitstellung eines Rollstuhls oder Anstaltspflege).

Bei Dienst- und Sachleistungen handelt es sich also um die Befriedigung höchstpersönlicher Ansprüche. Diese Ansprüche sind deshalb weder auf einen anderen übertragbar noch für den Gläubiger pfändbar (§ 54 Abs. 1 SBG I). Einem Antrag auf Erlass eines Pfändungs- und Überweisungsbeschlusses derartiger Sozialgeldansprüche müsste das Vollstreckungsgericht zurückweisen.

Ganz anders verhält es sich dagegen mit sozialrechtlichen Ansprüchen, die auf einmalige oder fortlaufende Geldleistungen gerichtet sind (§ 54 Abs. 2, 3, 4, 5 SGB I). Wegen des Unterschiedes zwischen beiden Leistungen ist nicht auf die Form der Auszahlung, sondern auf die jeweilige Anspruchsgrundlage, auf der die gewährte Leistung beruht, abzustellen. So handelt es sich bei einer Nachzahlung, die aus einer Rentenerhöhung resultiert, nicht um eine einmalige Geldleistung, sondern um Teile einer fortlaufenden Geldleistung.

Um eine **einmalige Geldleistung** handelt es sich beispielsweise dann, wenn eine einzelne Leistung als Abfindung auf eine Rentenzahlung (Kapitalisierung laufender Leistungen unter deren Wegfall) gewährt wird oder diese einmalige Geldleistung z. B. als Beitragserstattung nach Wegfall einer Versicherungspflicht gezahlt wird. Derartige Ansprüche auf Zahlung einmaliger Geldleistungen sind sowohl abtretbar (§ 53 SGB I) als auch pfändbar (§ 54 SGB I). Ob und in welchem Umfang jedoch Ansprüche auf einmalige Geldleistungen gepfändet werden können, hängt gemäß § 54 Abs. 2 SGB I von einer gesetzlich vorgeschriebenen Billigkeitsprüfung durch das Vollstreckungsgericht ab, bei der sämtliche Umstände des Einzelfalles zu berücksichtigen sind. Eine Pfändung der einmaligen Sozialgeldleistung wird daher nur in Ausnahmefällen dann möglich sein, wenn der Gläubiger in seinem Antrag darlegt, dass die Pfändung auch wirklich der Billigkeit entspricht. Im Einzelfall sind daher bei der Billigkeitsprüfung zu berücksichtigen:

a) Einkommens- und Vermögensverhältnisse des Schuldners

Das für den Lebensbedarf des Schuldners und seiner Familie Notwendige muss ihm verbleiben; d. h. er genießt hier den gleichen soziarechtlichen Schutz wie im Rahmen der allgemeinen Pfändungsschutzvorschriften.

b) Die Art des beizutreibenden Anspruchs

Hierbei kann das Vorliegen besonderer Interessen des Vollstreckungsgläubigers für eine Pfändbarkeit sprechen; z. B. wenn vollstreckt aus einer vorsätzlich begangenen unerlaubten Handlung wird oder es sich um eine Unterhaltsforderung mit erheblichen Unterhaltsrückständen handelt. Auch die Forderung aus einem Darlehen, das im Vorgriff auf fällige und künftige Sozialgeldleistungen gewährt wurde, könnte für eine Billigkeit der Pfändung einmaliger Sozialgeldleistungen sprechen.

c) Höhe und Zweckbestimmung der Sozialgeldleistung

Insbesondere die Zweckbestimmung der gewährten Sozialgeldleistung ist das wichtigste Kriterium für eine Unzulässigkeit der Pfändungsmaßnahme. Die Vollstreckung kann daher dann nicht zugelassen werden, wenn durch eine Pfändung der Erfolg, der durch die Zahlung der einmaligen Sozialgeldleistung beabsichtigt ist, beeinträchtigt oder gänzlich hinfällig wird (z. B. Zuschuss für Hörgerät oder Spezialbrille wird daher nicht pfändbar sein; hingegen könnte die Abfindung auf eine Verletztenrente im Rahmen einer Unfallversicherung die Kriterien für eine Billigkeit der Pfändung erfüllen).

Für **laufende Geldleistungen**, die aufgrund der Vorschriften des Sozialgesetzbuches als **Arbeitslosengeld**, Unterhaltsgeld, **Sozialrente**, Insolvenzgeld, Krankengeld oder Übergangsgeld gewährt werden, gelten gemäß § 54 Abs. 4 SGB I die identischen Pfändungskriterien wie für die Pfändung des Arbeitseinkommens – d. h.: für jeden Vollstreckungsgläubiger (ob Gläubiger gewöhnlicher Geldforderung oder Unterhaltsgläubiger) ist die Pfändung in die laufende Sozialgeldleistung zulässig und nicht vom Ermessen des Vollstreckungsgerichtes abhängig, wenn dem sozialleistungsberechtigten Schuldner die Pfändungsfreibeträge der Tabelle zu § 850 c ZPO bzw. der notwendige Unterhalt gemäß § 850 d ZPO gewährt werden. Damit ist die Pfändung laufender Geldleistungen mit der Pfändung des Arbeitseinkommens völlig gleichgeschaltet.[121]

121 BGH, Rpfleger 2004, 232.

Diese meist monatlich gewährten Sozialgeldleistungen ersetzen während der Zeit der Arbeitslosigkeit, der beruflichen Qualifizierung, der Erwerbsminderung, der Krankheit oder der beruflicher Rehabilitation das frühere Erwerbseinkommen des Schuldners und werden daher quasi als Lohnersatzleistung im Rahmen der Pfändung wie das Arbeitseinkommen selbst behandelt. Der zuständige Sozialleistungsträger als Drittschuldner (z. B. die örtliche Arbeitsagentur, die Deutsche Rentenversicherung, die Krankenkasse oder die Berufsgenossenschaft) hat von sich aus die Freigrenzen der Pfändungstabelle zu beachten, sodass die Existenz des Schuldners gesichert bleibt.

d) Der Pfändungsschutz für Kurzarbeitergeld

Dies gilt auch für das **Kurzarbeitergeld**, das gemäß § 181 Abs. 2 SGB III nicht von einem staatlichen Sozialleistungsträger, sondern als Besonderheit unmittelbar vom Arbeitgeber als Drittschuldner zu zahlen ist. Zu beachten ist,

- das Kurzarbeitergeld (KUG) ist gemäß § 54 Abs. 4 SGB I wie Arbeitseinkommen (Anwendung der Pfändungstabelle bzw. festgesetzter Sockelbetrag bei der Unterhaltspfändung) pfändbar .
- Der Arbeitgeber – nicht die Arbeitsagentur – ist insoweit der Drittschuldner.
- Das KUG muss gesondert (neben dem Arbeitseinkommen oder im gleichzeitigen Pfändungsbeschluss mit Arbeitseinkommen zusammen) gepfändet werden.
- Weist der Pfändungsbeschluss das KUG nicht ausdrücklich aus, ist das KUG auch nicht gepfändet und die Pfändung geht insoweit ins Leere.

Die Grundsicherung für Arbeitsuchende mit einem Anspruch auf Arbeitslosengeld II oder Sozialgeld ist daher regelmäßig unpfändbar, da die gezahlten Beträge nur in Ausnahmefällen die Pfändungsgrenzen der Pfändungstabelle erreichen dürften.

Praxisproblem 32

Der verheiratete Schuldner bezieht bei seinem Arbeitgeber ein monatliches Arbeitseinkommen in Höhe von 2 400 € netto.

Frage: Wie hoch ist der pfändbare Betrag?

Lösung:

Der pfändbare Lohnanteil beträgt nach der Pfändungstabelle zu § 850 c ZPO 522,05 €, die von dem Arbeitgeber an den Gläubiger zu überweisen sind.

Variante:

Mit Erreichen der Altersgrenze bezieht der Schuldner eine Altersrente von der Deutschen Rentenversicherung in Höhe von 1 440 €.

Frage: Wie hoch ist jetzt der pfändbare Betrag und wie gestaltet sich das Verfahren?

Lösung:

Pfändbar sind jetzt nur noch 42,05 € (Schuldner ist seiner Ehefrau unterhaltspflichtig). Da durch den Bezug der Altersrente der Drittschuldner gewechselt hat und damit der Arbeitgeber von seiner Aufgabe zur Abwicklung der Pfändung entbunden ist, muss der Gläubiger einen erneuten Antrag auf Erlass eines Pfändungs- und Überweisungsbeschlusses beantragen und diesen der Deutschen Rentenversicherung durch den Gerichtsvollzieher zustellen lassen. Mit der Zustellung ist die Pfändung wirksam geworden (§ 54 Abs. 4 SBG I in Verbindung mit § 829 Abs. 3 ZPO) und die Deutsche Rentenversicherung hat dem Gläubiger den pfändbaren Betrag zu überweisen.

Wegen der geringen Höhe der Sozialgeldleistung kommt der Gläubiger bei einer Pfändung des Sozialgeldleistungsanspruchs allein recht selten zum Zuge und hat beim Vorliegen der Voraussetzungen deshalb die Möglichkeit, gemäß § 850 e Nr. 2 a ZPO die **Zusammenrechnung** einer nach § 54 Abs. 4 SGB I der Pfändung unterworfenen Sozialgeldleistung (z. B.: eine geringfügige Witwenrente) mit dem sonstigen Arbeitseinkommen des Schuldners beim Vollstreckungsgericht zu beantragen. Bezieht der Schuldner Sozialleistungen von verschiedenen Leistungsträgern, kann der Gläubiger ebenfalls die Zusammenrechnung mit der Folge beantragen, dass dem Schuldner der Freibetrag nach der Pfändungstabelle gemäß § 850 c ZPO nur einmalig verbleibt. In diesen Fällen muss der Arbeitgeber bzw. der Sozialgeldleistungsträger als Drittschuldner die Höhe des Gesamteinkommens (Arbeitseinkommen und Sozialgeldleistung bzw. zwei Sozialgeldleistungen) ermitteln und daraus die pfändbaren Beträge eigenständig errechnen. Der Zusammenrechnungsbeschluss als Blankettbeschluss gibt regelmäßig den genauen Betrag der Sozialgeldleistung nicht an, so dass der Arbeitgeber gezwungen ist, sich wegen der Höhe der gezahlten Sozialgeldleistungen mit dem Leistungsträger in Verbindung zu setzen. Bei Schwierigkeiten kann ein klarstellender Beschluss des Vollstreckungsgerichts verlangt werden.

Praxisproblem 33

Die 45jährige Schuldnerin erhält von ihrem Arbeitgeber ein monatliches Gehalt in Höhe von 850 € netto und zusätzlich eine Witwenrente in Höhe von 550 € netto monatlich. Unterhaltberechtigte sind nicht vorhanden.

Frage: Wie hoch ist der pfändbare Betrag, wenn ein Gläubiger sowohl das Arbeitseinkommen als auch die Witwenrente gepfändet hat?

Lösung:

Sowohl das monatliche Gehalt als auch die Witwenrente sind gemäß Pfändungstabelle zu § 850 c ZPO völlig pfandfrei. Die jeweiligen Drittschuldner (Arbeitgeber und Leistungsträger) dürfen somit keine Beträge dem Gläubiger überweisen.

Fortsetzung:

Wie ist zu verfahren, wenn der Gläubiger einen Zusammenrechnungsbeschluss des Arbeitseinkommens mit der Witwenrente beantragt hätte?

Lösung:

Erst der Zusammenrechnungsbeschluss durch das Vollstreckungsgericht bewirkt, dass gemäß § 850 e Nr. 2 a ZPO jetzt vom Gesamteinkommen in Höhe von 1400 € auszugehen ist. Der Schuldnerin sind daher gemäß § 850 c ZPO 1109,60 € (1400 € abzüglich 290,40 € – pfändbarer Tabellensatz) pfandfrei zu belassen sind. Die Witwenrente in Höhe von 550 € ist weiterhin pfandfrei; der Arbeitgeber hat allerdings aus dem Arbeitseinkommen von 850 € dem Gläubiger den pfändbaren Gesamtbetrag in Höhe von 290,40 € zu überweisen.

Da auch zukünftig entstehende oder später fällig werdende laufende Sozialgeldansprüche pfändbar sind, kann der Vollstreckungsgläubiger die Pfändung **künftiger Rentenansprüche** des Schuldners gegen einen Träger der gesetzlichen Rentenversicherung wirksam beantragen, sofern die Ansprüche in einem bereits bestehenden Sozialversicherungsverhältnis wurzeln. Das noch nicht rentennahe Alter des Schuldners steht einer solchen Pfändung grundsätzlich nicht entgegen.[122] Dass die Pfändung zukünftige Leistungsansprüche des Schuldners erfassen soll, muss sich aus dem Pfändungs- und Überweisungsbeschluss konkret ergeben; die Pfändung selbst wird in einem solchen Falle beim Rentenleistungsträger bis zur endgültigen Zahlung der Rente vorgemerkt.

Zur Wahrung der Zweckbestimmung der Sozialleistung ist jedoch darauf zu achten, dass auch eine Reihe laufender Sozialgeldleistungen

122 BGH, NJW 2003, 1457 ff.

völlig unpfändbar oder nur unter ganz bestimmten Voraussetzungen der Pfändung unterworfen ist.

Folgende zweckgebundene laufende Sozialgeldleistungen sind gemäß § 54 Abs. 3 SGB I von der Pfändung gänzlich ausgenommen:

- **Erziehungsgeld** bzw. **Elterngeld**,
- **Mutterschaftsgeld**,
- **Leistungen der Pflegeversicherung**,
- **Grundrente** (nach dem Bundesversorgungs- oder Opferentschädigungsgesetz).

Folgende Sozialgeldleistungen sind nur unter besonderen Voraussetzungen der Pfändung unterworfen:

- **Wohngeld** ist gemäß § 54 Abs. 3 Nr. 2 a SGB I der Pfändung nicht unterworfen, es sei denn der Vermieter oder der Immobilien-Finanzierer (Bank/Sparkasse) wollen im Rahmen der Zwangsvollstreckung darauf zugreifen; ansonsten soll das gewährte Wohngeld unpfändbar sein und dem Schuldner zur Bezahlung der Miete oder zur Begleichung der Darlehenszinsen verbleiben,
- **Kindergeld**[123] ist gemäß § 54 Abs. 5 SGB I nur dann wirksam pfändbar, wenn ein Kind wegen seines gesetzlichen Unterhaltsanspruchs den Kindergeldanspruch des Schuldners pfändet. Die Pfändung des Kindergeldes ist daher für alle anderen Gläubiger völlig ausgeschlossen.

123 Hinweis: Das Kindergeld beträgt ab 1. Januar 2010:
a) für das 1. und 2. Kind = 184 €.
b) für das 3. Kind = 190 €.
c) ab dem 4. Kind = 215 €.

C. Die Kontopfändung

1. Allgemeines

Im Rahmen des bargeldlosen Zahlungsverkehrs ist es für den Gläubiger regelmäßig einfacher, auf das Lohn- oder Gehaltskonto (Girokonto) seines Schuldners zurückzugreifen, als in dessen Einkommen an der Quelle (Arbeitgeber als Drittschuldner) zu vollstrecken; denn nach derzeitiger Rechtslage endet der Pfändungsschutz von Lohn und Gehalt gemäß §§ 850 ff. ZPO mit der Gutschrift auf dem Konto des Schuldners. Mit dieser Gutschrift entsteht ein neuer Anspruch des Schuldners gegen sein Geldinstitut (Sparkasse oder Bank) auf Auszahlung des Guthabens, das grundsätzlich voll pfändbar ist. Zwischen dem Geldinstitut und dem Kunden kommt insoweit ein spezieller Geschäftsbesorgungsvertrag gemäß § 675 f BGB zustande. Durch diese Pfändung werden sowohl die Ansprüche aus dem Kontokorrentverhältnis (Periodenabschluss) als auch die Forderungen aus dem Girovertrag (Tages- und Zwischensaldo) sowie die zukünftigen Periodenabschlüsse und Tagessalden erfasst.

Der BGH[124] hat diese „Doppelpfändung" zugelassen, und dem Gläubiger somit die Möglichkeit verschafft, jegliches Kontoguthaben des Schuldners zu pfänden.

Die Pfändung bewirkt insoweit einen buchungstechnischen Abschluss, der weitere Verfügungen nicht mehr zulässt wie folgt:

- Die Zahlung des jetzigen und künftigen Guthabens (Gutschriften) erfolgt an den Gläubiger.
- Einzel- und Daueraufträge, die nach der Pfändung erfolgen sollen, sind nicht mehr ohne Zustimmung des Gläubigers möglich.
- Mit der Pfändung erlangt der Gläubiger einen Informationsanspruch und einen Anspruch auf Herausgabe der Kontoauszüge (§ 836 Abs. 3 ZPO100) gegenüber dem Kontoinhaber (Schuldner).

Inwieweit Kreditansprüche des Schuldners, die auf das Konto eingezahlt werden, gepfändet werden können, ist wie folgt zu unterscheiden:

124 NJW 1982, 2192 ff.

- Mit der Gutschrift hat die Bank den Anspruch aus dem Kreditvertrag erfüllt. Dieser Anspruch ist dann wie jedes Guthaben auf dem Konto pfändbar.
- Ist das Guthaben noch nicht ausbezahlt – allerdings bereits durch Kreditvertrag ein Anspruch auf Auszahlung vorhanden – wird die Zulässigkeit der Pfändung des Auszahlungsanspruchs bejaht.
- Ist ein Kreditvertrag noch nicht abgeschlossen, ist somit auch eine Pfändung (z. B. Dispositionskredit) nicht möglich.[125] Allein die regelmäßig stillschweigend geduldete Kontoüberziehung verschafft dem Gläubiger keinen pfändbaren Geldanspruch.

Mit dem Abschluss des Girovertrages selbst kommt zwischen dem Geldinstitut und dem Kunden ein **Zahlungsdienstevertrag** gemäß § 675 f BGB zustande, der sowohl höchstpersönliche Ansprüche als auch reine Zahlungsverpflichtungen beinhaltet.

Zur wirksamen Pfändung ist es erforderlich, dass der Schuldgrund bestimmt genug umrissen ist. Die Bezeichnung „aus jedem Rechtsgrund" oder „Pfändung aller Ansprüche gegen die Bank" genügt für eine wirksame Kontenpfändung nicht.[126]

Bei einer Kontenpfändung hat der Gläubiger folgende Bestimmtheitsgrundsätze zu beachten:

1. Für die Konkretisierung der Pfändung reicht grundsätzlich der Name des Schuldners und die Art des Anspruchs aus.
2. Die Kontonummer ist zur konstitutiven Wirksamkeit der Vollstreckungsmaßnahme nicht anzugeben.[127]
3. Auch die Angabe einer bestimmten Filiale ist nicht zwingend erforderlich; eine Zustellung an die Hauptniederlassung ist ausreichend – aber unter Umständen rangverzögernd.

Inwieweit der Gläubiger in einem Formular gleichzeitig mehrere Forderungen des Schuldners gegen eine Vielzahl von Geldinstituten beantra-

125 BGH, NJW 2004, 1444 ff.

126 a) OLG Schleswig, NJW 1992, 579 ff.;
b) BGH, NJW 1995, 326 ff.

127 LG Siegen, JurBüro 1998, 605.

gen darf (Ausforschungspfändung), ist streitig.[128] Der Pfändungsantrag des Gläubigers gegen drei Geldinstitute am Wohnort des Schuldners ist nicht zu beanstanden.[129]

Die Pfändung in die girovertraglichen Ansprüche erfasst gemäß § 836 Abs. 3 ZPO auch die Rechnungslegungs- und Auskunftspflicht des Schuldners. Deshalb bedarf es zur Klarstellung der ausdrücklichen Mitpfändung des Herausgabeanspruchs der laufenden Kontoauszüge gegenüber dem Schuldner.

Nach allgemeiner Meinung können diese Ansprüche nicht gegenüber dem Geldinstitut als Drittschuldner wirksam mitgepfändet werden;[130] denn der Anspruch des Kontoinhabers auf Erteilung von Kontoauszügen und Rechnungsabschlüssen ist ein selbstständiger Anspruch aus dem Girovertragsverhältnis, der bei der Kontopfändung nicht als Nebenanspruch mitgepfändet werden kann.[131] Lediglich die Auskunftsansprüche gemäß § 840 ZPO sind von dem Drittschuldner zu erfüllen.

Zur Herausgabe der Scheckkarten (Bankcard pp.) nebst Erteilung der Auskunft über die persönliche Geheimzahl des Schuldners an den Gläubiger kann der Schuldner jedoch nach allgemeiner Ansicht[132] nicht gemäß § 836 Abs. 3 ZPO verpflichtet werden. Der Gläubiger kann insoweit nicht an Stelle des Schuldners den Bankkartenservice benutzen und insoweit auch kein Geld vom Bankomaten abheben.

Praxisproblem 34

Der Gläubiger Eduard Achtermann beantragt den Erlass eines Pfändungs- und Überweisungsbeschlusses, um sich die Ansprüche des Schuldners Gustav Gartenkamp gegen seine Bank (Drittschuldnerin), Deutsche Bank AG, Filiale Hildesheim, zu sichern.

Die Anträge haben folgenden Wortlaut (alternativ):

1. „Alle Ansprüche aus laufender Geschäftsverbindung“
2. „Sämtliche Guthaben auf Konten“
3. „Alle Ansprüche aus dem mit dem Schuldner geschlossenen Bankvertrag“
4. „Ansprüche aus Kontokorrent, Sparkonto, Girokonto“

---

128 Thomas/Putzo, § 829 ZPO, Rn. 4.

129 BGH, Rpfleger 2004, 427 ff.

130 a) LG Frankfurt, Rpfleger 1986, 186.
b) BGH, ZIP 2005, 2252.

131 BGH, Rpfleger 2006,14 ff.

132 BGH, NJW 2003, 1256 ff.

5. „Der Anspruch auf Zahlung des gegenwärtigen und künftigen Guthabens, der dem Schuldner bei Saldoziehung aus dem Kontokorrent jeweils zusteht“
6. „Alle Ansprüche aus dem abgeschlossenen Girovertrag“
7. „Auf Sparbuchguthaben jetzt und künftig“

Frage: Sind die beantragten Pfändungs- und Überweisungsbeschlüsse jeweils zu erlassen?

Lösungen:

1. Die Forderungen in den Sachverhalten zu 1. und 3. sind zu unbestimmt und die Anträge sind insoweit zurückzuweisen.
2. Die Forderungen in den Sachverhalten zu 2., 4., 5., und 7. sind möglich.
3. „Alle Ansprüche aus dem abgeschlossenen Girovertrag“ (Sachverhalt 6.) ist umstritten[133].

Für einen wirksamen Pfändungsantrag ist folgender Wortlaut zu empfehlen:

„Es wird der Anspruch aus dem Kontokorrentverhältnis und dem Girovertrag für das (die) Konto/Konten Nr.... gepfändet, insbesondere der Anspruch auf:

- Auszahlung des bestehenden Guthabens im Zeitpunkt der Pfändung (Zustellung an das Geldinstitut)
- Auszahlung des künftigen Guthabens, das sich bei Saldenziehung im Zeitpunkt des jeweiligen Rechnungsabschlusses ergibt (künftiger Saldo)
- Jeweilige Auszahlung der Guthaben, die sich zwischen den Rechnungsabschlüssen ergeben (Tagessaldo)
- Der Anspruch auf Gutschriften aller Eingänge aus dem Girovertragsverhältnis
- Ferner wird gemäß § 836 Abs. 3 ZPO beantragt, dass der Schuldner oder die Schuldnerin
  a) die laufenden Kontoauszüge
  b) die über die Sparkonten bestehenden Sparbücher an den Gläubiger oder die Gläubigerin herauszugeben hat.

Sollte der Schuldner dieser Herausgabepflicht innerhalb zwei Wochen nach Zustellung des Überweisungsbeschlusses nicht nachkommen, wird

133 Stöber, Rn. 157 ff.

die Offenbarungsversicherung zu Protokoll des zuständigen Gerichtsvollziehers beantragt.

2. Pfändungsschutz für das Gehaltskonto – gilt bis 31. 12. 2011 –

Wird ein laufendes Konto (mit wiederkehrenden Eingängen) gepfändet, auf das Arbeitseinkommen (Lohn/Gehalt etc.) laufend gutgeschrieben wird, so ist mit der Zustellung des Pfändungs- und Überweisungsbeschlusses an das Geldinstitut eine Kontosperre für den Schuldner entstanden; er kann über sein Gehaltskonto nicht mehr verfügen.

Das Vollstreckungsgericht kann nach derzeitiger Rechtslage (gilt bis längstens 31.12.2011) jedoch auf Antrag des Schuldners gemäß § 850 k ZPO durch Beschluss verfügen, dass die nicht der Pfändung unterliegenden Beträge von der Bank/Sparkasse freizugeben sind. Die Pfändung wird insoweit aufgehoben, als das Guthaben dem der Pfändung nicht unterworfenen Teil des Einkommens für die Zeit von der Pfändung bis zum nächsten Zahlungstermin entspricht. Damit wird der Schuldner im Rahmen der Kontopfändung auf eigenen Antrag hin so gestellt, als würde die Vollstreckung in das Arbeitseinkommen direkt an der Quelle (beim Arbeitgeber als Drittschuldner) erfolgen. Mit dem Freigabebeschluss des Vollstreckungsgerichts muss das Geldinstitut dem Schuldner den Betrag freigeben, den er für den Rest des Monats zum Leben benötigt. Voraussetzung ist jedoch, dass der Antrag des Schuldners innerhalb einer Frist von zwei Wochen seit der Pfändung beim Vollstreckungsgericht eingeht; denn das Geldinstitut darf gemäß § 835 Abs. 3 Satz 2 ZPO dem Gläubiger die gepfändeten Beträge erst zwei Wochen nach Zustellung des Überweisungsbeschlusses auszahlen. Erfolgt ein Freigabebeschluss innerhalb der Zweiwochenfrist nicht, so muss die Bank/Sparkasse an den Gläubiger das gepfändete Guthaben auch überweisen.

Mit dem Auslaufen dieser Rechtslage gibt es ab 1.1.2012 einen völlig geänderten Kontopfändungsschutz (das Pfändungsschutzkonto – P-Konto – siehe: 3.).

Der Antragstellung hat der Schuldner die letzten Kontoauszüge einschließlich Nachweis über den aktuellen Kontostand sowie die Gehaltsnachweise beizufügen oder mitzubringen. Außerdem bedarf es der Angabe über die unterhaltsberechtigten Personen (Ehefrau und Kinder).

Sollte das Arbeitseinkommen bereits direkt beim Arbeitgeber gepfändet worden sein (Lohn/Gehaltspfändung), so wird außerdem das Aktenzeichen des Verfahrens benötigt.

Praxisproblem 35

Die Firma Ella Franke „elementebau“ GmbH & Co. KG hat erfahren, dass ihr Schuldner, der Angestellte Erwin F., ein Lohnkonto bei der Spar- und Darlehnskasse Gronau e.G. hat. Nach Vorlage des Schuldtitels über 6 666 € nebst 13 % Zinsen p.a. und 300 € Kosten wird durch Beschluss des Amtsgerichts Hildesheim dieses Konto wirksam gepfändet. Das Guthaben am Pfändungstag, dem 10.7. dieses Jahres beträgt 1 841 €.

Am 11.7. wendet sich der Schuldner an das Amtsgericht Hildesheim und trägt vor, er benötige die Gesamtsumme, da er für seine Ehefrau und zwei Kinder sorgeverpflichtet sei.

Am 18.7. trägt die Gläubigerin vor: Die Pfändung sei in voller Höhe zulässig, denn die Ehefrau des Schuldners arbeite halbtags in einer Buchhandlung und verdiene ca. 1 000 € netto monatlich.

Auf Anforderung gibt der Arbeitgeber am 20.7. den Monatslohn wie folgt bekannt: Nettoverdienst für Juli: 2 400 €.

Der Lohn wird jeweils am Monatsersten im Voraus gezahlt.

Frage: Welcher Antrag wird von wem gestellt?

Folgende Anträge werden gestellt:

a) Schuldner will Pfändungsschutz durch Freigabebeschluss bezüglich seines gepfändeten Kontoguthabens gemäß § 850 k ZPO.
b) Gläubiger stellt zusätzlichen einen Antrag dahin, dass die Ehefrau als Unterhaltsberechtigte nicht mitgerechnet wird (§ 850 c Abs. 4 ZPO).

Frage: Wie hoch ist der pfändbare Betrag?

Lösung:

a) 2 400 € Nettoverdienst (Ehefrau zählt als Unterhaltsberechtigte nicht mit, zwei Kinder werden als Unterhaltsberechtigte berücksichtigt)
b) 335,01 € (nach der Lohnpfändungstabelle zu § 850 c ZPO monatlich pfändbar)
c) 2064,99 € (unpfändbarer Lohn im Monat Juli – 2 400 € ./. 335,01 €)
d) Freigabe für die Zeit von der Pfändung bis zum nächsten Zahlungstermin (10.7 bis 31.7. = 22 Tage):

Fazit: 2064,99 € x 22/31 sind vom Vollstreckungsgericht dem Schuldner freizugeben = 1 465,48 € sind für 22 Tage unpfändbar.

Freigabebeschluss des Vollstreckungsgerichts:

„Die Pfändung des Girokontos Nr. .... wird auf Antrag des Schuldners gemäß § 850 k ZPO in Höhe von 1 465,48 € aufgehoben“

Ergebnis für den Gläubiger:
375,52 € (1841 € gepfändetes Kontoguthaben abzüglich 1465,48 € pfandfreier Betrag gemäß Gerichtsbeschluss sind für den Gläubiger endgültig pfändbar. Dieser Betrag ist vom Geldinstitut an den Gläubiger zu überweisen.

3. Das Pfändungsschutzkonto (P-Konto)

Am 7. Juli 2009 ist mit Wirkung vom 1. 7. 2010 bzw. 1. 1. 2012 das „Gesetz zur Reform des Kontopfändungsschutzes" in Kraft getreten[134]. Die entsprechenden gesetzlichen Regelungen finden sich im Wesentlichen in der Neufassung des § 850 k ZPO. Es handelt es sich beim Pfändungsschutzkonto (P-Konto) nicht um ein eigenständiges Bankkonto, sondern es ermöglicht dem Schuldner, zukünftig mit Banken oder Sparkassen zu vereinbaren, dass ein bereits bestehendes Girokonto als Pfändungsschutzkonto geführt werden soll. Die bestehende Bankverbindung bleibt von dieser Änderung unberührt; das Girokonto wird lediglich mit dem Vermerk „P-Konto" weitergeführt.

Nach bisheriger Rechtslage (siehe unter 2.) führt die Kontopfändung dazu, dass die anfallenden bargeldlosen Zahlungen zur Begleichung der Miete und Nebenkosten oder Versicherungen etc. nicht mehr kontomäßig abgewickelt werden können. Um Pfändungsschutz für das Kontoguthaben zu erreichen, musste der Schuldner gemäß § 850 k eine Pfandfreigabe durch das Vollstreckungsgericht erwirken. Erschwert wird der Pfändungsschutz dadurch, dass er bei Guthaben aus Arbeitseinkommen anders gestaltet ist als bei Guthaben aus Sozialgeldleistungen.

Die Neuerung der Reform liegt insbesondere in der Beschränkung der Pfändungswirkung; denn die Kontopfändung erfasst nicht mehr das gesamte Kontoguthaben, sondern führt zum Bestehen eines automatischen Basis-Pfändungsschutzes in Höhe des Pfändungsfreibetrages gemäß § 850 c ZPO. Dies entspricht gemäß Pfändungstabelle zur Zeit 985,15 Euro pro Monat für einen Alleinstehenden ohne Unterhaltsberechtigte, die ohne gerichtlichen Beschluss automatisch dem Schuldner zur Verfügung stehen.

134 BGBl. 2009, 1707 ff.

Auch auf die Art und Herkunft der Einkünfte kommt es künftig nicht mehr an. Geschützt sind z. B. sowohl Arbeitseinkommen oder Renten als auch Einkommen aus selbstständiger Tätigkeit und freiwillige Überweisungen Dritter.

a) Erhöhter Kontopfändungsschutz

Weiter kann der pfandfreie Grundbetrag gemäß § 850 k Abs. 2 ZPO dann erhöht werden, wenn der Schuldner nachweist, dass er seiner Ehefrau und Kindern unterhaltsberechtigt ist. Eine Erhöhung der Freibeträge kann gemäß § 850 k Abs. 5 ZPO beispielsweise in folgenden Fällen möglich sein, sofern unter Vorlage entsprechender Bescheinigungen des Arbeitgebers, der Familienkasse, eines Sozialleistungsträgers oder einer Schuldnerberatungsstelle ein erhöhter Pfändungsschutz dem kontoführenden Kreditinstitut belegt wird:

- Bezug von Kindergeld oder anderen Geldleistungen für Kinder
- Bestehen gesetzlicher Unterhaltspflichten.
- Arbeitslosengeld oder Sozialhilfe für Personen, die in der Bedarfsgemeinschaft des Kontoinhabers leben und denen der Kontoinhaber nicht gesetzlich zum Unterhalt verpflichtet ist.
- Einmalige Geldleistungen gemäß § 54 Abs. 2 SGB I oder Geldleistungen zum Ausgleich des durch einen Körper- oder Gesundheitsschaden bedingten Mehraufwandes gemäß § 54 Abs. 3 Nr. 3 SGB I.

Gelingt dem Schuldner der Nachweis für eine Erhöhung des pfändungsfreien Betrages nicht, weil ihm eine entsprechende Bescheinigung nicht erteilt wird oder das Kreditinstitut den vorgelegten Nachweis nicht akzeptiert, bleibt dem Schuldner nur die Möglichkeit, eine Heraufsetzung des Pfandfreibetrages durch eine vollstreckungsgerichtliche Entscheidung zu erreichen.

Sofern der Schuldner das pfändungsfreie Guthaben in einem Monat nicht oder nicht gänzlich in Anspruch genommen hat, steht ihm gemäß § 850 k Abs. 1 ZPO das unverbrauchte Guthaben in Höhe des zweifachen Grundbetrages gemäß § 850 c ZPO auch im Folgemonat zur Verfügung. Ein weiteres Ansparen ist allerdings nicht möglich; denn mit Ablauf des Folgemonats entfällt der Pfändungsschutz für den Schuldner, so dass der nicht ausgeschöpfte Freibetrag nicht auf den dritten Monat übertragen werden kann. Dies gilt auch für die Guthaben, die aus der Überweisung von Sozialgeldleistungen entstanden sind. Ein gänzlich unbefristeter Pfändungsschutz ist insoweit nicht möglich.

Praxisproblem 36

Der Schuldner hat im Monat Januar 2010 den gesamten Basis-Grundfreibetrag in Höhe von 985,15 € nicht von seinem Konto bei der Sparkasse ... abgeholt.

Frage: Wie viel steht dem Schuldner im Monat Februar 2010 zur Verfügung?

Lösung:

Dem Schuldner steht im Februar 2010 der nicht entnommene Freibetrag in Höhe von maximal 985,15 € für den Monat Januar 2010 und zusätzlich der Sockelbetrag in Höhe von maximal 985,15 € für den Folgemonat Februar 2010 zur Verfügung. Das Kreditinstitut muss dem Bankkunden insgesamt 1970,30 € pfandfrei zur Verfügung stellen. Hat der Schuldner auch im dritten Monat nicht über den Basis-Grundfreibetrag verfügt, steht dieses Guthaben dem Gläubiger zu.

Weist der Schuldner nach, dass innerhalb der letzten sechs Monate nur unpfändbare Beträge überwiesen wurden und macht er glaubhaft, dass in den nächsten zwölf Monaten nur unpfändbare Beträge zu erwarten sind, kann gemäß § 833 a ZPO die Kontopfändung insgesamt aufgehoben werden.

b) Der Rechtsanspruch auf das P-Konto

Die Führung eines Girokontos als Pfändungsschutzkonto erfolgt durch eine Vereinbarung zwischen Kontoinhaber und der kontoführenden Bank oder Sparkasse. Der Bankkunde hat gemäß § 850 k Abs. 7 ZPO einen Rechtsanspruch auf Führung eines Pfändungsschutzkontos, den er auch durchsetzen kann. Dieser Umwandlungsanspruch gewährleistet, dass das verfassungsrechtlich garantierte Existenzminimum des Schuldners und seiner Familie gesichert und geschützt werden kann, ohne dass hierfür ein zusätzliches Entgelt von dem Kreditinstitut gefordert werden kann.

Der Kontoinhaber sollte dem Kreditinstitut daher unter Angabe der Bankverbindung schriftlich mitteilen, dass er die Führung seines Girokontos als Pfändungsschutzkonto beabsichtigt. Die Umstellung auf ein P-Konto hat innerhalb von vier Geschäftstagen zu erfolgen und wirkt rückwirkend zum Ersten des jeweiligen Kalendermonats. Das P-Konto kann auf Antrag des Schuldners auch ohne besonderen Anlass eingerichtet werden; insbesondere das Vorliegen einer Kontopfändung ist nicht zwingende Voraussetzung.

Ein Anspruch auf die Eröffnung eines normalen Girokontos besteht allerdings nicht. Sofern ein Kreditinstitut die Eröffnung eines Girokontos verweigert, ist die Führung eines Girokontos auf Guthabenbasis bei einer entsprechenden Bank oder Sparkasse in Erwägung zu ziehen.

Da gemäß § 850 k Abs. 8 ZPO jede natürliche Person nur ein Girokonto als Pfändungsschutzkonto führen darf, wird deren Einrichtung von dem jeweiligen Kreditinstitut an die **SCHUFA** übermittelt. Führt ein Schuldner rechtswidrig mehrere Girokonten als Pfändungsschutzkonto, so kann gemäß § 850 k Abs. 9 ZPO der Gläubiger gerichtlich beantragen, dass nur ein bestimmtes Konto Pfändungsschutz genießen soll.

Die Regelungen des bisherigen Pfändungsschutzes treten mit Wirkung vom 1. Januar 2012 endgültig außer Kraft und der Kontopfändungsschutz wird dann ausschließlich durch das P-Konto gewährleistet. Bis dahin ist ab 1. Juli 2010 ein Schutz der jeweiligen Freibeträge vor einer Pfändung sowohl durch das P-Konto als auch durch eine vom Schuldner zu beantragende Entscheidung des Vollstreckungsgerichts möglich.

Mit Eröffnung des P-Kontos ist die Kontopfändung wie folgt abzuwickeln:

Praxisproblem 37

Die Firma Ella … „elementebau" GmbH & Co. KG hat erfahren, dass ihr Schuldner, der Angestellte Erwin F…, ein Lohnkonto bei der Spar- und Darlehnskasse Gronau e.G. hat. Nach Vorlage des Schuldtitels über 6666 € nebst 5 % Zinsen über den Basiszins p.a. und 300 € Kosten wird durch Beschluss des Amtsgerichts H… dieses Konto wirksam gepfändet. Das Guthaben am Pfändungstag, dem 10.7. diesen Jahres beträgt 1841 €.

Frage: Wie viel muss die Sparkasse dem Schuldner belassen?

Lösung:

Die Spar- und Darlehnskasse Gronau e.G. berücksichtigt unabhängig vom Zeitpunkt der Pfändung einen Basis-Freibetrag für den Schuldner in Höhe von 985,15 € auf dem P-Konto und zahlt diesen Betrag dem Schuldner aus. Hierzu bedarf es keiner gerichtlichen Entscheidung und eine zeitanteilige Berechnung ist nicht vorzunehmen.

Der Schuldner hat noch die Möglichkeit, weiteren Pfändungsschutz durch Vorlage entsprechender Bescheinigungen zu erreichen. Hierzu folgende Variante:

Praxisproblem 38

Der Schuldner ist im Beispielsfall verheiratet und hat zwei minderjährige unverheiratete Kinder und verlangt einen über den Grundfreibetrag hinausgehenden zusätzlichen Geldbetrag.

Frage: Wie viel belässt jetzt die Sparkasse dem Schuldner als pfandfreies Kontoguthaben?

Lösung:

Kann der Schuldner seine Unterhaltspflichten gegenüber seiner Ehefrau und seinen Kindern durch eine Bescheinigung seines Arbeitgebers oder der Familienkasse gegenüber der Sparkasse nachweisen, hat diese gemäß § 850 c ZPO von sich aus einen pfändungsfreien Gesamtbetrag in Höhe von 1769,03 € (985,15 € für den Schuldner und zusätzlich für die Ehefrau 370,76 € und für jedes Kind je 206,56 €) freizugeben. Ein Betrag in Höhe von 71,97 € (1841 € gepfändetes Kontoguthaben abzüglich 1769,03 € pfandfreier Betrag) ist für den Gläubiger endgültig pfändbar. Dieser Betrag ist vom Geldinstitut an den Gläubiger zu überweisen.

Falls das Kreditinstitut die vorgelegte Bescheinigung nicht anerkennt, kann der Schuldner auch eine Entscheidung des Vollstreckungsgerichts beantragen. Insoweit sind dann auf der Grundlage der Gerichtsentscheidung das über den Basisfreibetrag von 985,15 € hinausgehende Guthaben dem Schuldner auszuzahlen.

c) Das Kontoguthaben Selbstständiger

Praxisproblem 39

Das Guthaben des Sparkassenkontos des selbstständig tätigen Malermeisters Egon ... in Höhe von 1841 € wird gepfändet. Auf das Konto werden Vergütungen für Dienstleistungen des Malerbetriebes des Egon ... überwiesen.

Frage: Besteht auch für den Malermeister ein Kontopfändungsschutz?

Lösung:

Der Pfändungsschutz für den selbstständig tätigen Unternehmer besteht in gleichem Umfang wie für den abhängig Beschäftigten, so dass auch hier die Sparkasse zunächst den Basis-Freibetrag in Höhe von 985,15 € auszuzahlen hat und für den Fall der Vorlage entsprechender Bescheinigungen auch einen zusätzlichen Betrag für die Unterhaltsberechtigten freigeben kann.

Die Eckpunkte des Pfändungsschutzkontos (sog. P-Konto) sehen wie folgt aus:

Das Pfändungsschutzkonto (P-Konto)

1. **Automatischer Pfändungsschutz**
- Ein Kontoguthaben in Höhe des Pfändungsfreibetrages nach § 850c ZPO (985,15 Euro) wird nicht von einer Pfändung erfasst.
- Aus diesem Betrag können Überweisungen, Lastschriften, Barabhebungen, Daueraufträge pp. ohne gerichtliche Entscheidung erfolgen.

2. **Der Basisbetrag wird für einen Kalendermonat gewährt.**
- Auf den Zeitpunkt der Pfändung kommt es nicht an.
- Eine anteilige Berechnung wird nicht vorgenommen
- Der nicht ausgeschöpfte pfändungsfreie Anteil eines Guthabens wird auf den folgenden Monat übertragen.

3. **Auf die Art der Einkünfte kommt es nicht an.**
- Arbeitseinkommen und Sozialleistungen sind gleicher Maßen geschützt.
- Das Guthaben aus den Einkünften Selbstständiger und aus freiwilligen Leistungen Dritter wird ebenfalls geschützt.

4. **Der pfändungsfreie Basis-Betrag kann geändert werden**
- Die Vorlage entsprechender Bescheinigungen von Arbeitgebern, Schuldnerberatungsstellen oder Sozialleistungsträgern sind erforderlich.
- Eine gerichtliche Entscheidung ist möglich.

4. Weitere Hinweise für die Kontenpfändung und das Pfändungsschutzkonto

- Die Abgabe einer eidesstattlichen Versicherung schützt nicht vor einer Kontopfändung; Pfändungsschutz kann nur entsprechend den vorstehenden Ausführungen beansprucht werden
- Das Amtsgericht als Vollstreckungsgericht kann nur in den Fällen Ansprechpartner sein, in denen die Pfändung vom Amtsgericht des Wohnsitzes des Schuldners durch Pfändungs- und Überweisungsbeschluss oder vom Gerichtsvollzieher durch Vorpfändung veranlasst worden ist; in Fällen von Vollstreckungsmaßnahmen durch Vollstre-

ckungsbehörden (z. B. Finanzamt, Kommunen, Zollamt etc.) durch Pfändungs- und Einziehungsverfügungen muss der Schuldner sich an die jeweilige veranlassende Behörde wenden. Wegen des Grundsatzes der Gewaltenteilung kann das Amtsgericht als Vollstreckungsgericht hier nicht tätig werden.

- Werden mehrere Arbeitseinkommen (oder Arbeitseinkommen und Sozialgeldleistungen) von mehreren Arbeitgebern auf ein Gehaltskonto überwiesen, so ist vom Gesamteinkommen auszugehen, ohne dass es gemäß § 850 e Nr. 2 ZPO eines zusätzlichen Antrages des Pfändungsgläubigers auf Zusammenrechnung beider Einkünfte bedarf.
- Haben mehrere Gläubiger das Kontoguthaben gepfändet, so richtet sich der Pfändungsrang der Gläubiger gemäß § 804 Abs. 3 ZPO nach dem Zeitpunkt der Zustellung des Pfändungsbeschlusses an das Geldinstitut als Drittschuldner.
- Die Pfändung des Kontoguthabens erstreckt sich regelmäßig auf Antrag des Gläubigers auch auf die künftigen Kontoeingänge. Damit nicht Monat für Monat ein neuer Kontoschutzantrag durch den Schuldner gestellt werden muss, gilt der Pfändungsschutz auf dem P-Konto gemäß § 850 k Abs. 1 ZPO auch für alle durch entsprechende Geldeingänge künftig entstehenden Kontoguthaben. Der Schuldner kann somit auch in den Folgemonaten über die Freibeträge verfügen.
- Ein Pfändungsschutzkonto (P-Konto) kann gemäß § 850 k Abs. 8 ZPO nur von einer Person geführt werden. Eheleute oder Lebenspartner können demzufolge kein gemeinsames Pfändungsschutzkonto (Oderkonto) errichten.
- Das Pfändungsschutzkonto (P-Konto) kann nur für ein Girokonto, nicht für das Sparkonto vereinbart werden.
- Kontopfändungsschutz findet keine Anwendung für Konten Dritter (auch bei Ehegatten, Lebensgefährten oder Verwandten). Der Schutz greift nur für das eigene oder ein Gemeinschaftskonto, dessen Mitinhaber der Berechtigte der Sozialgeldleistung ist.

Praxisproblem 40

Klaus-Peter Leber lebt mit seiner Freundin Karin Krause zusammen. Er bezieht monatlich 1500 € Arbeitslosengeld, das ihm monatlich von der Arbeitsagentur in Hagen gewährt wird. Da seine Lebensgefährtin Karin Krause sich um den gemeinsamen Haushalt und die gesamten finanziellen Angelegenheiten kümmert, hat Klaus-Peter Leber der Arbeitsagentur die Kontonummer seiner Lebensgefährtin mitgeteilt, sodass sein Arbeitslosengeld von 1500 € auf das Girokonto Nr. 4711 bei der Sparkasse in Hagen, das für Karin Krause eingerichtet ist, jeweils am 1. jeden Monats überwiesen wird. Zu diesem Konto hat auch Klaus-Peter Leber Zugang, da seine Lebensgefährtin ihm eine Kontovollmacht erteilt hat.

Karin Krause hat in den letzten Monaten allerdings erhebliche Schulden angehäuft, die sie leider nicht mehr begleichen kann. Der Geschäftsführer der Boutique „Nicole" hat daraufhin einen zur Zwangsvollstreckung geeigneten Vollstreckungsbescheid erwirkt und das Konto Nr. 4711 bei der Sparkasse Hagen am 2. dieses Monats gepfändet. Als Herr Leber am 5. des Monats bei der Sparkasse sein gesamtes Arbeitslosengeld abheben will, wird ihm die Auszahlung des gesamten Betrages wegen der erfolgten Pfändung verweigert.

Klaus-Peter Leber ist entsetzt, denn seine Lebensgefährtin und er müssen doch schließlich von dem Arbeitslosengeld leben.

Frage: Kann Klaus-Peter Leber oder Frau Krause die Zahlung des Geldes erzwingen?

Lösungen:

1. Der Geschäftsführer der Boutique hat das Girokonto der Karin Krause wirksam gepfändet, auf das die Sozialgeldleistung (hier: das Arbeitslosengeld des Klaus-Peter Leber) monatlich gutgeschrieben wird. Herr Leber hat zwar Vollmacht zur Abhebung des Geldes; er ist jedoch nicht Inhaber, auch nicht „Mitinhaber" (kein „Oder-" oder „Undkonto"). Das Arbeitslosengeld auf dem Konto der Karin Krause steht ihr somit alleine zu. Klaus-Peter Leber hat gegen Frau Krause zwar im Innenverhältnis einen Herausqabeanspruch. Dies ist im Außenverhältnis zur Gläubigerin der Frau Krause ohne Bedeutung.
2. § 850 k ZPO schützt nur die Kontoinhaberin (Karin Krause) gegen Zwangsvollstreckungen ihrer Gläubiger[135]. Das Arbeitslosengeld auf dem Konto der Karin Krause steht ihr somit alleine zu. Herr Leber kann die Auszahlung des gesamten Geldes in Höhe von 1500 € nicht verlangen. Da jedoch auch sämtliche Leistungen Dritter (hier das Arbeitslosengeld des Klaus-Peter Leber) geschützt sind, kann die Kontoinhaberin Karin Krause von der Sparkasse den Basisbetrag gemäß § 850c ZPO in Höhe von 985,15 € ohne weiteres heraus verlangen.

Hinweis: Die Bank hat nach dem Geldwäschegesetz zu überprüfen, ob der Berechtigte des Arbeitslosengeldes der Kontoinhaber ist; ansonsten sind die Beträge zurückzuüberweisen!

Eine angedrohte oder ausgesprochene **Kündigung** des Kontoverhältnisses durch das Kreditinstitut ist kein Grund für einen Vollstreckungsschutz.

135 BGH, JurBüro 2008, 383 ff.

Eine solche kann auch nicht im Wege einer gerichtlichen Entscheidung beeinflusst werden. Diesbezügliche Kündigungsschritte unternehmen die Banken in der Regel auf der Grundlage ihrer Allgemeinen Geschäftsbedingungen (AGB).

Helfen können hier z. B. kommunale oder kirchliche Schuldnerberatungsstellen, Rechtsanwälte oder die Rechtspfleger bei den Rechtsantragstellen der Amtsgerichte.

Zusätzlich wurden für die Sparkassen in vielen Bundesländern landesgesetzliche Regelungen getroffen, wodurch die Sparkassen per Gesetz und Verordnung verpflichtet sind, jedem Kunden ein Girokonto auf Guthabenbasis einzurichten.

Derzeit besteht in folgenden Bundesländern über Sparkassengesetze und -verordnungen für alle dortigen Sparkassen eine Selbstverpflichtung, die Jedermann ein Recht auf ein Konto garantieren: Bayern, NRW, Rheinland-Pfalz und alle neuen Bundesländer und in Berlin.

Alle Sparkassen in diesen Bundesländern sind also rechtlich verpflichtet, dem Kunden ein neues Girokonto auf Guthabenbasis („Jedermann-Konto") einzurichten; ein Überziehen des Kontos ist dann jedoch nicht mehr möglich. Auch negative Schufa-Eintragungen dürfen insoweit kein Kündigungsgrund sein, es sei denn, dass die Kundenbeziehung der Sparkasse wegen grober Verstöße nicht weiter zumutbar ist.

- Der Rechtsanspruch auf **Umwandlung des Girokontos in ein Pfändungsschutzkonto** kann von dem Kreditinstitut nicht ausgeschlossen werden.
- Für eine Kontopfändung darf die Bank/Sparkasse **keine Gebühren** berechnen oder vom Konto abziehen.[136] Sollte das Geldinstitut dennoch Gebühren berechnen, ist dieses Verfahren gemäß § 9 AGB gesetzwidrig und der Kunde kann widersprechen.

5. Gemeinschaftskonten

Giro- oder Sparkonten, die von mehreren gemeinschaftlich (z. B. Ehegatten, Lebenspartner, Lebensgefährten) geführt werden, sind dahingehend zu unterscheiden, ob jeder Kontoinhaber selbstständig verfügungsberechtigt ist (Regelfall: **Oderkonto**) oder lediglich eine gemeinsame

136 BGH, NJW 1999, 2296 ff.

Verfügungsberechtigung (Ausnahmefall: Undkonto) besteht. Ein Pfändungsschutzkonto (P-Konto) kann gemäß § 850 k Abs. 8 ZPO nur von einer Person geführt werden. Eheleute oder Lebenspartner können demzufolge kein gemeinsames Pfändungsschutzkonto (Oderkonto) einrichten.

Beim „Oderkonto“ sind die Kontoinhaber Gesamtgläubiger gemäß § 428 BGB und damit kann jeder die Auszahlung des Guthabens gegenüber dem Geldinstitut an sich verlangen. Da jeder Kontoinhaber insoweit allein das gesamte Kontoguthaben fordern darf, kann auch der Gläubiger nur eines Kontoinhabers das gesamte Guthaben des gepfändeten Kontos nach Ablauf der Zweiwochenfrist des § 835 Abs. 3 Satz 2 ZPO beanspruchen.

Der Mitinhaber des Kontos kann jedoch nicht daran gehindert werden, Zahlung des gesamten Guthabens an sich allein zu verlangen; denn das Geldinstitut ist verpflichtet, trotz Pfändungs- und Überweisungsbeschluss an den nichtschuldnerischen Gesamtgläubiger den angeforderten Geldbetrag auszuzahlen.

Bei einem gemeinsamen Gehaltskonto als sogenanntes „**Undkonto**“ gebührt den Kontoinhabern eine gemeinsame Verfügungsbefugnis. Keiner kann ohne den anderen Kontoinhaber alleine über das Konto verfügen. Die Zulässigkeit der Pfändung richtet sich nach dem zwischen den Kontoinhabern bestehenden Rechtsverhältnis. Zur Vollstreckung durch Erlass eines Pfändungs- und Überweisungsbeschlusses bedarf der Gläubiger eines Titels gegen alle Kontoinhaber:

a) bei der **BGB-Gesellschaft** gemäß § 705 ff BGB muss sich der Titel und der Pfändungs- und Überweisungsbeschluss entweder gegen die BGB-Gesellschaft, die als Außengesellschaft rechts- und prozessfähig ist,[137] oder gemäß § 736 ZPO gegen alle Gesellschafter richten.
b) bei der **Erbengemeinschaft** gemäß §§ 2032 ff. BGB müssen Titel und Pfändungs- und Überweisungsbeschluss gegen alle Miterben gerichtet sein. Liegt nur ein Titel gegen einen Inhaber vor, so ist der Pfändungsantrag bei Einrichtung eines „Undkonto“ zurückzuweisen. Hier bleibt dem Gläubiger nur die Möglichkeit, gemäß §§ 857, 829 ZPO den Auseinandersetzungsanspruch aus dem Gemeinschaftsverhältnis gegenüber dem anderen Kontoinhaber zu pfänden.

---

137 BGH, NJW 2001, 1056 ff.

Praxisproblem 41

Die Firma Ella Franke „elementebau" GmbH & Co. KG hat erfahren, dass ihr Schuldner, der Angestellte Erwin L..., ein Lohnkonto bei der Spar- und Darlehnskasse Gronau e. G. hat. Nach Vorlage des Schuldtitels über 6666 € nebst 13% Zinsen p.a. und 300 € Kosten wird durch Beschluss des Amtsgerichts Hildesheim dieses Konto wirksam gepfändet.

Frage: Wie ist die Rechtslage zu beurteilen, wenn die Eheleute Petra und Erwin L... das Konto eingerichtet hätten als „Oderkonto" und der Schuldner bzw. seine Ehefrau über das Kontoguthaben verfügen wollen?

Lösung:

Da die Eheleute ihr Girokonto als sogenanntes „Oderkonto" führen, ist jeder der Kontoinhaber allein verfügungsberechtigt (Gesamtgläubiger gemäß § 428 BGB) und somit kann das Konto für jeden Gläubiger eines Kontoinhabers in voller Höhe gepfändet werden.

Ist die Pfändung – wie hier – nur gegen einen Kontoinhaber erfolgt, kann der andere Inhaber nicht davon abgehalten werden, über das Konto insgesamt zu verfügen,[138] d. h. er kann das gesamte Guthaben für sich einziehen. Regelmäßig wird der andere Kontoinhaber (hier: die nichtschuldnerische Ehefrau) innerhalb der Zweiwochenfrist des § 835 Abs. 3 Satz 2 ZPO, innerhalb derer die Bank das Guthaben nicht an den Gläubiger auszahlen darf, davon auch Gebrauch machen. Die Bank leistet insoweit schuldbefreiend, wenn der andere Kontoinhaber das gesamte Guthaben innerhalb der Frist abhebt. Für den Gläubiger ist die Pfändung damit gegenstandslos geworden.

Da die Kontoinhaber als Gesamtgläubiger allerdings einen Ausgleichsanspruch gemäß § 430 BGB haben, kann der Gläubiger diesen Anspruch pfänden und sich überweisen lassen mit dem Ziel, dass der andere Kontoinhaber dem Pfändungsgläubiger zum Ausgleich (Herausgabe des hälftigen Anteils) verpflichtet ist.[139] Die Pfändung selbst wird wirksam mit Zustellung des Beschlusses an den anderen Kontoinhaber – hier: die Ehefrau als Drittschuldnerin[140] – (§§ 829, 857 ZPO).

---

138 a) BGH, JurBüro 2002, 497.
b) andere Ansicht (wer zuerst Leistung verlangt): OFG Dresden, MDR 2001, 580.

139 BGH, Rpfleger 2008, 374

140 Behr, JurBüro 1995, 182 ff.

D. Das Verbraucherinsolvenzverfahren

1. Voraussetzungen und Anwendungsbereich

Mit Wirkung vom 1.1.1999 ist das neue Insolvenzrecht[141] in Kraft getreten, das sich einerseits zum Ziel setzt, durch Anreicherung der Insolvenzmasse möglichst viele Regelinsolvenzverfahren (Unternehmensinsolvenzen) zur Eröffnung zu bringen und andererseits dem „normalen überschuldeten Bürger" die Möglichkeit verschaffen soll, nach einem Verbraucherinsolvenzverfahren sich im sog. Restschuldbefreiungsverfahren von seinen restlichen Schulden zu befreien.

Die Vorschriften über das Verbraucherinsolvenzverfahren gemäß §§ 304 ff InsO gelten für alle natürlichen Personen, die keine selbstständige wirtschaftliche Tätigkeit ausüben oder ausgeübt haben und für selbstständig Tätige, deren Vermögensverhältnisse überschaubar sind, weniger als 20 Gläubiger haben und keine Forderungen aus Arbeitsverhältnissen (Lohn und Gehaltsrückstände, rückständige Lohnsteuer und Sozialversicherungsbeiträge) bestehen.

Für die Abwicklung der Insolvenz des Verbrauchers ist ein aufwändiges und zeitlich umfangreiches Verfahren – wie es die Regelinsolvenz eines Unternehmens vorsieht – nicht notwendig, da regelmäßig kein Vermögen des Schuldners vorhanden ist und es vorrangig darum gehen muss, dem Schuldner auf seinen Antrag hin nach einer Schuldenregulierung einen neuen Anfang („fresh start") zu ermöglichen.

Praxisproblem 42

Der Maurermeister Albert Sch.... betreibt mit fünf Maurergesellen ein kleines Bauunternehmen. Lieferanten fordern von ihm insgesamt 65 000 €, die Albert Sch.... nicht begleichen kann; er ist zahlungsunfähig.
Er beantragt daher, ein Insolvenzverfahren einzuleiten.

Frage: Ist die Einleitung eines Verbraucherinsolvenzverfahrens möglich?

Lösung:

1. **Nur ein Regelinsolvenzverfahren kommt in Frage für:**

   a) Arzt, Zahnarzt[142], Rechtsanwalt, Steuerberater mit oder ohne Beschäftigte,

---

141 BGBl I 1995, 2866 ff.

142 BGH, NJW 2003, 591.

   b) Geschäftsführer einer GmbH,
   c) Selbstständiger (noch tätiger) Handwerksmeister mit Bürobetrieb.
2. **Nur ein Verbraucherinsolvenzverfahren kommt in Frage für:**
   a) Arbeiter, Angestellte, Hausfrau, Rentner, Beamte,
   b) arbeitsloser Handwerksmeister oder ehemaliger Unternehmer, der bei unter 20 Gläubigern (Banken, Lieferanten) z. B. 300000 € Schulden hat.

Fazit:

Da Albert Sch.... als Bauunternehmer noch selbstständig tätig ist, kann er ein Verbraucherinsolvenzverfahren nicht in Anspruch nehmen.

Er fällt somit nicht in die Personengruppe des § 304 InsO; daher wird ein Regelinsolvenzverfahren eröffnet werden müssen, wenn zusätzlich zur Zahlungsunfähigkeit auch die Kosten des Verfahrens (§ 26 InsO) gedeckt sind.

Ein Restschuldbefreiungsverfahren kann der Handwerksmeister auch nach Abschluss der Regelinsolvenz beschreiten.

Einen weiteren Grund, ein Verbraucherinsolvenzverfahren in Gang zu setzen, trifft den Unterhaltsschuldner. Um den laufenden Unterhalt der minderjährigen Kinder zu sichern, ist gemäß Rechtsprechung[143] der Unterhaltsschuldner grundsätzlich verpflichtet, ein Verbraucherinsolvenzverfahren einzuleiten.

2. Insolvenzantrag und Kostenstundungsregelung

In der Regelinsolvenz müssen die vorhandenen Vermögenswerte des Schuldners ausreichen, um die Kosten des Verfahrens zu decken; ansonsten wird durch das Insolvenzgericht der Antrag auf Einleitung des Regelinsolvenzverfahrens zurückgewiesen und das Verfahren „mangels Masse“ nicht eröffnet.

Diese Gefahr besteht für den Schuldner seit der Neuregelung der Verbraucherinsolvenz regelmäßig nicht mehr, denn gleichzeitig mit dem Antrag auf Eröffnung der Verbraucherinsolvenz kann ein **Stundungsantrag** bezüglich der Verfahrenskosten (ca. 1000 bis 3000 €) eingereicht werden, wenn die Vermögensmasse des Schuldners nicht die Kosten deckt[144]. Einem solchen Antrag muss eine Erklärung beiliegen, in der der Schuld-

143 BGH, NJW 2005, 1279.

144 LG Bochum, NZI 2003, 130.

ner erklärt, dass er nicht wegen einer Insolvenzstraftat (z. B. Untreue oder Bankrott) verurteilt wurde.

In Ausnahmefällen kann einem rechtsunkundigen Schuldner durch das Insolvenzgericht auf Antrag auch ein Rechtsanwalt beigeordnet werden[145].

Die Stundung der Verfahrenskosten umfasst:

- Die gerichtlichen Kosten
- Die Kosten für das gerichtliche Schuldenbereinigungsverfahren
- Die Vergütungs- und Auslagenansprüche des vorläufigen und endgültigen Insolvenzverwalters bzw. Treuhänders
- Die Vergütung eines eingesetzten Gläubigerausschusses
- Die Vergütung und Auslagen des Treuhänders im Restschuldbefreiungsverfahren.

Die Kosten für das außergerichtliche Schuldenbereinigungsverfahren können nicht gestundet werden.

Bei der Gewährung eines Stundungsantrages setzt das Insolvenzgericht monatliche Raten fest, mit denen der Schuldner die Kosten nach Beendigung des Verfahrens tilgen muss. Dies geschieht unter Berücksichtigung der finanziellen Möglichkeiten des Schuldners[146]. Maßgeblich sind auch hier die Lohnpfändungsgrenzen (z. B. ist ein lediger Schuldner bis zu 989,99 € monatlicher Einkünfte von einer Nachzahlungspflicht völlig befreit), so dass gering verdienende Schuldner – ca. 80% der Antragsteller sind völlig mittellos – fast regelmäßig keinerlei Geldbeträge einzusetzen haben, um ein vereinfachtes Verbraucherinsolvenzverfahren zu durchlaufen. Vor diesem Hintergrund wird deutlich, dass die Anzahl der Anträge auf Einleitung eines Verbraucherinsolvenzverfahrens regelrecht explodiert sind; lag die Anzahl der Verbraucherinsolvenzen im Jahr 1999 bei ca. 2500 Anträge, so waren es im Jahr 2008 bereits fast 100.000 Anträge mit weiter steigender Tendenz.

---

145 BVerfG, ZinsO, 653 ff.

146 BGH, NZI 2003, 556 ff.

3. Die Auswirkung der Insolvenzeröffnung auf Vollstreckungsmaßnahmen

Gemäß § 89 InsO ist jede Zwangsvollstreckungsmaßnahme nach der Insolvenzeröffnung verboten. Dies gilt auch gemäß § 294 InsO während des Restschuldbefreiungsverfahrens und wirkt auch für Gläubiger, die am Insolvenzverfahren nicht teilgenommen haben und die der Schuldner nicht in das Vermögensverzeichnis aufgenommen hat[147].

Dieses absolute **Vollstreckungsverbot** betrifft nicht nur die Insolvenzmassegegenstände, sondern auch das gesamte Vermögen des Schuldners sowie die während des Verfahrens neuerworbenen Gegenstände und Ansprüche, da gemäß § 35 InsO auch der Neuerwerb (z. B. das während des laufenden Verbraucherinsolvenzverfahrens erzielte Einkommen) zur Insolvenzmasse gehört.

Demzufolge kann Arbeitseinkommen nach der Insolvenzeröffnung nicht mehr wirksam gepfändet werden und ein schon vor der Insolvenzeröffnung erlangter Zwangsvollstreckungstitel berechtigt die Gläubiger lediglich zu einer Anmeldung ihrer Forderungen zur Insolvenztabelle (§§ 28, 38, 174 InsO), allerdings mit der Konsequenz einer lediglich quotenmäßigen Befriedigung; d. h. der Insolvenzgläubiger hat lediglich einen Anspruch auf Auszahlung eines sehr geringen Teils seiner Gesamtforderung aus der verwerteten Insolvenzmasse.

Folgendes Beispiel soll das verdeutlichen:

– Forderung des Gläubigers:	20 000 €
– Quote aus der Insolvenzmasse:	2 %
– Der Gläubiger erhält:	400 €
– Ausfall (Restforderung) des Gläubigers:	19 600 €

Beim Zusammentreffen von Insolvenzverfahren und Lohnpfändung geht also eindeutig das Insolvenzverfahren vor und ersetzt den allgemeinen Grundsatz des Prioritätsprinzips durch das Prinzip der allgemeinen Verlustgemeinschaft.

Der Arbeitgeber hat bei Kenntnis der Insolvenzeröffnung dieses Vollstreckungsverbot zu beachten; denn eine entgegen diesem Verbot vorge-

147 BGH, Rpfleger 2006, 618.

nommene Pfändung des Arbeitseinkommens ist unwirksam und geht zugunsten der Insolvenzgläubigers ins Leere.[148]

Etwas anderes gilt gemäß § 89 Abs. 2 Satz 2 InsO nur dann, wenn bevorrechtigte **Unterhaltsgläubiger** gemäß § 850 d ZPO oder **Deliktsgläubiger** nach § 850 f Abs. 2 ZPO als Neugläubiger die Lohnpfändung betreiben. Für diese Gläubiger ist der Teil des Arbeitseinkommens, der über § 850 c ZPO hinaus nach § 850 d ZPO bzw. § 850 f ZPO privilegiert pfändbar ist, auch während des Insolvenzverfahrens von dem Vollstreckungsverbot nicht erfasst.

Praxisproblem 43

Während des Insolvenzverfahrens über das Vermögen des Schuldners macht auch ein Unterhaltsgläubiger seine Unterhaltsansprüche gegen den Treuhänder und den Arbeitgeber gemäß § 850 d ZPO geltend.

Wie hoch ist der vom Arbeitgeber abzuführende Betrag?

Lösung:

Während ein Normalgläubiger gemäß § 850 c ZPO nach Insolvenzeröffnung keine wirksame Lohnpfändung mehr erwirken kann, steht dem Unterhaltsgläubiger weiterhin eine privilegierte Pfändung des Unterschiedsbetrages zwischen § 850 d ZPO und § 850 c ZPO zu. Das Vorrecht des Unterhaltsgläubigers ist wie folgt zu berechnen (siehe Praxisproblem 10):

a)	Pfändung gemäß § 850 d ZPO	= 736,17 €
b)	Pfändung gemäß § 850 c ZPO	= 189,29 €
		= **546,88 €**

Der Differenzbetrag in Höhe von 546,88 € ist vom Arbeitgeber trotz Insolvenzeröffnung an den Unterhaltsgläubiger auszuzahlen; 189,29 € werden vom Treuhänder eingezogen.

Die Wirkungen dieses absoluten Pfändungsverbots können durch das Insolvenzgericht bereits in das Insolvenzeröffnungsverfahren vorgezogen werden, um die vorhandene Insolvenzmasse zu sichern und masseschädigende Rechtshandlungen des Schuldners zu verhindern.[1493]

Gemäß §§ 21 Abs. 2 Nr. 3, 306 Abs. 2 InsO kann insoweit das Insolvenzgericht anordnen, dass Maßnahmen der Mobiliarvollstreckung (also auch

148 Helwich, Die Vereinbarkeit von Einzelzwangsvollstreckungsmaßnahmen mit dem künftigen Insolvenzrecht, DGVZ 1998, 50 ff.

149 Helwich, Neuordnung der vorläufigen Insolvenzverwaltung im künftigen Insolvenzrecht, MDR 1998, 516 ff.

die Lohnpfändung) gegen den Schuldner völlig untersagt oder einstweilen eingestellt werden, und damit ist der Arbeitgeber gezwungen, das bereits in der Eröffnungsphase angeordnete Vollstreckungsverbot zu beachten, denn eine entgegen diesem Pfändungsverbot vorgenommene Lohnpfändung ist ebenfalls unzulässig und ggf. mit der Vollstreckungserinnerung durch den Insolvenzverwalter/Treuhänder gemäß § 766 ZPO aufzuheben.

Ist allerdings ein gerichtliches Vollstreckungsverbot während der Insolvenzeröffnungsphase nicht angeordnet worden, sind Hindernisse für die Pfandrechtsgläubiger auf Befriedigung aus den Ansprüchen des Schuldners noch nicht entstanden. Der Arbeitgeber muss daher ohne Anordnung eines solchen Verbots die pfändbaren Lohnanteile dem Gläubiger so lange überweisen, bis das Insolvenzverfahren endgültig eröffnet ist. Daran ist der Arbeitgeber auch nicht durch die zusätzlich gemäß § 88 InsO neu eingeführte gesetzliche Rückschlagsperre gehindert, wodurch alle durch Vollstreckungsmaßnahmen entstandenen Pfandrechte für unwirksam erklärt werden, die im letzten Monat vor dem Insolvenzeröffnungsantrag (für die Verbraucherinsolvenz gilt gemäß § 312 InsO: in den letzten drei Monaten vor Verbraucherinsolvenzantrag) oder danach begründet wurden.

Wenn also unmittelbar nach Antragstellung in der Verbraucherinsolvenz das Insolvenzgericht kein allgemeines Vollstreckungsverbot durch Beschluss erlassen hat und somit das gesetzliche Vollstreckungsverbot des § 89 InsO noch nicht gilt, tritt wie bei jeder Lohnpfändung mit Erlass des Überweisungsbeschlusses gemäß § 835 ZPO als Einziehungsberechtigter bzgl. der pfändbaren Lohnanteile der Gläubiger an die Stelle des Arbeitnehmers, und insoweit hat der Arbeitgeber den errechneten pfändbaren Betrag an den Gläubiger zu überweisen. Etwas anderes gilt nur, wenn lediglich der Pfändungsbeschluss erlassen ist. Hier hat der Arbeitgeber den gepfändeten Teil des Arbeitseinkommens für Schuldner und Gläubiger beim Gericht zu hinterlegen.

4. Die Auswirkungen der Verbraucherinsolvenz auf die Lohnpfändung

Für die Lohnpfändung, die bereits länger als drei Monate vor Insolvenzeröffnungsantrag zurückliegt (ansonsten ist wegen der Rückschlagsperre die Pfändung unwirksam), gilt im Falle der Insolvenzeröffnung gemäß § 114 Abs. 3 InsO folgendes:

- Der Gläubiger bekommt vom Arbeitgeber nur noch den pfändbaren Teil des Arbeitseinkommens für den zur Zeit der Insolvenzeröffnung **laufenden Monat** überwiesen. Für die Zeit danach stehen die pfändbaren Lohnanteile dem Insolvenzverwalter bzw. Treuhänder zu. Bei Insolvenzeröffnung nach dem 15. eines Monats erhält der Gläubiger auch den pfändbaren Lohnanteil für den folgenden Kalendermonat.
- **Abtretungen** und Verpfändungen des Lohns werden erst **zwei Jahre** nach Insolvenzeröffnung unwirksam (§ 114 Abs. 1 Inso).

Dieser deutliche Eingriff in die Rechte der Pfändungs- und Abtretungsgläubiger wird nur auf dem Hintergrund des neueingeführten Verbraucherinsolvenzverfahrens mit anschließender Restschuldbefreiung für den redlichen Schuldner verständlich.

Praxisproblem 44

Der Schuldner hat im Jahre 2009 für einen Kleinkredit in Höhe von 5000 € der Sparkasse Hildesheim sein pfändbares Arbeitseinkommen wirksam abgetreten.

Im April 2010 wird über sein Vermögen ein Verbraucherinsolvenzverfahren eröffnet.

Frage: Kann die Sparkasse ihre Rechte aus der Lohnabtretung trotz Insolvenz weiterhin geltend machen?

Lösung:

Die Abtretung des Arbeitseinkommens ist bis April 2012 (zwei Jahre nach Insolvenzeröffnung) wirksam. Die Sparkasse allein erhält trotz Insolvenzeröffnung noch für zwei Jahre die abgetretenen (pfändbaren) Lohnanteile. Danach ist die Sparkasse wegen ihrer Restforderung Insolvenzgläubigerin.

5. Das Verfahren der Verbraucherinsolvenz

Um den lebenslangen Nachforderungen seiner Gläubiger entgehen zu können, ist dem redlichen Schuldner nämlich gemäß § 201 Abs. 3 InsO in Verbindung mit §§ 286 ff., 304 ff. InsO die Möglichkeit eingeräumt worden, sich nach Beendigung des Insolvenzverfahrens von seinen Schulden zu befreien.

Im Rahmen seiner Fürsorgepflicht sollte der Arbeitgeber als Drittschuldner daher im Falle mehrfacher Pfändungen gegen den Schuldner in überschuldungsreifer Höhe seinen Arbeitnehmer zur Stellung eines Antrages auf Einleitung eines Verbraucherinsolvenzverfahrens hinweisen.

Um eine evtl. beabsichtigte Restschuldbefreiung überhaupt erreichen zu können, ist die Durchführung dieser Verbraucherinsolvenz mit folgender Stufenregelung zwingend vorgeschrieben:

Verbraucherinsolvenzverfahren (§§ 304 ff. Inso):

Voraussetzungen:

Antrag
zuzüglich Bescheinigung, dass eine außergerichtliche Schuldenbereinigung in den letzten sechs Monaten erfolglos war
zuzüglich Erklärung, dass die Restschuldbefreiung beantragt wird
zuzüglich Vermögensverzeichnis
zuzüglich Gläubigerliste
zuzüglich Höhe der Gläubigerforderung
zuzüglich Schuldenbereinigungsplan
evtl. einmalige gerichtliche Nachfrist von einem Monat zur Vervollständigung der Unterlagen (§ 305 Abs. 3 Inso)

Daraus ergibt sich folgende Stufenregelung:

1. Außergerichtliche Einigung über die Schuldenbereinigung (§ 305 Inso) durch „Schuldenbereinigungsvermittler" (RAe, Notare, Schuldnerberatungsstellen)
2. Gerichtliches Schuldenbereinigungsverfahren, wenn außergerichtliche Einigung nicht erreicht wurde (gerichtlicher Schuldenbereinigungsplan).
   Scheitert die gerichtliche Schuldenbereinigung, wird das Insolvenzverfahren wieder aufgenommen (§ 311 Inso)
3. Vereinfachtes Verbraucher-Insolvenzverfahren (§§ 311 ff. Inso)
4. Auf Antrag des Schuldners folgt ein Restschuldbefreiungsverfahren (§§ 286 ff., 305 Abs. 1 Nr. 2 Inso)

E. Das Restschuldbefreiungsverfahren

1. Das Antragsverfahren

Gemäß § 286 ff. InsO kann dem Schuldner nur dann die Restschuldbefreiung durch Beschluss des Insolvenzgerichts erteilt werden, wenn der Antragsteller eine natürliche Person ist und seinen Restschuldbefreiungsantrag mit dem Antrag auf Einleitung des Insolvenzverfahrens verbindet; ohne Schuldnerantrag ist eine Restschuldbefreiung nicht möglich. Hierbei ist nicht zu unterscheiden, ob es sich bei der natürlichen Person um selbstständig beschäftigte Unternehmer oder einen einfachen Verbraucher handelt; denn die Restschuldbefreiung können als natürliche Personen sowohl Gesellschafter eines Unternehmens als auch der Arbeitnehmer als Verbraucher erreichen.

Eine Mindestquote für die Gläubiger ist weder im Restschuldbefreiungsverfahren vorgesehen noch ist es Voraussetzung für die Restschuldbefreiung, dass die Gläubiger eine solche Mindestquote im Insolvenzverfahren erhalten werden oder eine solche vom Schuldner überhaupt angeboten wird (sog. **Nullplan**).[150]

Da eine Vielzahl der Verbraucherinsolvenzverfahren durch einen gering verdienenden oder arbeitslosen Verbraucher in Gang gesetzt werden, die hoffnungslos überschuldet sind und keinerlei Bargeldmittel mehr für die Gläubiger zur Verfügung stellen können, kommt es regelmäßig zu keiner Befriedigung der Gläubiger; weder durch Verwertung im Verbraucherinsolvenzverfahren selbst noch im sich anschließenden Restschuldbefreiungsverfahren. Die Quote der Gläubiger tendiert folglich in der überwiegenden Zahl der Verbraucherinsolvenzen in Richtung null.[151]

Praxisproblem 45

Es ist also möglich, dass der arbeitslose Schuldner ohne jegliches Vermögen mit einer staatlichen Arbeitslosenunterstützung (z. B. ALG I) seinen Gläubigern als Quote 0 % ihrer Forderungen anbietet.

Die Restschuldbefreiung ist gemäß § 290 InsO auf Antrag eines Gläubigers allerding dann zu **versagen**, wenn

---

150 a) BayOLG NJW 2000, 220.
b) BGH, NZI 2005, 46.

151 OLG Stuttgart, NZI 2002, 563.

1. der Schuldner wegen einer Straftat nach den §§ 283 bis 283 c des Strafgesetzbuchs rechtskräftig verurteilt worden ist,
2. der Schuldner in den letzten drei Jahren vor dem Antrag auf Eröffnung des Insolvenzverfahrens oder nach diesem Antrag vorsätzlich oder grob fahrlässig schriftlich unrichtige oder unvollständige Angaben über seine wirtschaftlichen Verhältnisse gemacht hat, um einen Kredit zu erhalten, Leistungen aus öffentlichen Mitteln zu beziehen oder Leistungen an öffentliche Kassen zu vermeiden,
3. in den letzten zehn Jahren vor dem Antrag auf Eröffnung des Insolvenzverfahrens oder nach diesem Antrag dem Schuldner Restschuldbefreiung erteilt oder nach § 296 oder § 297 versagt worden ist,
4. der Schuldner im letzten Jahr vor dem Antrag auf Eröffnung des Insolvenzverfahrens oder nach diesem Antrag vorsätzlich oder grob fahrlässig die Befriedigung der Insolvenzgläubiger dadurch beeinträchtigt hat, dass er unangemessene Verbindlichkeiten begründet oder Vermögen verschwendet oder ohne Aussicht auf eine Besserung seiner wirtschaftlichen Lage die Eröffnung des Insolvenzverfahrens verzögert hat,
5. der Schuldner während des Insolvenzverfahrens Auskunfts- oder Mitwirkungspflichten nach diesem Gesetz vorsätzlich oder grob fahrlässig verletzt hat oder
6. der Schuldner in den nach § 305 Abs. 1 Nr. 3 vorzulegenden Verzeichnissen seines Vermögens und seines Einkommens, seiner Gläubiger und der gegen ihn gerichteten Forderungen vorsätzlich oder grob fahrlässig unrichtige oder unvollständige Angaben gemacht hat.

Praxisproblem 46

Unvollständige Angaben des Schuldners , insbesondere über die Anzahl seiner Gläubiger und deren Forderungen können zur Versagung der Restschuldbefreiung führen[152].

2. Außergerichtlicher und gerichtlicher Schuldenbereinigungsplan

Im Rahmen des vereinfachten Insolvenzverfahrens des Verbrauchers muss für einen erfolgreichen Antrag auf Restschuldbefreiung der Schuldner zuerst mit Hilfe z. B. einer Schuldnerberatungsstelle (oder eines

152 BGH, Rpfleger 2009, 168 ff.

Rechtsanwalts) eine außergerichtliche Einigung (**außergerichtlicher Schuldenbereinigungsplan**) mit seinen Gläubigern erfolglos versucht haben. Sollte mit Hilfe der Beratungsstelle oder eines Anwalts ein außergerichtlicher Vergleich möglich werden, ist damit ein Antrag auf Einleitung eines Insolvenzverfahrens mit anschließender Restschuldbefreiung hinfällig geworden.

Lehnt nur einer der zahlreichen Gläubiger den vorgelegten Vergleichsvorschlag des Schuldners ab oder betreibt einer der Gläubiger die Zwangsvollstreckung, ist das außergerichtliche Schuldenbereinigungsverfahren gescheitert. Die Schuldnerberatungsstelle wird dann dem Schuldner eine Bescheinigung erteilen, dass innerhalb einer Frist von sechs Monaten vor Insolvenz-Antragstellung die außergerichtliche Einigung nicht zustande gekommen ist (Negativbescheinigung).

Erst unter Vorlage dieser Bestätigung, dass die außergerichtliche Einigung zwischen Gläubigern und Schuldner gescheitet ist, kann der Schuldner einen wirksamen Verbraucherinsolvenzantrag mit Restschuldbefreiung beim Insolvenzgericht stellen. Der Eröffnungsantrag des Schuldners unter Beifügung eines erneuten Vergleichsvorschlags (gerichtlicher Schuldenbereinigungsplan) führt jedoch nicht sofort zu der Einleitung eines Verbraucherinsolvenzverfahrens; denn mit Hilfe des Insolvenzgerichts wird ein weiterer Versuch unternommen, innerhalb von ca. drei Monaten gemäß § 306 Inso einen (gerichtlichen) Vergleich mit den Gläubigern zu vereinbaren; solange ruht das Eröffnungsverfahren.

Der **gerichtliche Schuldenbereinigungsplan** ist gemäß § 308 InsO angenommen, wenn alle Gläubiger zustimmen. Eine fehlende Gläubigerzustimmung kann durch das Insolvenzgericht ersetzt werden, wenn die Mehrheit der Gläubiger den Vergleichsvorschlag des Schuldners akzeptiert. Damit gelten der Antrag auf Einleitung des Insolvenzverfahrens und auf Restschuldbefreiung als zurückgenommen und die Gläubiger haben die Möglichkeit, bei Nichteinhaltung der Vergleichsangebote aus dem gerichtlichen Schuldenbereinigungsplan gemäß § 794 Abs. 1 Nr. 1 ZPO die Zwangsvollstreckung zu betreiben; denn der gerichtliche Plan hat die Wirkung eines Prozessvergleichs, der angefochten, aber nicht ohne weiteres verändert werden kann.[153]

153 OLG Karlsruhe, Rpfleger 2001, 511.

Deshalb sollten Gläubiger darauf achten, dass bei vereinbarten Ratenzahlungen eine Verfallklausel (bei Verzug wird die gesamte Forderung sofort fällig) und, falls später der Schuldner Vermögen erwirbt, eine Besserungsklausel im Schuldenbereinigungsplan enthalten sind.

Falls jedoch abermals keine Einigung zu erzielen ist, eröffnet das Insolvenzgericht das vereinfachte Verbraucherinsolvenzverfahren mit dem Ziel, das gesamte private Vermögen des Schuldners zu verwerten und einen evtl. vorhandenen Gelderlös auf die Gläubiger zu verteilen.

Das gerichtliche Schuldenbereinigungsverfahren ist allerdings in der Praxis zur Ausnahme geworden, weil die Insolvenzgerichte gemäß § 306 InsO fast regelmäßig hiervon absehen, so dass ohne weiteren gerichtlichen Vergleichsversuch das Verbraucherinsolvenzverfahren sofort eröffnet wird[154].

Damit für das Insolvenzgericht konkrete Erfolgsaussichten eines gerichtlichen Schuldenbereinigungsplans ersichtlich sind, muss gemäß § 305 InsO der Schuldner seinem Insolvenzantrag den gescheiterten außergerichtlichen Vergleichsvorschlag beifügen und entsprechende Gründe für das Scheitern vortragen.

3. Die Wohlverhaltensphase

Das eigentliche Verfahren zur **Restschuldbefreiung** schließt sich dann dem endgültig abgeschlossenen Verbraucherinsolvenzverfahren gemäß §§ 286 ff. Inso an und setzt voraus, dass der Schuldner gemäß § 287 Abs. 2 Inso sein pfändbares Arbeitseinkommen für den Zeitraum von sechs Jahren an einen vom Insolvenzgericht bestellten Treuhänder abtritt, der einmal jährlich die durch den Arbeitgeber als Drittschuldner abgeführten Beträge an die Insolvenzgläubiger zu verteilen hat. Während dieser sechsjährigen „Wohlverhaltensperiode", die bereits mit der Insolvenzeröffnung beginnt,[155] hat der Schuldner sein pfändbares Arbeitseinkommen gemäß der Pfändungstabelle zu § 850 c ZPO seinen Gläubigern zur Verfügung zu stellen, dessen Verteilung auf die einzelnen Gläubiger nicht durch den Arbeitgeber, sondern durch den Treuhänder vorgenommen wird.

154 LG Berlin ZVI 2003, 77 ff.

155 AG Göttingen, NZI 2003, 217.

Erst nach Durchlaufen der **Wohlverhaltensperiode von sechs Jahren** kann dem Schuldner dann endgültig gemäß § 300 Inso die Befreiung von seinen gesamten Schulden erteilt werden, so dass der Schuldner von der außergerichtlichen Insolvenz-Antragstellung bei der Schuldnerberatung bis zur eigentlichen Restschuldbefreiung einen Zeitraum von regelmäßig weniger als sieben Jahren (ca. 3/4 Jahr für die außergerichtlichen und gerichtlichen Schuldenbereinigungsverfahren zuzüglich den sechs Jahren des Restschuldbefreiungsverfahrens) einplanen muss.

Folgendes Schaubild soll den Zeitablauf verdeutlichen:

Verbraucherinsolvenz + Restschuldbefreiung (Chronologie)

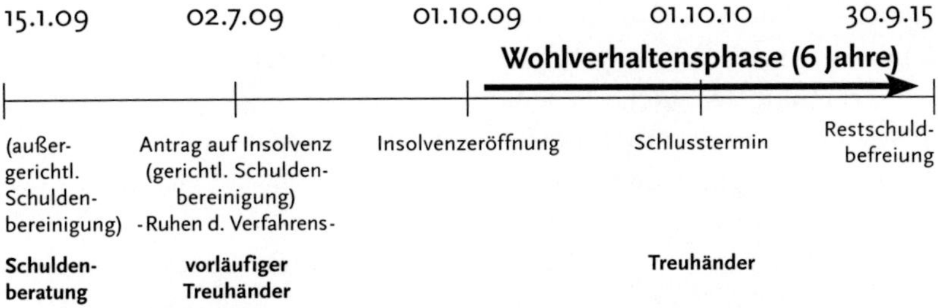

4. Der Ablauf des Restschuldbefreiungsverfahrens

Sollte der Schuldner während dieser Wohlverhaltenszeit gesetzliche Obliegenheiten gemäß §§ 289, 295 InsO nicht erfüllen (Vorliegen von Insolvenzstraftaten, Kreditbetrug, Begründung unangemessener Verbindlichkeiten, keine Ausübung einer angemessenen Berufstätigkeit pp.), kann auf Antrag des Gläubigers entweder das Restschuldbefreiungsverfahren abgelehnt oder während der Wohlverhaltensperiode versagt werden[156]. Durch den gerichtlichen **Versagungsbeschluss** ist das Ziel des Schuldners auf Erlass seiner gesamten Gläubigerforderung endgültig gescheitert und die Gläubiger können aus der Insolvenztabelle ihre restlichen Forderungen gegen den Schuldner gemäß § 201 Inso weiterhin über 30 Jahre unbeschränkt geltend machen.

156 BGH, NZI, 163 ff.

Damit ein Restschuldbefreiungsverfahren für den Arbeitnehmer nicht vereitelt oder beeinträchtigt werden kann, wenn ein Abtretungsausschluss entweder tarifvertraglich oder durch Arbeitsvertrag vereinbart ist, regelt § 287 Abs. 3 InsO, dass derartige Vereinbarungen für die Dauer des Restschuldbefreiungsverfahrens unwirksam sind. Damit soll sichergestellt werden, dass Abtretungsverbote das Restschuldbefreiungsverfahren nicht beeinträchtigen. Der Arbeitgeber hat daher die Abtretung des Gehalts an den Treuhänder zu beachten, und die pfändbaren Beträge nach Vorlage der Abtretungsanzeige an den Treuhänder abzuführen.

Zu den „Bezügen" aus einem Dienstverhältnis oder an deren Stelle tretende laufende Bezüge gehören nicht nur jede Art von Arbeitseinkommen gem. § 850 ZPO, sondern insbesondere auch Renten und die sonstigen laufenden Geldleistungen der Träger der Sozialversicherung und der Bundesanstalt für Arbeit, der Erwerbsunfähigkeit oder der Arbeitslosigkeit sowie das Arbeitsentgelt eines Strafgefangenen gem. § 43 StVollzG.

Verfassungsrechtliche Bedenken, die eine analoge Anwendung des § 850 f ZPO erforderlich machen würden, bestehen nicht; denn die Abtretung der pfändungsfreien Beträge kann nicht als Maßnahme der Zwangsvollstreckung begriffen werden. Sie ist vielmehr eine vom Insolvenzschuldner freiwillig erbrachte Gegenleistung für die Erlangung der Restschuldbefreiung.

Die Abtretung selbst erfasst gemäß § 400 BGB lediglich die pfändbaren Grundbeträge nach der Pfändungstabelle zu § 850 c ZPO, so dass eine Erweiterung des Pfändungszugriffs durch Wegfall unterhaltsberechtigter Personen gemäß § 850 c Abs. 4 ZPO, durch Zusammenrechnung mehrerer Arbeitseinkommen gemäß § 850 e Nr. 2 ZPO oder durch Erhöhung gemäß § 850 f Abs. 1 ZPO den Abtretungsgläubigern nach allgemeiner Meinung nicht zusteht. Dieses Privileg genießen auf besonderen Antrag nur die Pfandrechtsgläubiger, die allerdings gemäß § 294 Inso während der Dauer der sechsjährigen Wohlverhaltensperiode in das Arbeitseinkommen nicht vollstrecken dürfen. Folgerichtig hat deshalb der Gesetzgeber bei der Neustrukturierung des Restschuldbefreiungsverfahrens dieses besondere Antragsrecht dem Treuhänder übertragen, der beim Insolvenzgericht eine Erweiterung der Masse für die Gläubiger erreichen kann. Der Arbeitgeber sollte sich insoweit allerdings immer den ergänzenden Beschluss des Insolvenzgerichts vom Treuhänder vorlegen lassen.

5. Ankündigung der Restschuldbefreiung

Sind Versagungsgründe gemäß § 290 Abs. 1 InsO nicht vorgetragen, so stellt das Insolvenzgericht in seinem Beschluss fest, dass der Insolvenzschuldner die Restschuldbefreiung erlangt (sog. Ankündigung der Restschuldbefreiung gemäß § 291 Abs. 1 InsO, wenn

- er während der sechsjährigen Wohlverhaltensperiode den in § 295 InsO normierten **Obliegenheiten** (Erwerbstätigkeit ausüben, Erbschaft zur Hälfte herausgeben[157], Wechsel des Wohnsitzes anzeigen, Zahlungen nur an Treuhänder leisten) nachkommt oder diese zumindest nicht schuldhaft verletzt,
- keine rechtskräftige Verurteilung wegen einer Insolvenzstraftat erfolgt (§ 297 Abs. 1 InsO) und
- die Mindestvergütung des Treuhänders nach § 298 InsO gedeckt ist (je Jahr 100 € = 600 € zzgl. Mehrwertsteuer).

In dieser Zeit sind aus Gründen der Gleichbehandlung der Insolvenzgläubiger Einzelzwangsvollstreckungsmaßnahmen zugunsten einzelner Insolvenzgläubiger unzulässig (§ 294 Abs. 1 InsO) und nachteilige Vereinbarungen zwischen dem Insolvenzschuldner und einzelnen Gläubigern nichtig (§ 294 Abs. 2 InsO).

6. Der Treuhänder

Im Restschuldbefreiungs-Ankündigungsbeschluss bestimmt das Insolvenzgericht evtl. auf den Vorschlag des Insolvenzschuldners oder der Insolvenzgläubiger hin (§ 288 InsO) eine für den jeweiligen Einzelfall geeignete natürliche Person als Treuhänder, dem die Bezüge des Insolvenzschuldners gemäß § 291 Abs. 2 InsO abgetreten werden sollen.

Mit der Bestimmung des Treuhänders und dessen Amtsübernahme erlangt die Lohnabtretung ihre Wirksamkeit; der Übergang der pfändbaren Bezüge erfolgt also nicht durch einen Abtretungsvertrag i. S. d. § 398 BGB, sondern nach Maßgabe der Abtretungserklärung durch die gerichtliche Bestimmung des Treuhänders und dessen Einverständnis mit der Bestimmung.

157 AG Göttingen, ZVI 2005, 557.

Für den Fall eines Verbraucherinsolvenzverfahrens ist zu beachten, dass der Treuhänder abweichend von § 291 Abs. 2 InsO bereits bei der Eröffnung des Insolvenzverfahrens bestimmt wird (§ 313 Abs. 1 Satz 2 InsO), sodass die Abtretung bereits zu diesem Zeitpunkt Wirksamkeit erlangt. Etwas anderes gilt allerdings dann, wenn das Insolvenzgericht von der Bestellung eines Treuhänders ausnahmsweise absieht. Dann erfolgt die Ernennung des Treuhänders nämlich erst in dem Beschluss, durch den das Insolvenzgericht die Restschuldbefreiung unter den genannten Voraussetzungen ankündigt.

Für das **Amt des Treuhänders** kommt wie für das des Insolvenzverwalters nur eine natürliche Person in Frage, so dass juristische Personen oder Gesellschaften ausscheiden. Regelmäßig wird es sich um den bisherigen Insolvenzverwalter bzw. bisherigen Treuhänder handeln.
Die Aufgabe des Treuhänders besteht darin, den jeweiligen Arbeitgeber als Drittschuldner über die Abtretung zu informieren, damit dieser nicht mit befreiender Wirkung an den Insolvenzschuldner als den bisherigen Gläubiger leisten kann (§ 407 BGB). Des Weiteren hat der Treuhänder die durch Abtretung erworbenen Beträge und sonstigen Leistungen des Insolvenzschuldners oder Dritter einmal jährlich an die Insolvenzgläubiger zu verteilen (§ 292 Abs. 1 Satz 1, 2 InsO).

7. Der Selbstbehalt des Schuldners

Damit der Insolvenzschuldner die sechsjährige Wohlverhaltensperiode[158] durchsteht, ist als Motivation ein steigender Selbstbehalt für den Insolvenzschuldner eingeführt worden.

Danach erhält der Insolvenzschuldner:
- nach Ablauf von **vier Jahren** nach der Aufhebung des Insolvenzverfahrens **10 %** der pfändbaren Bezüge,
- nach Ablauf von **fünf Jahren 15 %** der pfändbaren Bezüge; damit wird ein Wohlverhalten des Schuldners wohlwollend berücksichtigt.

158 Hess/Pape/Pape, Rn.1223.

8. Die Überwachung der Obliegenheiten

Unter der Voraussetzung einer zusätzlichen Vergütung kann die Gläubigerversammlung dem Treuhänder die weitere Aufgabe übertragen, die Erfüllung der Obliegenheiten des Insolvenzschuldners zu überwachen.

Der Treuhänder muss die Insolvenzgläubiger dann unverzüglich benachrichtigen, wenn er einen etwaigen Verstoß feststellt (§ 292 Abs. 2 Satz 1, 2 InsO). Insbesondere bei arbeitslosen Insolvenzschuldnern, die zu keiner nennenswerten Tilgungsleistung in der Lage sind, werden die Gläubiger regelmäßig auf einer Überwachung bestehen, z. B. ausreichende Bemühungen um einen Arbeitsplatz. Der Treuhänder ist zur Überwachung aber nur verpflichtet, soweit die ihm dafür zustehende zusätzliche Vergütung gedeckt ist oder vorgeschossen wird (§ 292 Abs. 2 Satz 3 InsO). Mit dieser Regelung wird sichergestellt, dass weder der Treuhänder den Insolvenzschuldner kostenlos überwachen muss noch die Restschuldbefreiung daran scheitert, dass die Kosten der Überwachung nicht gedeckt sind.

Bei Beendigung seines Amtes hat der Treuhänder dem Insolvenzgericht Rechnung zu legen (§ 292 Abs. 2 Satz 1 InsO). Im Übrigen untersteht er wie der Insolvenzverwalter der Aufsicht des Insolvenzgerichts (§ 292 Abs. 3 Satz 2 i. V. m. § 58 InsO analog), sodass auch eine **Entlassung des Treuhänders** gem. § 292 Abs. 3 Satz 2 i. V. m. § 59 InsO analog möglich ist, gem. § 292 Abs. 3 Satz 3 InsO gilt § 59 InsO jedoch mit der Maßgabe, dass die Entlassung von jedem Insolvenzgläubiger beantragt werden kann und dass die sofortige Beschwerde jedem Insolvenzgläubiger zusteht.

Dem Treuhänder steht für seine Tätigkeit ein Anspruch auf Vergütung und Erstattung angemessener Auslagen zu, bei dem der Zeitaufwand und der Umfang dieser Tätigkeit zu berücksichtigen ist (§ 293 Abs. 1 InsO in Verbindung mit § 14 InsVV).

Die allgemeine Vergütung des Treuhänders beträgt:

- von den ersten eingezogenen 25000 € = 5 %
- von dem Mehrbetrag bis 50000 € = 3 %
- von dem darüber hinausgehenden Betrag = 1 %

9. Vorzeitige Beendigung der Restschuldbefreiung

Verletzt der Insolvenzschuldner während der Laufzeit der Abtretungserklärung eine seiner Obliegenheiten schuldhaft und beeinträchtigt er dadurch die Befriedigung der Insolvenzgläubiger, so versagt das Insolvenzgericht die Restschuldbefreiung, sofern ein Insolvenzgläubiger dies beantragt (§ 296 Abs. 1 Satz 1 InsO). Der Antrag eines Insolvenzgläubigers kann nur **binnen eines Jahres** nach dem Zeitpunkt gestellt werden, in dem die Obliegenheitsverletzung dem Insolvenzgläubiger bekannt geworden ist (§ 296 Abs. 1 Satz 2 InsO); er ist außerdem nur dann zulässig, wenn die Voraussetzungen glaubhaft gemacht werden (§ 296 Abs. 1 Satz 3 InsO).

Praxisproblem 47

Sollte der Schuldner jegliche Angaben über seinen aktuellen Einkünfte verweigern, liegt eine zulässiger Versagungsgrund auf Restschuldbefreiung vor[159].

Gemäß § 296 Abs. 2 Satz 1 InsO sind vor der Entscheidung über den Antrag der Treuhänder, der Insolvenzschuldner und die Insolvenzgläubiger zu hören. Der Insolvenzschuldner hat über die Erfüllung seiner Obliegenheiten Auskunft zu erteilen und, wenn es der Insolvenzgläubiger beantragt, die Richtigkeit dieser Auskunft an Eides Statt zu versichern (§ 296 Abs. 2 Satz 2 InsO). Gibt er die Auskunft oder die eidesstattliche Versicherung ohne hinreichende Entschuldigung nicht innerhalb der ihm gesetzten Frist ab oder erscheint er trotz ordnungsgemäßer Ladung ohne hinreichende Entschuldigung nicht zu einem Termin, den das Insolvenzgericht für die Erteilung der Auskunft oder die eidesstattliche Versicherung anberaumt hat, so ist die Restschuldbefreiung zu versagen (§ 296 Abs. 2 Satz 3 InsO).

Das Insolvenzgericht versagt die Restschuldbefreiung auf Antrag eines Insolvenzgläubigers auch dann vorzeitig, wenn der Insolvenzschuldner in dem Zeitraum zwischen dem Schlusstermin und der Aufhebung des Insolvenzverfahrens oder während der Laufzeit der Abtretungserklärung wegen einer Straftat nach den §§ 283–283 c StGB rechtskräftig verurteilt wird (§ 297 Abs. 1 InsO); insoweit erklärt § 297 Abs. 2 InsO die Vorschrift des § 296 Abs. 1 Satz 2, 3 InsO für entsprechend anwendbar. Diese Vorschrift trägt dem Umstand Rechnung, dass gerade im Bereich der Insolvenzstraftaten eine rechtskräftige Verurteilung bedingt durch die langwierigen Ermittlungen regelmäßig erst dann erfolgen wird, wenn das Insolvenzverfahren abgeschlossen wurde.

159 AG Göttingen Rpfleger 2009, 109 ff.

Eine **vorzeitige Beendigung** der Wohlverhaltensperiode durch das Insolvenzgericht auf Antrag des Treuhänders kommt dann in Betracht, wenn die an diesen abgeführten Beträge für das vorangegangene Jahr (je Jahr = 100 € gemäß § 14 Abs. 3 InsVV) seiner Tätigkeit die Mindestvergütung nicht decken und der Insolvenzschuldner den fehlenden Betrag nicht einzahlt, obwohl ihn der Treuhänder schriftlich zur Zahlung binnen einer Frist von mindestens zwei Wochen aufgefordert und ihn dabei auf die Möglichkeit der Versagung der Restschuldbefreiung hingewiesen hat (§ 298 Abs. 1 InsO).

In allen drei Fällen ist die Versagung öffentlich bekanntzumachen. Dem Antragsteller und dem Insolvenzschuldner steht die sofortige Beschwerde zu.

Kommt es zur vorzeitigen Beendigung der Wohlverhaltensperiode, so enden auch die Laufzeit der Abtretungserklärung sowie das Amt des Treuhänders und die Beschränkung der Gläubigerrechte mit Rechtskraft der Entscheidung. Außerdem lebt das Nachforderungsrecht wieder auf und die Zwangsvollstreckung in das Vermögen des Insolvenzschuldners kann wieder betrieben werden.

10. Die Entscheidung über die Restschuldbefreiung

Ist die **sechsjährige Laufzeit** der Abtretungserklärung verstrichen, ohne dass die Restschuldbefreiung aufgrund eines der in den §§ 296 ff. InsO genannten Versagungsgründe vorzeitig beendet werden musste, so entscheidet gemäß § 300 InsO das Insolvenzgericht nach Anhörung der Insolvenzgläubiger, des Treuhänders und des Insolvenzschuldners durch Beschluss über die Erteilung der Restschuldbefreiung.

Dabei versagt es gemäß § 290 InsO die Restschuldbefreiung auf Antrag eines Insolvenzgläubigers, wenn die Voraussetzungen des § 296 Abs. 1 oder Abs. 2 Satz 3 oder des § 297 InsO vorliegen, oder auf Antrag des Treuhänders, wenn die Voraussetzungen des § 298 InsO vorliegen.[160]

Andernfalls erteilt es die **Restschuldbefreiung**. Die öffentliche Bekanntmachung des Beschlusses ist auszugsweise im Bundesanzeiger zu veröffentlichen (§ 300 Abs. 3 Satz 2 InsO). Gegen den Beschluss steht dem Insolvenzschuldner und jedem Insolvenzgläubiger, der bei der Anhörung

---

160 BGH, Rpfleger 2006, 277 ff.

nach § 300 Abs. 1 InsO die Versagung der Restschuldbefreiung beantragt hat, die sofortige Beschwerde zu (§ 300 Abs. 3 Satz 3 InsO).

11. Die Privilegierung der Unterhalts- und Deliktsgläubiger

Trotz Abtretung des pfändbaren Arbeitseinkommens an den Treuhänder können Unterhaltsberechtigte und Deliktsgläubiger als Neugläubiger gemäß § 89 Abs. 2 Satz 2 InsO jedoch im Restschuldbefreiungsverfahren aus dem bevorzugten Bereich gemäß § 850 d ZPO Zahlung vom Arbeitgeber erlangen, ohne dass der Treuhänder dies verhindern kann.

Bei einer **Deliktsforderung** handelt es sich um Ansprüche gegen den Schuldner, die aus einer vorsätzlich unerlaubten Handlung (vorsätzliche Körperverletzung, Unterschlag, Betrug etc.) entstanden sind; diese besonderen Gläubigerforderungen müssen extra zur Insolvenztabelle angemeldet werden, damit sie auch Berücksichtigung finden.

Folgendes Beispiel zur Privilegierung einer Forderung soll dies verdeutlichen:

Praxisproblem 48

Während des Restschuldbefreiungsverfahrens macht ein Unterhaltsgläubiger seine privilegierten laufenden Unterhaltsansprüche gemäß § 850 d ZPO beim Treuhänder geltend.

Frage: Wie hoch ist der vom Arbeitgeber abzuführende Betrag? (Praxisproblem 10)

Lösung:

Während ein Normalgläubiger gemäß § 850 c ZPO während des Restschuldbefreiungsverfahrens keine wirksame Lohnpfändung mehr erwirken kann, steht dem Unterhaltsgläubiger weiterhin eine privilegierte Pfändung des Unterschiedsbetrages zwischen § 850 d ZPO und § 850 c ZPO zu.

Das Vorrecht des Unterhaltsgläubigers ist wie folgt zu berechnen (siehe Praxisproblem 7):

a) Pfändung gemäß § 850 d ZPO = 736,17 €
b) Pfändung gemäß § 850 c ZPO = 189,29 €
= **546,88 €**

Fazit:

- Der Arbeitgeber hat den Betrag von 189,29 € aufgrund der Abtretung an den Treuhänder auszuzahlen, der einmal jährlich die abgeführten Beträge an die Insolvenzgläubiger gleichmäßig verteilt.

- Der Differenzbetrag in Höhe von 546,88 € ist vom Arbeitgeber trotz des Restschuldbefreiungsverfahrens an den Unterhaltsgläubiger auszuzahlen, sofern der nach Insolvenzeröffnung neu entstandene Unterhaltsanspruch so hoch ist.

Normale Neugläubigerforderungen, die z. B. aus Unkenntnis eines laufenden Restschuldbefreiungsverfahrens entstanden sind, können trotz Restschuldbefreiungsbeschluss gegen den Schuldner weiterhin geltend gemacht werden; sie erlöschen also nicht durch die Erteilung der Restschuldbefreiung des Schuldners durch das Insolvenzgericht.

Praxisproblem 49

Zwei Jahre vor Ablauf der Wohlverhaltensphase hat die Deutsche Bank, Filiale Hannover, dem Schuldner im Juli 2008 einen Kredit in Höhe von 25000 € gewährt.

Im April 2010 ist die „sechsjährige" Wohlverhaltensphase für den Schuldner beendet und der Rechtspfleger des Insolvenzgerichts wird dem Schuldner die Restschuldbefreiung durch entsprechenden Beschluss erteilen.

Frage: Ist der Anspruch der Deutschen Bank durch Erteilung der Restschuldbefreiung erloschen?

Lösung:

Die Deutsche Bank, Filiale Hannover, ist gemäß § 38 InsO nicht Insolvenzgläubigerin, da sie zur Zeit der Eröffnung des Insolvenzverfahrens noch keinen Vermögensanspruch gegen den Schuldner hat; sie ist Neugläubigerin, da ihr Anspruch erst während des Insolvenzverfahrens entstanden ist. Durch die Erteilung der Restschuldbefreiung erlöschen nur die Forderungen der Insolvenzgläubiger, nicht die der Neugläubiger.

Der Anspruch der Bank gegen den Schuldner ist demnach nicht weggefallen, sondern weiterhin durchsetzbar.

12. Die Versagung der Restschuldbefreiung

Gemäß § 314 Abs. 1 InsO lehnt das Insolvenzgericht die Restschuldbefreiung von vornherein ab, wenn der Insolvenzschuldner einen festgelegten Ablösungsbetrag weder innerhalb der gesetzten Frist noch innerhalb einer weiteren Frist von zwei Wochen gezahlt hat (§ 314 Abs. 3 Satz 2 InsO). Der Insolvenzschuldner ist vor der Entscheidung hierzu zu hören (§ 314 Abs. 3 Satz 3 InsO).

Weiter versagt das Insolvenzgericht in seinem Beschluss das Durchlaufen der Wohlverhaltensperiode, wenn ein Insolvenzgläubiger dies im

Schlusstermin beantragt hat und wenn ein Versagungsgrund gemäß § 290 Abs. 1 Nr.1–6 InsO vorliegt.

Der Antrag des Insolvenzgläubigers ist nur dann zulässig, wenn er einen Versagungsgrund **glaubhaft** macht (§ 290 Abs. 2 InsO).[161] Hieran wird deutlich, dass es allein der Initiative der Insolvenzgläubiger, um deren Insolvenzforderungen es geht, überlassen bleibt, ob das Insolvenzgericht das Vorliegen etwaiger Versagungsgründe überprüft; eine Versagung von Amts wegen findet nicht statt.

13. Der Restschuldbefreiungsbeschluss

Die Insolvenzgläubiger und der Insolvenzverwalter bzw. der Treuhänder bei einem vereinfachten Insolvenzverfahren sind im Schlusstermin gemäß § 197 InsO zu dem Antrag des Insolvenzschuldners zu hören. Anschließend entscheidet der Rechtspfleger des Insolvenzgerichts über den Antrag auf Restschuldbefreiung durch Beschluss (§ 289 Abs. 1 InsO), der mit der sofortigen Beschwerde angegriffen werden kann (§ 289 Abs. 2 Satz 1 InsO). Sobald der Beschluss Rechtskraft erlangt hat, wird das Insolvenzverfahren aufgehoben (§ 289 Abs. 2 Satz 2 InsO).

Ist die sechsjährige Laufzeit der Abtretungserklärung verstrichen, ohne dass die Restschuldbefreiung aufgrund eines der in den §§ 296 ff. InsO genannten Versagungsgründe vorzeitig beendet werden musste, so entscheidet gemäß § 300 InsO das Insolvenzgericht nach Anhörung der Insolvenzgläubiger, des Treuhänders und des Insolvenzschuldners durch Beschluss über die Erteilung der Restschuldbefreiung.
Dabei versagt es die Restschuldbefreiung auf Antrag eines Insolvenzgläubigers, wenn die Voraussetzungen des § 296 Abs. 1 oder Abs. 2 Satz 3 oder des § 297 InsO vorliegen, oder auf Antrag des Treuhänders, wenn die Voraussetzungen des § 298 InsO vorliegen.

Andernfalls erteilt der Rechtspfleger die Restschuldbefreiung durch entsprechenden **Beschluss**.

Die öffentliche Bekanntmachung des Beschlusses ist auszugsweise im Bundesanzeiger zu veröffentlichen (§ 300 Abs. 3 Satz 2 InsO).

Gegen den Beschluss steht dem Insolvenzschuldner und jedem Insolvenzgläubiger, der bei der Anhörung nach § 300 Abs. 1 InsO die Versa-

161 BGH, ZInsO 2003, 413 ff.

gung der Restschuldbefreiung beantragt hat, die sofortige Beschwerde zu (§ 300 Abs. 3 Satz 3 InsO).

14. Wirkung der Restschuldbefreiung

Der wirksame gerichtliche Restschuldbefreiungsbeschluss bewirkt, dass sich die Forderungen der Insolvenzgläubiger, soweit sie nicht im Insolvenzverfahren oder während der Wohlverhaltensperiode erfüllt wurden, in unvollkommene Verbindlichkeiten wandeln, d. h. von dem Insolvenzschuldner zwar noch freiwillig erfüllt, deren Erfüllung aber nicht mehr erzwungen werden können.[162] Diese Rechtsfolge wird in den §§ 286 ff. InsO zwar nicht ausdrücklich angeordnet; sie ergibt sich aber mittelbar aus § 301 Abs. 3 InsO. Danach begründet die Befriedigung eines Insolvenzgläubigers, der auf Grund der Restschuldbefreiung keine Befriedigung zu beanspruchen hat, keine Pflicht zur Rückgewähr des Erlangten.

Die Erteilung der Restschuldbefreiung wirkt gegen **alle Insolvenzgläubiger** einschließlich derer, die ihre Forderungen nicht angemeldet hatten (§ 300 Abs. 1 InsO); ausgenommen sind lediglich Ansprüche aus unerlaubten Handlungen (Deliktsansprüche), Geldstrafen, Geldbuße, Ordnungs- und Zwangsgelder gemäß § 302 InsO, die ihre privilegierte Forderung extra angemeldet haben.[163]

Gemäß § 343 Abs. 1 InsO wird auch ein im **Ausland** eröffnetes Insolvenzverfahren in Deutschland anerkannt, sofern das Auslandsgericht nach deutschen Rechtsnormen Zuständigkeit besitzt.[164] Die rechtlichen Folgen für den Schuldner richten sich dann vorwiegend nach ausländischem Recht.

Insoweit kann auch die Anerkennung der **ausländischen Restschuldbefreiung** (z. B. Wohlverhaltsphase: in England: 12 Monate; in Frankreich: 18 Monate) eines deutschen Schuldners, der vor Insolvenzeröffnung seinen Wohnsitz ins Ausland verlegt hat, erfolgen.[165]

Unberührt bleiben auch die Rechte der Insolvenzgläubiger gegen **Mitschuldner und Bürgen** des Insolvenzschuldners sowie die Rechte dieser

162 Bork, Rn. 398.

163 OLG Celle, ZinsO 2003, 280.

164 BGH, ZinsO 2001, 1009 ff.

165 BGH NJW 2002, 960.

Gläubiger aus einer zu ihrer Sicherung eingetragenen Vormerkung oder aus einem Recht, das im Insolvenzverfahren zur abgesonderten Befriedigung berechtigt gemäß § 300 Abs. 2 Satz 1 InsO.

Der Insolvenzschuldner ist jedoch gegenüber dem Mitschuldner, dem Bürgen oder anderen Rückgriffsberechtigten in gleicher Weise befreit wie gegenüber den Insolvenzgläubigern (§ 300 Abs. 2 Satz 2 InsO).

Ein gesetzlicher Forderungsübergang findet also nicht statt.

Praxisproblem 50

Die Sparkasse Hannover gewährte dem Schuldner im Jahre 2005 einen Kredit in Höhe von 50000 €, für den seine ehemalige Lebensgefährtin die Bürgschaft übernommen hatte. Nach einem Verbraucherinsolvenzverfahren wird dem Schuldner im Juli 2010 durch Beschluss des Insolvenzgerichts die Restschuldbefreiung erteilt.

Frage: Welche Ansprüche kann die Sparkasse geltend machen?

Lösung:

Die Gewährung der Restschuldbefreiung für den Schuldner bewirkt das „Erlöschen" der Ansprüche der Sparkasse gegenüber dem Schuldner.

Die Lebensgefährtin allerdings haftet aus der **Bürgschaft** und muss gemäß § 765 BGB die geforderten Beträge an die Sparkasse zahlen.

Sie bekommt das Geld von dem Schuldner auch nicht zurück; denn durch die Erteilung der Restschuldbefreiung ist der Schuldner gemäß § 301 Abs. 2 Satz 2 InsO auch der Bürgin gegenüber nicht zur Zahlung verpflichtet; nur freiwillig könnte der Schuldner die Zahlung begleichen.

Wird ein Insolvenzgläubiger nach Wirksamwerden der Restschuldbefreiung befriedigt, so begründet dies gemäß § 301 InsO keine Pflicht zur Rückgewähr des Erlangten.

15. Der Widerruf der Restschuldbefreiung

Wenn sich nachträglich herausstellt, dass der Insolvenzschuldner eine seiner Obliegenheiten vorsätzlich verletzt und dadurch die Befriedigung der Insolvenzgläubiger erheblich beeinträchtigt hat, kann gemäß § 303 InsO das Insolvenzgericht die Erteilung der Restschuldbefreiung widerrufen. Auch hierzu bedarf es eines **Antrags** eines Insolvenzgläubigers, der innerhalb **eines Jahres** nach der Rechtskraft der Entscheidung über die Restschuldbefreiung gestellt und in dem glaubhaft gemacht werden muss, dass die Voraussetzungen für einen Widerruf vorliegen und dass er bis zur Rechtskraft der Entscheidung keine Kenntnis von ihnen hatte (§ 303 Abs. 2 Satz 2 InsO).

Vor der Entscheidung des Insolvenzgerichts sind der Insolvenzschuldner und der Treuhänder zu hören. Gegen die Entscheidung steht dem Antragsteller und dem Insolvenzschuldner die sofortige Beschwerde zu (§ 303 Abs. 3 InsO).

F. Die gesetzliche Vorschriften

1. Das Bürgerliche Gesetzbuch (BGB)

367 BGB (Anrechnung auf Zinsen und Kosten)

(1) Hat der Schuldner außer der Hauptleistung Zinsen und Kosten zu entrichten, so wird eine zur Tilgung der ganzen Schuld nicht ausreichende Leistung zunächst auf die Kosten dann auf die Zinsen und zuletzt auf die Hauptleistung angerechnet.

(2) Bestimmt: der Schuldner eine andere Anrechnung, so kann der Gläubiger die Annahme der Leistung ablehnen.

§ 497 BGB (Verzugszinsen; Anrechnung von Teilleistungen)

(1) Soweit der Verbraucher mit Zahlungen, die er auf Grund des Kreditvertrages schuldet, in Verzug kommt, ist der geschuldete Betrag mit fünf vom Hundert über dem jeweiligen Diskontsatz der Deutschen Bundesbank (jetzt: europäischer Leitzins) zu verzinsen, wenn nicht im Einzelfall der Kreditgeber einen höheren oder der Verbraucher einen niedrigeren Schaden nachweist.

(2) Nach Eintritt des Verzugs anfallende Zinsen sind auf einem gesonderten Konto zu verbuchen und dürfen nicht in ein Kontokorrent mit dem geschuldeten Betrag oder anderen Forderungen des Kreditgebers eingestellt werden. Hinsichtlich dieser Zinsen gilt § 289 Satz 2 des Bürgerlichen Gesetzbuches mit der Maßgabe, dass der Kreditgeber Schadensersatz nur bis zur Höhe des gesetzlichen Zinssatzes verlangen kann.

(3) Zahlungen des Verbrauchers, die zur Tilgung der gesamten fälligen Schuld nicht ausreichen, werden abweichend von § 367 Abs. 1 des Bürgerlichen Gesetzbuchs zunächst auf die Kosten der Rechtsverfolgung, dann auf den übrigen geschuldeten Betrag (Absatz 1) und zuletzt auf die Zinsen (Absatz 2) angerechnet. Der Kreditgeber darf Teilzahlungen nicht zurückweisen. Auf die Ansprüche auf Zinsen finden die §§ 197 und 218 Abs. 2 des Bürgerlichen Gesetzbuches keine Anwendung. Die Sätze 1 bis 3 sind nicht anzuwenden, soweit Zahlungen auf Vollstreckungstitel geleistet werden, deren Hauptforderung auf Zinsen lautet.

§ 387 BGB (Aufrechnung)
Schulden zwei Personen einander Leistungen, die ihrem Gegenstand nach gleichartig sind, so kann jeder Teil seine Forderung gegen die Forderung des anderen Teils aufrechnen, sobald er die ihm gebührende Leistung fordern und die ihm obliegende Leistung bewirken kann.

§ 398 BGB (Abtretung)
Eine Forderung kann von dem Gläubiger durch Vertrag mit einem anderen auf diesen übertragen werden (Abtretung).
Mit dem Abschluss des Vertrags tritt der neue Gläubiger an die Stelle des bisherigen Gläubigers.

§ 400 BGB (Ausschluss bei unpfändbaren Forderungen)
Eine Forderung kann nicht abgetreten werden, soweit sie der Pfändung nicht unterworfen ist.

§ 675 f BGB (Zahlungsdienstevertrag)
(1) Durch einen Einzelzahlungsvertrag wird der Zahlungsdienstleister verpflichtet, für die Person, die einen Zahlungsdienst als Zahler, Zahlungsempfänger oder in beiden Eigenschaften in Anspruch nimmt (Zahlungsdienstnutzer), einen Zahlungsvorgang auszuführen.
(2) Durch einen Zahlungsdiensterahmenvertrag wird der Zahlungsdienstleister verpflichtet, für den Zahlungsdienstnutzer einzelne und aufeinander folgende Zahlungsvorgänge auszuführen sowie gegebenenfalls für den Zahlungsdienstnutzer ein auf dessen Namen oder die Namen mehrerer Zahlungsdienstnutzer lautendes Zahlungskonto zu führen. Ein Zahlungsdiensterahmenvertrag kann auch Bestandteil eines sonstigen Vertrags sein oder mit einem anderen Vertrag zusammenhängen.
(3) Zahlungsvorgang ist jede Bereitstellung, Übermittlung oder Abhebung eines Geldbetrags, unabhängig von der zugrunde liegenden Rechtsbeziehung zwischen Zahler und Zahlungsempfänger. Zahlungsauftrag ist jeder Auftrag, den ein Zahler seinem Zahlungsdienstleister zur Ausführung eines Zahlungsvorgangs entweder unmittelbar oder mittelbar über den Zahlungsempfänger erteilt.
(4) Der Zahlungsdienstnutzer ist verpflichtet, dem Zahlungsdienstleister das für die Erbringung eines Zahlungsdienstes vereinbarte Entgelt

zu entrichten. Für die Erfüllung von Nebenpflichten nach diesem Untertitel hat der Zahlungsdienstleister nur dann einen Anspruch auf ein Entgelt, sofern dies zugelassen und zwischen dem Zahlungsdienstnutzer und dem Zahlungsdienstleister vereinbart worden ist; dieses Entgelt muss angemessen und an den tatsächlichen Kosten des Zahlungsdienstleisters ausgerichtet sein.

(5) In einem Zahlungsdiensterahmenvertrag zwischen dem Zahlungsempfänger und seinem Zahlungsdienstleister darf das Recht des Zahlungsempfängers, dem Zahler für die Nutzung eines bestimmten Zahlungsauthentifizierungsinstruments eine Ermäßigung anzubieten, nicht ausgeschlossen werden.

§ 1609 BGB Rangfolge mehrerer Unterhaltsberechtigter

Sind mehrere Unterhaltsberechtigte vorhanden und ist der Unterhaltspflichtige außerstande, allen Unterhalt zu gewähren, gilt folgende Rangfolge:

1. minderjährige unverheiratete Kinder und Kinder im Sinne des § 1603 Abs. 2 Satz 2,
2. Elternteile, die wegen der Betreuung eines Kindes unterhaltsberechtigt sind oder im Fall einer Scheidung wären, sowie Ehegatten und geschiedene Ehegatten bei einer Ehe von langer Dauer; bei der Feststellung einer Ehe von langer Dauer sind auch Nachteile im Sinne des § 1578 b Abs. 1 Satz 2 und 3 zu berücksichtigen,
3. Ehegatten und geschiedene Ehegatten, die nicht unter Nummer 2 fallen,
4. Kinder, die nicht unter Nummer 1 fallen,
5. Enkelkinder und weitere Abkömmlinge,
6. Eltern,
7. weitere Verwandte der aufsteigenden Linie; unter ihnen gehen die Näheren den Entfernteren vor.

2. Die Zivilprozessordnung (ZPO)

§ 704 ZPO (Vollstreckbare Endurteile)

(1) Die Zwangsvollstreckung findet statt aus Endurteilen, die rechtskräftig oder für vorläufig vollstreckbar erklärt sind.

(2) Urteile in Ehe- und Kindschaftssachen dürfen nicht für vorläufig vollstreckbar erklärt werden.

§ 794 ZPO (Weitere Vollstreckungstitel)

Die Zwangsvollstreckung findet ferner statt:

1. aus Vergleichen, die zwischen den Parteien oder zwischen einer Partei und einem Dritten zur Beilegung des Rechtsstreits seinem ganzen Umfang nach oder in betreff eines Teiles des Streitgegenstandes vor einem deutschen Gericht oder vor einer durch die Landesjustizverwaltung eingerichteten oder anerkannten Gütestelle abgeschlossen sind, sowie aus Vergleichen, die gemäß § 118 Abs. 1 Satz 3 oder § 492 Abs. 3 zu richterlichem Protokoll genommen sind;
2. aus Kostenfestsetzungsbeschlüssen;
   2a. aus Beschlüssen, die in einem vereinfachten Verfahren über den Unterhalt Minderjähriger den Unterhalt festsetzen, einen Unterhaltstitel abändern oder den Antrag zurückweisen;
3. aus Entscheidungen, gegen die das Rechtsmittel der Beschwerde stattfindet, dies gilt nicht für Entscheidungen nach § 620 Nr. 1, 3 und § 620b in Verbindung mit § 620 Nr. 1, 3;
   3a. aus einstweiligen Anordnungen nach den §§ 127 a, 620 Nr. 4 bis 10, dem § 621 f und dem § 621 g Satz 1, sowie Gegenstand des Verfahrens Regelungen nach der Verordnung über die Behandlung der Ehewohnung und des Hausrats sind, soweit nach dem § 644;
4. aus Vollstreckungsbescheiden;
   4a. aus Entscheidungen, die Schiedssprüche für vollstreckbar erklären, sofern die Entscheidungen rechtskräftig oder für vorläufig vollstreckbar erklärt sind;
   4b. aus Beschlüssen nach § 796 b oder § 796 c;
5. aus Urkunden, die von einem deutschen Gericht oder von einem deutschen Notar innerhalb der Grenzen seiner Amtsbefugnisse in der vorgeschriebenen Form aufgenommen sind, sofern die Urkunde über einen Anspruch errichtet ist, der einer vergleichsweisen Regelung zugänglich, nicht auf Abgabe einer Willenserklärung gerichtet ist und nicht den Bestand eines Mietverhältnisses über Wohnraum betrifft, und der Schuldner sich in der Urkunde wegen des zu bezeichnenden Anspruchs der sofortigen Zwangsvollstreckung unterworfen hat.

§ 750 ZPO (Voraussetzung der Zwangsvollstreckung)

(1) Die Zwangsvollstreckung darf nur beginnen, wenn die Personen, für und gegen die sie stattfinden soll, in dem Urteil oder in der ihm

beigefügten Vollstreckungsklausel namentlich bezeichnet sind und das Urteil bereits zugestellt ist oder gleichzeitig zugestellt wird. Eine Zustellung durch den Gläubiger genügt; in diesem Fall braucht die Ausfertigung des Urteils Tatbestand und Entscheidungsgründe nicht zu enthalten.

(2) Handelt es sich um die Vollstreckung eines Urteils, dessen vollstreckbare Ausfertigung nach § 726 Abs. 1 erteilt worden ist, oder soll ein Urteil, das nach den §§ 727 bis 729, 738, 742, 744, dem § 745 Abs. 2 und dem § 749 für oder gegen eine der dort bezeichneten Personen wirksam ist, für oder gegen eine dieser Personen vollstreckt werden, so muss außer dem zu vollstreckenden Urteil auch die ihm beigefügte Vollstreckungsklausel und, sofern die Vollstreckungsklausel auf Grund öffentlicher oder öffentlich beglaubigter Urkunden erteilt ist, auch eine Abschrift dieser Urkunden vor Beginn der Zwangsvollstreckung zugestellt sein oder gleichzeitig mit ihrem Beginn zugestellt werden.

§ 766 ZPO (Vollstreckungserinnerung)

(1) Über Anträge, Einwendungen und Erinnerungen, welche die Art und Weise der Zwangsvollstreckung oder das vom Gerichtsvollzieher bei ihr zu beobachtende Verfahren betreffen, entscheidet das Vollstreckungsgericht. Es ist befugt, die im § 732 Abs. 2 bezeichneten Anordnungen zu erlassen.

§ 767 ZPO (Vollstreckungsabwehrklage)

(1) Einwendungen, die den durch das Urteil festgestellten Anspruch selbst betreffen, sind von dem Schuldner im Wege der Klage bei dem Prozessgericht des ersten Rechtszuges geltend zu machen.

(2) Sie sind nur insoweit zulässig, als die Gründe, auf denen sie beruhen, erst nach dem Schluss der mündlichen Verhandlung, in der Einwendungen nach den Vorschriften dieses Gesetzes spätestens hätten geltend gemacht werden müssen, entstanden sind und durch Einspruch nicht mehr geltend gemacht werden können.

§ 793 ZPO (Sofortige Beschwerde)

Gegen Entscheidungen, die im Zwangsvollstreckungsverfahren ohne mündliche Verhandlung ergehen können, findet sofortige Beschwerde statt.

§ 828 ZPO (Zuständigkeit des Vollstreckungsgerichts)

(1) Die gerichtlichen Handlungen, welche die Zwangsvollstreckung in Forderungen und andere Vermögensrechte zum Gegenstand haben, erfolgen durch das Vollstreckungsgericht.

(2) Als Vollstreckungsgericht ist das Amtsgericht, bei dem der Schuldner im Inland seinen allgemeinen Gerichtsstand hat, und sonst das Amtsgericht zuständig, bei dem nach § 23 gegen den Schuldner Klage erhoben werden kann.

(3) Ist das angegangene Gericht nicht zuständig, gibt es die Sache auf Antrag des Gläubigers an das zuständige Gericht ab. Die Abgabe ist nicht bindend.

§ 829 ZPO (Pfändung einer Geldforderung)

(1) Soll eine Geldforderung gepfändet werden, so hat das Gericht dem Drittschuldner zu verbieten, an den Schuldner zu zahlen. Zugleich hat das Gericht an den Schuldner das Gebot zu erlassen, sich jeder Verfügung über die Forderung, insbesondere ihrer Einziehung, zu enthalten. Die Pfändung mehrerer Geldforderungen gegen verschiedene Drittschuldner soll auf Antrag des Gläubigers durch einheitlichen Beschluss ausgesprochen werden, soweit dies für Zwecke der Vollstreckung geboten erscheint und kein Grund zu der Annahme besteht, dass schutzwürdige Interessen der Drittschuldner entgegenstehen.

(2) Der Gläubiger hat den Beschluss dem Drittschuldner zustellen zu lassen. Der Gerichtsvollzieher hat den Beschluss mit einer Abschrift der Zustellungsurkunde dem Schuldner sofort zuzustellen, sofern nicht eine öffentliche Zustellung erforderlich wird. An Stelle einer an den Schuldner im Ausland zu bewirkenden Zustellung erfolgt die Zustellung durch Aufgabe zur Post.

(3) Mit der Zustellung des Beschlusses an den Drittschuldner ist die Pfändung als bewirkt anzusehen.

§ 833 ZPO (Pfändungsumfang bei Arbeits- und Diensteinkommen)

(1) Durch die Pfändung eines Diensteinkommens wird auch das Einkommen betroffen, das der Schuldner infolge der Versetzung in ein anderes Amt, der Übertragung eines neuen Amtes oder einer Gehalts-

erhöhung zu beziehen hat. Diese Vorschrift ist auf den Fall der Änderung des Dienstherrn nicht anzuwenden.

(2) Endet das Arbeits- oder Dienstverhältnis und begründen Schuldner und Drittschuldner innerhalb von neun Monaten ein solches neu, so erstreckt sich die Pfändung auf die Forderung.

§ 833 a ZPO (Pfändungsumfang bei der Pfändung von Kontoguthaben)
– gilt ab 1. 7. 2010 –

(1) Die Pfändung des Guthabens eines Kontos bei einem Kreditinstitut umfasst das am Tag der Zustellung des Pfändungsbeschlusses bei dem Kreditinstitut bestehende Guthaben sowie die Tagesguthaben der auf die Pfändung folgenden Tage

(2) Auf Antrag des Schuldners kann das Vollstreckungsgericht die Pfändung des Guthabens eines Kontos aufheben, wenn er nachweist, dass dem Konto in den letzten sechs Monaten vor Antragstellung ganz überwiegend nur unpfändbare Beträge gutgeschrieben worden sind, und er glaubhaft macht, dass auch innerhalb der nächsten zwölf Monate nur ganz überwiegend nicht pfändbare Beträge zu erwarten sind. Die Aufhebung der Pfändung kann versagt werden, wenn überwiegende Belange des Gläubigers entgegenstehen.

§ 834 ZPO (Keine Anhörung des Schuldners)

Vor der Pfändung ist der Schuldner über das Pfändungsgesuch nicht zu hören.

§ 835 ZPO (Überweisung einer Geldforderung)
– gilt bis 30.6.2010 –

(1) Die gepfändete Geldforderung ist dem Gläubiger nach seiner Wahl zur Einziehung oder an Zahlungs Statt zum Nennwert zu überweisen.

(2) Im letzteren Fall geht die Forderung auf den Gläubiger mit der Wirkung über, dass er, soweit die Forderung besteht, wegen seiner Forderung an den Schuldner als befriedigt anzusehen ist.

(3) Die Vorschriften des § 829 Abs. 2, 3 sind auf die Überweisung entsprechend anzuwenden. Wird ein bei einem Geldinstitut gepfändetes Guthaben eines Schuldners, der eine natürliche Person ist, dem Gläubiger überwiesen, so darf erst zwei Wochen nach der Zustellung des

Überweisungsbeschlusses an den Drittschuldner aus dem Guthaben an den Gläubiger geleistet oder der Betrag hinterlegt werden.

§ 835 ZPO (Überweisung einer Geldforderung)
– gilt ab 1.7.2010 –

(1) Die gepfändete Geldforderung ist dem Gläubiger nach seiner Wahl zur Einziehung oder an Zahlungs statt zum Nennwert zu überweisen.

(2) Im letzteren Fall geht die Forderung auf den Gläubiger mit der Wirkung über, dass er, soweit die Forderung besteht, wegen seiner Forderung an den Schuldner als befriedigt anzusehen ist.

(3) Wird ein bei einem Kreditinstitut gepfändetes Guthaben eines Schuldners, der eine natürliche Person ist, dem Gläubiger überwiesen, so darf erst vier Wochen nach der Zustellung des Überweisungsbeschlusses an den Drittschuldner, oder, wenn künftiges Guthaben gepfändet worden ist, nach der Gutschrift des Guthabens an den Gläubiger geleistet werden.

(4) Wenn nicht wiederkehrend zahlbare Vergütungen eines Schuldners, der eine natürliche Person ist, für persönlich geleistete Arbeiten oder Dienste oder sonstige Einkünfte, die kein Arbeitseinkommen sind, dem Gläubiger überwiesen werden, so darf der Drittschuldner erst vier Wochen nach der Zustellung des Überweisungsbeschlusses an den Gläubiger leisten oder den Betrag hinterlegen.

§ 836 ZPO (Wirkung der Überweisung)

(1) Die Überweisung ersetzt die förmlichen Erklärungen des Schuldners, von denen nach den Vorschriften des bürgerlichen Rechts die Berechtigung zur Einziehung der Forderung abhängig ist.

(2) Der Überweisungsbeschluss gilt, auch wenn er mit Unrecht erlassen ist, zugunsten des Drittschuldners dem Schuldner gegenüber so lange als rechtsbeständig, bis er aufgehoben wird und die Aufhebung zur Kenntnis des Drittschuldners gelangt.

(3) Der Schuldner ist verpflichtet, dem Gläubiger die zur Geltendmachung der Forderung nötige Auskunft zu erteilen und ihm die über die Forderung vorhandenen Urkunden herauszugeben. Erteilt der Schuldner die Auskunft nicht, so ist er auf Antrag des Gläubigers verpflichtet, sie zu Protokoll zu geben und seine Angaben an Eides Statt

zu versichern. Die Herausgabe der Urkunden kann von dem Gläubiger im Wege der Zwangsvollstreckung erwirkt werden.

§ 840 ZPO (Erklärungspflicht des Drittschuldners)
– gilt bis 30.6. 2010 –

(1) Auf Verlangen des Gläubigers hat der Drittschuldner binnen zwei Wochen, von der Zustellung des Pfändungsbeschlusses an gerechnet, dem Gläubiger zu erklären:
1. ob und inwieweit er die Forderung als begründet anerkenne und Zahlung zu leisten bereit sei;
2. ob und welche Ansprüche andere Personen an die Forderung machen;
3. ob und wegen welcher Ansprüche die Forderung bereits für andere Gläubiger gepfändet sei.

(2) Die Aufforderung zur Abgabe dieser Erklärungen muss in die Zustellungsurkunde aufgenommen werden. Der Drittschuldner haftet dem Gläubiger für den aus der Nichterfüllung seiner Verpflichtung entstehenden Schaden.

(3) Die Erklärungen des Drittschuldners können bei Zustellung des Pfändungsbeschlusses oder innerhalb der im ersten Absatz bestimmten Frist an den Gerichtsvollzieher erfolgen. Im ersteren Fall sind sie in die Zustellungsurkunde aufzunehmen und von dem Drittschuldner zu unterschreiben.

§ 840 ZPO (Erklärungspflicht des Drittschuldners)
– gilt ab 1.7. 2010 –

(1) Auf Verlangen des Gläubigers hat der Drittschuldner binnen zwei Wochen, von der Zustellung des Pfändungsbeschlusses an gerechnet, dem Gläubiger zu erklären:
1. ob und inwieweit er die Forderung als begründet anerkenne und Zahlung zu leisten bereit sei;
2. ob und welche Ansprüche andere Personen an die Forderung machen;
3. ob und wegen welcher Ansprüche die Forderung bereits für andere Gläubiger gepfändet sei.
4. ob innerhalb der letzten zwölf Monate im Hinblick auf das Konto, dessen Guthaben gepfändet worden ist, eine Pfändung nach

§ 833a Abs. 2 aufgehoben oder die Unpfändbarkeit des Guthabens angeordnet worden ist, und
5. ob es sich bei dem Konto, dessen Guthaben gepfändet worden ist, um ein Pfändungsschutzkonto im Sinne von § 850 k Abs. 7 handelt.

(2) Die Aufforderung zur Abgabe dieser Erklärungen muss in die Zustellungsurkunde aufgenommen werden. Der Drittschuldner haftet dem Gläubiger für den aus der Nichterfüllung seiner Verpflichtung entstehenden Schaden.

(3) Die Erklärungen des Drittschuldners können bei Zustellung des Pfändungsbeschlusses oder innerhalb der im ersten Absatz bestimmten Frist an den Gerichtsvollzieher erfolgen. Im ersteren Fall sind sie in die Zustellungsurkunde aufzunehmen und von dem Drittschuldner zu unterschreiben.

§ 843 ZPO (Verzicht des Pfandgläubigers)

Der Gläubiger kann auf die durch Pfändung und Überweisung zur Einziehung erworbenen Rechte unbeschadet seines Anspruchs verzichten. Die Verzichtleistung erfolgt durch eine dem Schuldner zuzustellende Erklärung. Die Erklärung ist auch dem Drittschuldner zuzustellen.

§ 845 ZPO (Vorpfändung)

(1) Schon vor der Pfändung kann der Gläubiger auf Grund eines vollstreckbaren Schuldtitels durch den Gerichtsvollzieher dem Drittschuldner und dem Schuldner die Benachrichtigung, dass die Pfändung bevorstehe, zustellen lassen mit der Aufforderung an den Drittschuldner, nicht an den Schuldner zu zahlen, und mit der Aufforderung an den Schuldner, sich jeder Verfügung über die Forderung, insbesondere ihrer Einziehung, zu enthalten. Der Gerichtsvollzieher hat die Benachrichtigung mit den Aufforderungen selbst anzufertigen, wenn er von dem Gläubiger hierzu ausdrücklich beauftragt worden ist. Der vorherigen Erteilung einer vollstreckbaren Ausfertigung und der Zustellung des Schuldtitels bedarf es nicht.

(2) Die Benachrichtigung an den Drittschuldner hat die Wirkung eines Arrestes (§ 930), sofern die Pfändung der Forderung innerhalb eines Monats bewirkt wird. Die Frist beginnt mit dem Tage, an dem die Benachrichtigung zugestellt ist.

§ 850 ZPO (Pfändungsschutz für Arbeitseinkommen)

(1) Arbeitseinkommen, das in Geld zahlbar ist, kann nur nach Maßgabe der §§ 850 a bis 850 i gepfändet werden.

(2) Arbeitseinkommen im Sinne dieser Vorschrift sind die Dienst- und Versorgungsbezüge der Beamten, Arbeits- und Dienstlöhne, Ruhegelder und ähnliche nach dem einstweiligen oder dauernden Ausscheiden aus dem Dienst- oder Arbeitsverhältnis gewährte fortlaufende Einkünfte, ferner Hinterbliebenenbezüge sowie sonstige Vergütungen für Dienstleistungen aller Art, die die Erwerbstätigkeit des Schuldners vollständig oder zu einem wesentlichen Teil in Anspruch nehmen.

(3) Arbeitseinkommen sind auch die folgenden Bezüge, soweit sie in Geld zahlbar sind:

a) Bezüge, die ein Arbeitnehmer zum Ausgleich für Wettbewerbsbeschränkungen für die Zeit nach Beendigung seines Dienstverhältnisses beanspruchen kann;

b) Renten, die auf Grund von Versicherungsverträgen gewährt werden, wenn diese Verträge zur Versorgung des Versicherungsnehmers oder seiner unterhaltsberechtigten Angehörigen eingegangen sind.

(4) Die Pfändung des in Geld zahlbaren Arbeitseinkommens erfasst alle Vergütungen, die dem Schuldner aus der Arbeits- oder Dienstleistung zustehen, ohne Rücksicht auf ihre Benennung oder Berechnungsart.

850 a ZPO (Unpfändbare Bezüge)

1. zur Hälfte, die für die Leistung von Mehrarbeitsstunden gezahlten Teile des Arbeitseinkommens;
2. die für die Dauer eines Urlaubs über das Arbeitseinkommen hinaus gewährten Bezüge, Zuwendungen aus Anlass eines besonderen Betriebsereignisses und Treugelder, soweit sie den Rahmen des Üblichen nicht übersteigen;
3. Aufwandsentschädigungen, Auslösungsgelder und sonstige soziale Zulagen für auswärtige Beschäftigungen, das Entgelt für selbstgestelltes Arbeitsmaterial, Gefahrenzulagen sowie Schmutz- und Erschwerniszulagen, soweit diese Bezüge den Rahmen des Üblichen nicht übersteigen;
4. Weihnachtsvergütungen bis zum Betrage der Hälfte des monatlichen Arbeitseinkommens – höchstens aber bis zum Betrage von 500 €;

5. Heirats- und Geburtsbeihilfen, sofern die Vollstreckung wegen anderer als der aus Anlass der Heirat oder der Geburt entstandenen Ansprüche betrieben wird;
6. Erziehungsgelder, Studienbeihilfen und ähnliche Bezüge;
7. Sterbe- und Gnadenbezüge aus Arbeits- oder Dienstverhältnissen;
8. Blindenzulagen.

§ 850 b ZPO (Bedingt pfändbare Bezüge)

(1) Unpfändbar sind ferner
   1. Renten, die wegen einer Verletzung des Körpers oder der Gesundheit zu entrichten sind;
   2. Unterhaltsrenten, die auf gesetzlicher Vorschrift beruhen, sowie die wegen Entziehung einer solchen Forderung zu entrichtenden Renten;
   3. fortlaufende Einkünfte, die ein Schuldner aus Stiftungen oder sonst auf Grund der Fürsorge und Freigebigkeit eines Dritten oder auf Grund eines Altenteils oder Auszugsvertrags bezieht;
   4. Bezüge aus Witwen-, Waisen-, Hilfs- und Krankenkassen, die ausschließlich oder zu einem wesentlichen Teil zu Unterstützungszwecken gewährt werden, ferner Ansprüche aus Lebensversicherungen, die nur auf den Todesfall des Versicherungsnehmers abgeschlossen sind, wenn die Versicherungssumme 3579 € nicht übersteigt.

(2) Diese Bezüge können nach den für Arbeitseinkommen geltenden Vorschriften gepfändet werden, wenn die Vollstreckung in das sonstige bewegliche Vermögen des Schuldners zu einer vollständigen Befriedigung des Gläubigers nicht geführt hat oder voraussichtlich nicht führen wird und wenn nach den Umständen des Falles, insbesondere nach der Art des beizutreibenden Anspruchs und der Höhe der Bezüge, die Pfändung der Billigkeit entspricht.

(3) Das Vollstreckungsgericht soll vor seiner Entscheidung die Beteiligten hören.

§ 850 c ZPO (Pfändungsgrenzen für Arbeitseinkommen)

(1) Arbeitseinkommen ist unpfändbar, wenn es, je nach dem Zeitraum, für den es gezahlt wird, nicht mehr als
985,15 € monatlich,

226,72 € wöchentlich oder
45,34 € täglich,
beträgt. Gewährt der Schuldner auf Grund einer gesetzlichen Verpflichtung seinem Ehegatten, einem früheren Ehegatten, seinem Lebenspartner, einem früheren Lebenspartner oder einem Verwandten oder nach §§ 1615 l, 1615 n des Bürgerlichen Gesetzbuchs einem Elternteil Unterhalt, so erhöht sich der Betrag, bis zu dessen Höhe Arbeitseinkommen unpfändbar ist, auf bis zu
2 182,15 € monatlich,
502,20 € wöchentlich oder
100,44 € täglich,
und zwar um
370,76 € monatlich,
85,32 € wöchentlich oder
17,06 € täglich,
für die erste Person, der Unterhalt gewährt wird, und um je
206,56 € monatlich,
47,54 € wöchentlich oder
9,51 € täglich
für die zweite bis fünfte Person.

(2) Übersteigt das Arbeitseinkommen den Betrag, bis zu dessen Höhe es je nach der Zahl der Personen, denen der Schuldner Unterhalt gewährt, nach Absatz 1 unpfändbar ist, so ist es hinsichtlich des überschießenden Betrages zu einem Teil unpfändbar, und zwar in Höhe von drei Zehnteln, wenn der Schuldner keiner der in Absatz 1 genannten Personen Unterhalt gewährt, zwei weiteren Zehnteln für die erste Person, der Unterhalt gewährt wird, und je einem weiteren Zehntel für die zweite bis fünfte Person. Der Teil des Arbeitseinkommens, der 3.020,06 € monatlich, 695,03 € wöchentlich, 139,01 € täglich übersteigt, bleibt bei der Berechnung des unpfändbaren Betrages unberücksichtigt.

(2a) Die unpfändbaren Beträge nach Absatz 1 und Absatz 2 Satz 2 ändern sich jeweils zum 1. Juli eines jeden zweiten Jahres, erstmalig zum 1. Juli 2003, entsprechend der im Vergleich zum jeweiligen Vorjahreszeitraum sich ergebenden prozentualen Entwicklung des Grundfreibetrages nach § 32 a Abs. 1 Nr. 1 des Einkommensteuergesetzes; der Berechnung ist die am 1. Januar des jeweiligen Jahres geltende Fassung des § 32 a Abs. 1 Nr. 1 des Einkommensteuergesetzes zugrunde zu legen. Das Bundesministerium der Justiz gibt die maßgebenden Beträge rechtzeitig im Bundesgesetzblatt bekannt.

(3) Bei der Berechnung des nach Absatz 2 pfändbaren Teils des Arbeitseinkommens ist das Arbeitseinkommen, gegebenenfalls nach Abzug des nach Absatz 2 Satz 2 pfändbaren Betrages, wie aus der Tabelle ersichtlich, die diesem Gesetz als Anlage beigefügt ist, nach unten abzurunden, und zwar bei Auszahlung für Monate auf einen durch 10 €, bei Auszahlung für Wochen auf einen durch 2,50 € oder bei Auszahlung für Tage auf einen durch 50 Cent teilbaren Betrag. Im Pfändungsbeschluss genügt die Bezugnahme auf die Tabelle.

(4) Hat eine Person, welcher der Schuldner auf Grund gesetzlicher Verpflichtung Unterhalt gewährt, eigene Einkünfte, so kann das Vollstreckungsgericht auf Antrag des Gläubigers nach billigem Ermessen bestimmen, dass diese Person bei der Berechnung des unpfändbaren Teils des Arbeitseinkommens ganz oder teilweise unberücksichtigt bleibt; soll die Person nur teilweise berücksichtigt werden, so ist Absatz 3 Satz 2 nicht anzuwenden.

§ 850 d ZPO (Pfändung wegen Unterhaltsansprüchen)

(1) Wegen der Unterhaltsansprüche, die kraft Gesetzes einem Verwandten, dem Ehegatten, einem früheren Ehegatten, dem Lebenspartner, einem früheren Lebenspartner oder nach §§ 1615 l, 1615 n des Bürgerlichen Gesetzbuchs einem Elternteil zustehen, sind das Arbeitseinkommen und die in § 850 a Nr. 1, 2 und 4 genannten Bezüge ohne die in § 850 c bezeichneten Beschränkungen pfändbar. Dem Schuldner ist jedoch so viel zu belassen, als er für seinen notwendigen Unterhalt und zur Erfüllung seiner laufenden gesetzlichen Unterhaltspflichten gegenüber den dem Gläubiger vorgehenden Berechtigten oder zur gleichmäßigen Befriedigung der dem Gläubiger gleichstehenden Berechtigten bedarf; von den in § 850 a Nr. 1, 2 und 4 genannten Bezügen hat ihm mindestens die Hälfte des nach § 850 a unpfändbaren Betrages zu verbleiben. Der dem Schuldner hiernach verbleibende Teil seines Arbeitseinkommens darf den Betrag nicht übersteigen, der ihm nach den Vorschriften des § 850 c gegenüber nicht bevorrechtigten Gläubigern zu verbleiben hätte. Für die Pfändung wegen

der Rückstände, die länger als ein Jahr vor dem Antrag auf Erlass des Pfändungsbeschlusses fällig geworden sind, gelten die Vorschriften dieses Absatzes insoweit nicht, als nach Lage der Verhältnisse nicht anzunehmen ist, dass der Schuldner sich seiner Zahlungspflicht absichtlich entzogen hat.

(2) Mehrere nach Absatz 1 Berechtigte sind mit ihren Ansprüchen in der Reihenfolge nach § 1609 des Bürgerlichen Gesetzbuchs und § 16 des Lebenspartnerschaftsgesetzes zu berücksichtigen, wobei mehrere gleich nahe Berechtigte untereinander den gleichen Rang haben.

(3) Bei der Vollstreckung wegen der in Absatz 1 bezeichneten Ansprüche sowie wegen der aus Anlass einer Verletzung des Körpers oder der Gesundheit zu zahlenden Renten kann zugleich mit der Pfändung wegen fälliger Ansprüche auch künftig fällig werdendes Arbeitseinkommen wegen der dann jeweils fällig werdenden Ansprüche gepfändet und überwiesen werden.

§ 850 e ZPO (Berechnung des pfändbaren Arbeitseinkommens)

(1) Nicht mitzurechnen sind die nach § 850 a der Pfändung entzogenen Bezüge, ferner Beträge, die unmittelbar auf Grund steuerrechtlicher oder sozialrechtlicher Vorschriften zur Erfüllung gesetzlicher Verpflichtungen des Schuldners abzuführen sind. Diesen Beträgen stehen gleich die auf den Auszahlungszeitraum entfallenden Beträge, die der Schuldner

a) nach den Vorschriften der Sozialversicherungsgesetze zur Weiterversicherung entrichtet oder

b) an eine Ersatzkasse oder an ein Unternehmen der privaten Krankenversicherung leistet, soweit sie den Rahmen des Üblichen nicht übersteigen.

(2) Mehrere Arbeitseinkommen sind auf Antrag vom Vollstreckungsgericht bei der Pfändung zusammenzurechnen. Der unpfändbare Grundbetrag ist in erster Linie dem Arbeitseinkommen zu entnehmen, das die wesentliche Grundlage der Lebenshaltung des Schuldners bildet.

(2a) Mit Arbeitseinkommen sind auf Antrag auch Ansprüche auf laufende Geldleistungen nach dem Sozialgesetzbuch zusammenzurechnen, soweit diese der Pfändung unterworfen sind. Der unpfändbare Grundbetrag ist, soweit die Pfändung nicht wegen gesetzlicher Unterhaltsansprüche erfolgt, in erster Linie den laufenden Geldleistungen nach dem Sozialgesetzbuch zu entnehmen. Ansprüche auf Geldleistungen für Kinder dürfen mit Arbeitseinkommen nur zusammengerechnet werden, soweit sie nach § 76 des Einkommensteuergesetzes oder nach § 54 Abs. 5 des Ersten Buches Sozialgesetzbuch gepfändet werden können.

(3) Erhält der Schuldner neben seinem in Geld zahlbaren Einkommen auch Naturalleistungen, so sind Geld- und Naturalleistungen zusammenzurechnen. In diesem Fall ist der in Geld zahlbare Betrag insoweit pfändbar, als der nach § 850 c unpfändbare Teil des Gesamteinkommens durch den Wert der dem Schuldner verbleibenden Naturalleistungen gedeckt ist.

(4) Trifft eine Pfändung, eine Abtretung oder eine sonstige Verfügung wegen eines der in § 850 d bezeichneten Ansprüche mit einer Pfändung wegen eines sonstigen Anspruchs zusammen, so sind auf die Unterhaltsansprüche zunächst die gemäß § 850 d der Pfändung in erweitertem Umfang unterliegenden Teile des Arbeitseinkommens zu verrechnen. Die Verrechnung nimmt auf Antrag eines Beteiligten das Vollstreckungsgericht vor. Der Drittschuldner kann, solange ihm eine Entscheidung des Vollstreckungsgerichts nicht zugestellt ist, nach dem Inhalt der ihm bekannten Pfändungsbeschlüsse, Abtretungen und sonstigen Verfügungen mit befreiender Wirkung leisten.

§ 850 f ZPO (Änderung des unpfändbaren Betrages)

(1) Das Vollstreckungsgericht kann dem Schuldner auf Antrag von dem nach den Bestimmungen der §§ 850 c, 850 d und 850 i pfändbaren Teil seines Arbeitseinkommens einen Teil belassen, wenn

a) der Schuldner nachweist, dass bei Anwendung der Pfändungsfreigrenzen entsprechend der Anlage zu diesem Gesetz (zu § 850 c) der notwendige Lebensunterhalt im Sinne des Dritten und Elften Kapitels des Zwölften Buches Sozialgesetzbuch oder nach Kapitel 3 Abschnitt 2 des Zweiten Buches Sozialgesetzbuch für sich und für die Personen, denen er Unterhalt zu gewähren hat, nicht gedeckt ist,

b) besondere Bedürfnisse des Schuldners aus persönlichen oder beruflichen Gründen oder

c) der besondere Umfang der gesetzlichen Unterhaltspflichten des Schuldners, insbesondere die Zahl der Unterhaltsberechtigten, dies erfordern und überwiegende Belange des Gläubigers nicht entgegenstehen.

(2) Wird die Zwangsvollstreckung wegen einer Forderung aus einer vorsätzlich begangenen unerlaubten Handlung betrieben, so kann das Vollstreckungsgericht auf Antrag des Gläubigers den pfändbaren Teil des Arbeitseinkommens ohne Rücksicht auf die in § 850 c vorgesehenen Beschränkungen bestimmen; dem Schuldner ist jedoch so viel zu belassen, wie er für seinen notwendigen Unterhalt und zur Erfüllung seiner laufenden gesetzlichen Unterhaltspflichten bedarf.

(3) Wird die Zwangsvollstreckung wegen anderer als der in Absatz 2 und in § 850 d bezeichneten Forderungen betrieben, so kann das Vollstreckungsgericht in den Fällen, in denen sich das Arbeitseinkommen des Schuldners auf mehr als monatlich 2985 €, wöchentlich 678,70 €, täglich 131,50 € beläuft, über die Beträge hinaus, die nach § 850 c pfändbar wären, auf Antrag des Gläubigers die Pfändbarkeit unter Berücksichtigung der Belange des Gläubigers und des Schuldners nach freiem Ermessen festsetzen. Dem Schuldner ist jedoch mindestens so viel zu belassen, wie sich bei einem Arbeitseinkommen von monatlich 2985 €, wöchentlich 678,70 €, täglich 131,25 € aus § 850 c ergeben würde. Die Beträge nach den Sätzen 1 und 2 werden entsprechend der in § 850 c Abs. 2 a getroffenen Regelung jeweils zum 1. Juli eines jeden zweiten Jahres, erstmalig zum 1. Juli 2003, geändert.

§ 850 h ZPO (Verschleiertes Einkommen)

(1) Hat sich der Empfänger der vom Schuldner geleisteten Arbeiten oder Dienste verpflichtet, Leistungen an einen Dritten zu bewirken, die nach Lage der Verhältnisse ganz oder teilweise eine Vergütung für die Leistung des Schuldners darstellen, so kann der Anspruch des Drittberechtigten insoweit auf Grund des Schuldtitels gegen den Schuldner gepfändet werden, wie wenn der Anspruch dem Schuldner zustände. Die Pfändung des Vergütungsanspruchs des Schuldners umfasst ohne weiteres den Anspruch des Drittberechtigten. Der Pfändungsbeschluss ist dem Drittberechtigten ebenso wie dem Schuldner zuzustellen.

(2) Leistet der Schuldner einem Dritten in einem ständigen Verhältnis Arbeiten oder Dienste, die nach Art und Umfang üblicherweise vergütet werden, unentgeltlich oder gegen eine unverhältnismäßig geringe Vergütung, so gilt im Verhältnis des Gläubigers zu dem Empfänger der Arbeits- und Dienstleistungen eine angemessene Vergütung als geschuldet. Bei der Prüfung, ob diese Voraussetzungen vorliegen, sowie bei der Bemessung der Vergütung ist auf alle Umstände des Einzelfalles, insbesondere die Art der Arbeits- und Dienstleistung, die verwandtschaftlichen oder sonstigen Beziehungen zwischen dem Dienstberechtigten und dem Dienstverpflichteten und die wirtschaftliche Leistungsfähigkeit des Dienstberechtigten Rücksicht zu nehmen.

§ 850 i ZPO (Pfändungsschutz bei sonstigen Vergütungen)
– gilt bis 30.6. 2010 –

(1) Ist eine nicht wiederkehrend zahlbare Vergütung für persönlich geleistete Arbeiten oder Dienste gepfändet, so hat das Gericht dem Schuldner auf Antrag so viel zu belassen, als er während eines angemessenen Zeitraums für seinen notwendigen Unterhalt und den seines Ehegatten, eines früheren Ehegatten, seines Lebenspartners, eines früheren Lebenspartners, seiner unterhaltsberechtigten Verwandten oder eines Elternteils nach §§ 1615 l, 1615 n des Bürgerlichen Gesetzbuchs bedarf. Bei der Entscheidung sind die wirtschaftlichen Verhältnisse des Schuldners, insbesondere seine sonstigen Verdienstmöglichkeiten, frei zu würdigen. Dem Schuldner ist nicht mehr zu belassen, als ihm nach freier Schätzung des Gerichts verbleiben würde, wenn sein Arbeitseinkommen aus laufendem Arbeits- oder Dienstlohn bestände. Der Antrag des Schuldners ist insoweit abzulehnen, als überwiegende Belange des Gläubigers entgegenstehen.

(2) Die Vorschriften des Absatzes 1 gelten entsprechend für Vergütungen, die für die Gewährung von Wohngelegenheit oder eine sonstige Sachbenutzung geschuldet werden, wenn die Vergütung zu einem nicht unwesentlichen Teil als Entgelt für neben der Sachbenutzung gewährte Dienstleistungen anzusehen ist.

(3) Die Vorschriften des § 27 des Heimarbeitsgesetzes vom 14. März 1951 (BGBl. I S. 191) bleiben unberührt.

(4) Die Bestimmungen der Versicherungs-, Versorgungs- und sonstigen gesetzlichen Vorschriften über die Pfändung von Ansprüchen bestimmter Art bleiben unberührt.

§ 850 i ZPO (Pfändungsschutz für sonstige Einkünfte)
– gilt ab 1.7.2010 –

(1) Werden nicht wiederkehrend zahlbare Vergütungen für persönlich geleistete Arbeiten oder Dienste oder sonstige Einkünfte, die kein Arbeitseinkommen sind, gepfändet, so hat das Gericht dem Schuldner auf Antrag während eines angemessenen Zeitraums so viel zu belassen, als ihm nach freier Schätzung des Gerichts verbleiben würde, wenn sein Einkommen aus laufendem Arbeits- oder Dienstlohn bestünde. Bei der Entscheidung sind die wirtschaftlichen Verhältnisse des Schuldners, insbesondere seine sonstigen Verdienstmöglichkeiten, frei zu würdigen. Der Antrag des Schuldners ist insoweit abzulehnen, als überwiegende Belange des Gläubigers entgegenstehen.
(2) Die Vorschriften des § 27 des Heimarbeitsgesetzes vom 14. März 1951 (BGBl. I S. 191) bleiben unberührt.
(3) Die Bestimmungen der Versicherungs-, Versorgungs- und sonstigen gesetzlichen Vorschriften über die Pfändung von Ansprüchen bestimmter Art bleiben unberührt.

§ 850 k ZPO (Pfändungsschutz für Kontoguthaben aus Arbeitseinkommen)
– gilt bis längstens 31.12.2011 –

(1) Werden wiederkehrende Einkünfte der in den §§ 850 bis 850 b bezeichneten Art auf das Konto des Schuldners bei einem Geldinstitut überwiesen, so ist eine Pfändung des Guthabens auf Antrag des Schuldners vom Vollstreckungsgericht insoweit aufzuheben, als das Guthaben dem der Pfändung nicht unterworfenen Teil der Einkünfte für die Zeit von der Pfändung bis zu dem nächsten Zahlungstermin entspricht.
(2) Das Vollstreckungsgericht hebt die Pfändung des Guthabens für den Teil vorab auf, dessen der Schuldner bis zum nächsten Zahlungstermin dringend bedarf, um seinen notwendigen Unterhalt zu bestreiten und seine laufenden gesetzlichen Unterhaltspflichten gegenüber den dem Gläubiger vorgehenden Berechtigten zu erfüllen oder die dem Gläubiger gleichstehenden Unterhaltsberechtigten gleichmäßig zu be-

friedigen. Der vorab freigegebene Teil des Guthabens darf den Betrag nicht übersteigen, der dem Schuldner voraussichtlich nach Absatz 1 zu belassen ist. Der Schuldner hat glaubhaft zu machen, dass wiederkehrende Einkünfte der in den §§ 850 bis 850 b bezeichneten Art auf das Konto überwiesen worden sind und dass die Voraussetzungen des Satzes 1 vorliegen. Die Anhörung des Gläubigers unterbleibt, wenn der damit verbundene Aufschub dem Schuldner nicht zuzumuten ist.

(3) Im Übrigen ist das Vollstreckungsgericht befugt, die in § 732 Abs. 2 bezeichneten Anordnungen zu erlassen.

§ 850 k ZPO (Pfändungsschutzkonto)

– gilt ab 1.7.2010 –

(1) Wird das Guthaben auf dem Pfändungsschutzkonto des Schuldners bei einem Kreditinstitut gepfändet, kann der Schuldner jeweils bis zum Ende des Kalendermonats über Guthaben in Höhe des monatlichen Freibetrages nach § 850 c Abs. 1 Satz 1 in Verbindung mit § 850 c Abs. 2a verfügen; insoweit wird es nicht von der Pfändung erfasst. Soweit der Schuldner in dem jeweiligen Kalendermonat nicht über Guthaben in Höhe des nach Satz 1 pfändungsfreien Betrages verfügt hat, wird dieses Guthaben in dem folgenden Kalendermonat zusätzlich zu dem nach Satz 1 geschützten Guthaben nicht von der Pfändung erfasst. Die Sätze 1 und 2 gelten entsprechend, wenn das Guthaben auf einem Girokonto des Schuldners gepfändet ist, das vor Ablauf von vier Wochen seit der Zustellung des Überweisungsbeschlusses an den Drittschuldner in ein Pfändungsschutzkonto.

(2) Die Pfändung des Guthabens gilt im Übrigen als mit der Maßgabe ausgesprochen, dass in Erhöhung des Freibetrages nach Absatz 1 folgende Beträge nicht von der Pfändung erfasst sind:

1. die pfändungsfreien Beträge nach § 850 c Abs. 1 Satz 2 in Verbindung mit § 850 c Abs. 2a Satz 1, wenn
   a) der Schuldner einer oder mehreren Personen aufgrund gesetzlicher Verpflichtung Unterhalt gewährt oder
   b) der Schuldner Geldleistungen nach dem Zweiten oder Zwölften Buch Sozialgesetzbuch für mit ihm in einer Gemeinschaft im Sinne des § 7 Abs. 3 des Zweiten Buches Sozialgesetzbuch oder der §§ 19, 20, 36 Satz 1 oder 43 des Zwölften Buches Sozialgesetzbuch lebende Personen, denen er nicht aufgrund

gesetzlicher Vorschriften zum Unterhalt verpflichtet ist, entgegennimmt;
2. einmalige Geldleistungen im Sinne des § 54 Abs. 2 des Ersten Buches Sozialgesetzbuch und Geldleistungen zum Ausgleich des durch einen Körper- oder Gesundheitsschaden bedingten Mehraufwandes im Sinne des § 54 Abs. 3 Nr. 3 des Ersten Buches Sozialgesetzbuch;
3. das Kindergeld oder andere Geldleistungen für Kinder, es sei denn, dass wegen einer Unterhaltsforderung eines Kindes, für das die Leistungen gewährt oder bei dem es berücksichtigt wird, gepfändet wird.

Für die Beträge nach Satz 1 gilt Absatz 1 Satz 2 entsprechend.

(3) An die Stelle der nach Absatz 1 und Absatz 2 Satz 1 Nr. 1 pfändungsfreien Beträge tritt der vom Vollstreckungsgericht im Pfändungsbeschluss belassene Betrag, wenn das Guthaben wegen der in § 850d bezeichneten Forderungen gepfändet wird.

(4) Das Vollstreckungsgericht kann auf Antrag einen von den Absätzen 1 , 2 Satz 1 Nr. 1 und Absatz 3 abweichenden pfändungsfreien Betrag festsetzen. Die §§ 850 a, 850 b, 850 c, 850 d Abs. 1 und 2, die §§ 850 e, 850 f, 850 g und 850 i sowie die §§ 851 c und 851 d dieses Gesetzes sowie § 54 Abs. 2, Abs. 3 Nr. 1, 2 und 3, Abs. 4 und 5 des Ersten Buches Sozialgesetzbuch, § 17 Abs. 1 Satz 2 des Zwölften Buches Sozialgesetzbuch und § 76 des Einkommensteuergesetzes sind entsprechend anzuwenden. Im Übrigen ist das Vollstreckungsgericht befugt, die in § 732 Abs. 2 bezeichneten Anordnungen zu erlassen.

(5) Das Kreditinstitut ist dem Schuldner zur Leistung aus dem nach Absatz 1 und 3 nicht von der Pfändung erfassten Guthaben im Rahmen des vertraglich Vereinbarten verpflichtet. Dies gilt für die nach Absatz 2 nicht von der Pfändung erfassten Beträge nur insoweit, als der Schuldner durch eine Bescheinigung des Arbeitgebers, der Familienkasse, des Sozialleistungsträgers oder einer geeigneten Person oder Stelle im Sinne von § 305 Abs. 1 Nr. 1 der Insolvenzordnung nachweist, dass das Guthaben nicht von der Pfändung erfasst ist. Die Leistung des Kreditinstituts an den Schuldner hat befreiende Wirkung, wenn ihm die Unrichtigkeit einer Bescheinigung nach Satz 2 weder bekannt noch infolge grober Fahrlässigkeit unbekannt ist. Kann der Schuldner den Nachweis nach Satz 2 nicht führen, so hat das Vollstre-

ckungsgericht auf Antrag die Beträge nach Absatz 2 zu bestimmen. Die Sätze 1 bis 4 gelten auch für eine Hinterlegung.

(6) Wird einem Pfändungsschutzkonto eine Geldleistung nach dem Sozialgesetzbuch oder Kindergeld gutgeschrieben, darf das Kreditinstitut die Forderung, die durch die Gutschrift entsteht, für die Dauer von 14 Tagen seit der Gutschrift nur mit solchen Forderungen verrechnen und hiergegen nur mit solchen Forderungen aufrechnen, die ihm als Entgelt für die Kontoführung oder aufgrund von Kontoverfügungen des Berechtigten innerhalb dieses Zeitraums zustehen. Bis zur Höhe des danach verbleibenden Betrages der Gutschrift ist das Kreditinstitut innerhalb von 14 Tagen seit der Gutschrift nicht berechtigt, die Ausführung von Zahlungsvorgängen wegen fehlender Deckung abzulehnen, wenn der Berechtigte nachweist oder dem Kreditinstitut sonst bekannt ist, dass es sich um die Gutschrift einer Geldleistung nach dem Sozialgesetzbuch oder von Kindergeld handelt. Das Entgelt des Kreditinstituts für die Kontoführung kann auch mit Beträgen nach den Absätzen 1 bis 4 verrechnet werden.

(7) In einem der Führung eines Girokontos zugrunde liegenden Vertrag können der Kunde, der eine natürliche Person ist, oder dessen gesetzlicher Vertreter und das Kreditinstitut vereinbaren, dass das Girokonto als Pfändungsschutzkonto geführt wird. Der Kunde kann jederzeit verlangen, dass das Kreditinstitut sein Girokonto als Pfändungsschutzkonto führt. Ist das Guthaben des Girokontos bereits gepfändet worden, so kann der Schuldner die Führung als Pfändungsschutzkonto zum Beginn des vierten auf seine Erklärung folgenden Geschäftstages verlangen.

(8) Jede Person darf nur ein Pfändungsschutzkonto führen. Bei der Abrede hat der Kunde gegenüber dem Kreditinstitut zu versichern, dass er ein weiteres Pfändungsschutzkonto nicht führt. Die SCHUFA Holding AG darf zum Zweck der Überprüfung der Versicherung nach Satz 2 Kreditinstituten auf Anfrage Auskunft über ein bestehendes Pfändungsschutzkonto des Kunden erteilen. Die Kreditinstitute sind zur Erreichung dieses Zwecks berechtigt, der SCHUFA Holding AG die Führung eines Pfändungsschutzkontos mitzuteilen.

(9) Führt ein Schuldner entgegen Absatz 8 Satz 1 mehrere Girokonten als Pfändungsschutzkonten, ordnet das Vollstreckungsgericht auf Antrag eines Gläubigers an, dass nur das von dem Gläubiger in dem Antrag

bezeichnete Girokonto dem Schuldner als Pfändungsschutzkonto verbleibt. Der Gläubiger hat die Voraussetzungen nach Satz 1 durch Vorlage entsprechender Erklärungen der Drittschuldner glaubhaft zu machen. Eine Anhörung des Schuldners unterbleibt. Die Entscheidung ist allen Drittschuldnern zuzustellen. Mit der Zustellung der Entscheidung an diejenigen Kreditinstitute, deren Girokonten nicht zum Pfändungsschutzkonto bestimmt sind, entfallen die Wirkungen nach den Absätzen 1 bis 6.

§ 851 ZPO (Nicht übertragbare Forderungen)

(1) Eine Forderung ist in Ermangelung besonderer Vorschriften der Pfändung nur insoweit unterworfen, als sie übertragbar ist.

(2) Eine nach § 399 des Bürgerlichen Gesetzbuchs nicht übertragbare Forderung kann insoweit gepfändet und zur Einziehung überwiesen werden, als der geschuldete Gegenstand der Pfändung unterworfen ist.

§ 853 ZPO (Mehrfache Pfändung einer Geldforderung)

Ist eine Geldforderung für mehrere Gläubiger gepfändet, so ist der Drittschuldner berechtigt und auf Verlangen eines Gläubigers, dem die Forderung überwiesen wurde, verpflichtet, unter Anzeige der Sachlage und unter Aushändigung der ihm zugestellten Beschlüsse an das Amtsgericht, dessen Beschluss ihm zuerst zugestellt ist, den Schuldbetrag zu hinterlegen.

3. Das Vermögensbildungsgesetz (VerMBG)

§ 2 VMBG (Vermögenswirksame Leistungen)

(1) Vermögenswirksame Leistungen sind Geldleistungen, die der Arbeitgeber für den Arbeitnehmer anlegt

1. als Sparbeiträge des Arbeitnehmers auf Grund eines Sparvertrags über Wertpapiere oder andere Vermögensbeteiligungen (§ 4)
   a) zum Erwerb von Aktien, die vom Arbeitgeber ausgegeben werden oder an einer deutschen Börse zum amtlichen Handel oder zum geregelten Markt zugelassen oder in den geregelten Freiverkehr einbezogen sind,

b) zum Erwerb von Wandelschuldverschreibungen, die vom Arbeitgeber ausgegeben werden oder an einer deutschen Börse zum amtlichen Handel oder zum geregelten Markt zugelassen oder in den Freiverkehr einbezogen sind, sowie von Gewinnschuldverschreibungen, die vom Arbeitgeber ausgegeben werden, zum Erwerb von Namensschuldverschreibungen des Arbeitgebers jedoch nur dann, wenn auf dessen Kosten die Ansprüche des Arbeitnehmers aus der Schuldverschreibung durch ein Kreditinstitut verbürgt oder durch ein Versicherungsunternehmen privatrechtlich gesichert sind und das Kreditinstitut oder Versicherungsunternehmen im Geltungsbereich dieses Gesetzes zum Geschäftsbetrieb befugt ist,
c) zum Erwerb von Anteilen an Sondervermögen nach den §§ 46 bis 65 und 83 bis 86 des Investmentgesetzes sowie von ausländischen Investmentanteilen, die nach dem Investmentgesetz öffentlich vertrieben werden dürfen, wenn nach dem Jahresbericht für das vorletzte Geschäftsjahr, das dem Kalenderjahr des Abschlusses des Vertrags im Sinne des § 4 oder des § 5 vorausgeht, der Wert der Aktien in diesem Sondervermögen 60 vom Hundert des Werts dieses Sondervermögens nicht unterschreitet; für neu aufgelegte Sondervermögen ist für das erste und zweite Geschäftsjahr der erste Jahresbericht oder der erste Halbjahresbericht nach Auflegung des Sondervermögens maßgebend,
d) (weggefallen)
e) (weggefallen)
f) zum Erwerb von Genussscheinen, die vom Arbeitgeber als Wertpapiere ausgegeben werden oder an einer deutschen Börse zum amtlichen Handel oder zum geregelten Markt zugelassen oder in den Freiverkehr einbezogen sind und von Unternehmen mit Sitz und Geschäftsleitung im Geltungsbereich dieses Gesetzes, die keine Kreditinstitute sind, ausgegeben werden, wenn mit den Genussscheinen das Recht am Gewinn eines Unternehmens verbunden ist und der Arbeitnehmer nicht als Mitunternehmer im Sinne des § 15 Abs. 1 Nr. 2 des Einkommensteuergesetzes anzusehen ist,
g) zur Begründung oder zum Erwerb eines Geschäftsguthabens bei einer Genossenschaft mit Sitz und Geschäftsleitung im

Geltungsbereich dieses Gesetzes; ist die Genossenschaft nicht der Arbeitgeber, so setzt die Anlage vermögenswirksamer Leistungen voraus, dass die Genossenschaft entweder ein Kreditinstitut oder eine Bau- oder Wohnungsgenossenschaft im Sinne des § 2 Abs. 1 Nr. 2 des Wohnungsbau-Prämiengesetzes ist, die zum Zeitpunkt der Begründung oder des Erwerbs des Geschäftsguthabens seit mindestens drei Jahren im Genossenschaftsregister ohne wesentliche Änderung ihres Unternehmensgegenstandes eingetragen und nicht aufgelöst ist oder Sitz und Geschäftsleitung in dem in Artikel 3 des Einigungsvertrages genannten Gebiet hat und dort entweder am 1. Juli 1990 als Arbeiterwohnungsbaugenossenschaft, Gemeinnützige Wohnungsbaugenossenschaft oder sonstige Wohnungsbaugenossenschaft bestanden oder einen nicht unwesentlichen Teil von Wohnungen aus dem Bestand einer solchen Bau- oder Wohnungsgenossenschaft erworben hat,

h) zur Übernahme einer Stammeinlage oder zum Erwerb eines Geschäftsanteils an einer Gesellschaft mit beschränkter Haftung mit Sitz und Geschäftsleitung im Geltungsbereich dieses Gesetzes, wenn die Gesellschaft das Unternehmen des Arbeitgebers ist,

i) zur Begründung oder zum Erwerb einer Beteiligung als stiller Gesellschafter im Sinne des § 230 des Handelsgesetzbuchs am Unternehmen des Arbeitgebers mit Sitz und Geschäftsleitung im Geltungsbereich dieses Gesetzes, wenn der Arbeitnehmer nicht als Mitunternehmer im Sinne des § 15 Abs. 1 Nr. 2 des Einkommensteuergesetzes anzusehen ist,

k) zur Begründung oder zum Erwerb einer Darlehensforderung gegen den Arbeitgeber, wenn auf dessen Kosten die Ansprüche des Arbeitnehmers aus dem Darlehensvertrag durch ein Kreditinstitut verbürgt oder durch ein Versicherungsunternehmen privatrechtlich gesichert sind und das Kreditinstitut oder Versicherungsunternehmen im Geltungsbereich dieses Gesetzes zum Geschäftsbetrieb befugt ist,

l) zur Begründung oder zum Erwerb eines Genussrechts am Unternehmen des Arbeitgebers mit Sitz und Geschäftsleitung im Geltungsbereich dieses Gesetzes, wenn damit das Recht am

Gewinn dieses Unternehmens verbunden ist, der Arbeitnehmer nicht als Mitunternehmer im Sinne des § 15 Abs. 1 Nr. 2 des Einkommensteuergesetzes anzusehen ist und über das Genussrecht kein Genussschein im Sinne des Buchstaben f ausgegeben wird,

2. als Aufwendungen des Arbeitnehmers auf Grund eines Wertpapier-Kaufvertrags (§ 5),
3. als Aufwendungen des Arbeitnehmers auf Grund eines Beteiligungs-Vertrags (§ 6) oder eines Beteiligungs-Kaufvertrags (§ 7),
4. als Aufwendungen des Arbeitnehmers nach den Vorschriften des Wohnungsbau-Prämiengesetzes; die Voraussetzungen für die Gewährung einer Prämie nach dem Wohnungsbau-Prämiengesetz brauchen nicht vorzuliegen; die Anlage vermögenswirksamer Leistungen als Aufwendungen nach § 2 Abs. 1 Nr. 2 des Wohnungsbau-Prämiengesetzes für den ersten Erwerb von Anteilen an Bau- und Wohnungsgenossenschaften setzt voraus, dass die Voraussetzungen der Nummer 1 Buchstabe g zweiter Halbsatz erfüllt sind,
5. als Aufwendungen des Arbeitnehmers
   a) zum Bau, zum Erwerb, zum Ausbau oder zur Erweiterung eines im Inland belegenen Wohngebäudes oder einer im Inland belegenen Eigentumswohnung,
   b) zum Erwerb eines Dauerwohnrechts im Sinne des Wohnungseigentumsgesetzes an einer im Inland belegenen Wohnung,
   c) zum Erwerb eines im Inland belegenen Grundstücks zum Zwecke des Wohnungsbaus oder
   d) zur Erfüllung von Verpflichtungen, die im Zusammenhang mit den in den Buchstaben a bis c bezeichneten Vorhaben eingegangen sind;

die Förderung der Aufwendungen nach den Buchstaben a bis c setzt voraus, dass sie unmittelbar für die dort bezeichneten Vorhaben verwendet werden,

6. als Sparbeiträge des Arbeitnehmers auf Grund eines Sparvertrags (§ 8),
7. als Beiträge des Arbeitnehmers auf Grund eines Kapitalversicherungsvertrags (§ 9),

8. als Aufwendungen des Arbeitnehmers, der nach § 18 Abs. 2 oder 3 die Mitgliedschaft in einer Genossenschaft oder Gesellschaft mit beschränkter Haftung gekündigt hat, zur Erfüllung von Verpflichtungen aus der Mitgliedschaft, die nach dem 31. Dezember 1994 fortbestehen oder entstehen.

(2) ... (5) ...

(6) Vermögenswirksame Leistungen sind steuerpflichtige Einnahmen im Sinne des Einkommensteuergesetzes und Einkommen, Verdienst oder Entgelt (Arbeitsentgelt) im Sinne der Sozialversicherung und des Dritten Buches Sozialgesetzbuch. Reicht der nach Abzug der vermögenswirksamen Leistung verbleibende Arbeitslohn zur Deckung der einzubehaltenden Steuern, Sozialversicherungsbeiträge und Beiträge zur Bundesagentur für Arbeit nicht aus, so hat der Arbeitnehmer dem Arbeitgeber den zur Deckung erforderlichen Betrag zu zahlen.

(7) Vermögenswirksame Leistungen sind arbeitsrechtlich Bestandteil des Lohns oder Gehalts. Der Anspruch auf die vermögenswirksame Leistung ist nicht übertragbar.

4. Das Sozialgesetzbuch (SGB)

§ 54 SGB I (Pfändung)

(1) Ansprüche auf Dienst- und Sachleistungen können nicht gepfändet werden.

(2) Ansprüche auf einmalige Geldleistungen können nur gepfändet werden, soweit nach den Umständen des Falles, insbesondere nach den Einkommens- und Vermögensverhältnissen des Leistungsberechtigten, der Art des beizutreibenden Anspruchs sowie der Höhe und der Zweckbestimmung der Geldleistung, die Pfändung der Billigkeit entspricht.

(3) Unpfändbar sind Ansprüche auf

1. Erziehungsgeld und vergleichbare Leistungen der Länder sowie Elterngeld bis zu einer Höhe des nach § 10 des Bundeselterngeld- und Elternzeitgesetzes anrechnungsfreien Beträge,
2. Mutterschaftsgeld nach § 13 Abs. 1 des Mutterschutzgesetzes, soweit das Mutterschaftsgeld nicht aus einer Teilzeitbeschäftigung während der Elternzeit herrührt [bis 31.12.2004: oder anstelle von

Arbeitslosenhilfe gewährt wird], bis zur Höhe des Erziehungsgeldes nach § 5 Abs. 1 des Bundeserziehungsgeldgesetzes,

2a. Wohngeld, soweit nicht die Pfändung wegen Ansprüchen erfolgt, die Gegenstand der §§ 5 und 6 des Wohngeldgesetzes sind,]

3. Geldleistungen, die dafür bestimmt sind, den durch einen Körper- oder Gesundheitsschaden bedingten Mehraufwand auszugleichen.

(4) Im Übrigen können Ansprüche auf laufende Geldleistungen wie Arbeitseinkommen gepfändet werden.

(5) Ein Anspruch des Leistungsberechtigten auf Geldleistungen für Kinder (§ 48 Abs. 1 Satz 2) kann nur wegen gesetzlicher Unterhaltsansprüche eines Kindes, das bei der Festsetzung der Geldleistungen berücksichtigt wird, gepfändet werden.

§ 55 SGB I (Kontenpfändung und Pfändung von Bargeld)

– ab 1. 1. 2012 ist § 55 SBG I aufgehoben, es gilt dann § 850 k (Pfändungsschutzkonto) –

(1) Wird eine Geldleistung auf das Konto des Berechtigten bei einem Geldinstitut überwiesen, ist die Forderung, die durch die Gutschrift entsteht, für die Dauer von sieben Tagen seit der Gutschrift der Überweisung unpfändbar. Eine Pfändung des Guthabens gilt als mit der Maßgabe ausgesprochen, dass sie das Guthaben in Höhe der in Satz 1 bezeichneten Forderung während der sieben Tage nicht erfasst.

(2) Das Geldinstitut ist dem Schuldner innerhalb der sieben Tage zur Leistung aus dem nach Absatz 1 Satz 2 von der Pfändung nicht erfassten Guthaben nur soweit verpflichtet, als der Schuldner nachweist oder als dem Geldinstitut sonst bekannt ist, dass das Guthaben von der Pfändung nicht erfasst ist. Soweit das Geldinstitut hiernach geleistet hat, gilt Absatz 1 Satz 2 nicht.

(3) Eine Leistung, die das Geldinstitut innerhalb der sieben Tage aus dem nach Absatz 1 Satz 2 von der Pfändung nicht erfassten Guthaben an den Gläubiger bewirkt, ist dem Schuldner gegenüber unwirksam. Das gilt auch für eine Hinterlegung.

(4) Bei Empfängern laufender Geldleistungen sind die in Absatz 1 genannten Forderungen nach Ablauf von sieben Tagen seit der Gutschrift sowie Bargeld insoweit nicht der Pfändung unterworfen, als ihr Betrag dem unpfändbaren Teil der Leistungen für die Zeit von der Pfändung bis zum nächsten Zahlungstermin entspricht.

5. Die Insolvenzordnung (InsO)

§ 1 InsO (Ziele des Insolvenzverfahrens)

Das Insolvenzverfahren dient dazu, die Gläubiger eines Schuldners gemeinschaftlich zu befriedigen, indem das Vermögen des Schuldners verwertet und der Erlös verteilt oder in einem Insolvenzplan eine abweichende Regelung insbesondere zum Erhalt des Unternehmens getroffen wird. Dem redlichen Schuldner wird Gelegenheit gegeben, sich von seinen restlichen Verbindlichkeiten zu befreien.

§ 21 InsO (Anordnung von Sicherungsmaßnahmen)

(1) Das Insolvenzgericht hat alle Maßnahmen zu treffen, die erforderlich erscheinen, um bis zur Entscheidung über den Antrag eine den Gläubigern nachteilige Veränderung in der Vermögenslage des Schuldners zu verhüten. Gegen die Anordnung der Maßnahme steht dem Schuldner die sofortige Beschwerde zu.

(2) Das Gericht kann insbesondere

1. einen vorläufigen Insolvenzverwalter bestellen, für den § 8 Abs. 3 und die §§ 56, 58 bis 66 entsprechend gelten;
2. dem Schuldner ein allgemeines Verfügungsverbot auferlegen oder anordnen, dass Verfügungen des Schuldners nur mit Zustimmung des vorläufigen Insolvenzverwalters wirksam sind;
3. Maßnahmen der Zwangsvollstreckung gegen den Schuldner untersagen oder einstweilen einstellen, soweit nicht unbewegliche Gegenstände betroffen sind;
4. eine vorläufige Postsperre anordnen, für die die §§ 99, 101 Abs. 1 Satz 1 entsprechend gelten.

§ 80 InsO (Übergang des Verwaltungs- und Verfügungsrecht)

(1) Durch die Eröffnung des Insolvenzverfahrens geht das Recht des Schuldners, das zur Insolvenzmasse gehörende Vermögen zu verwalten und über es zu verfügen, auf den Insolvenzverwalter über.

(2) Ein gegen den Schuldner bestehendes Veräußerungsverbot, das nur den Schutz bestimmter Personen bezweckt (§§ 135, 136 des Bürgerlichen Gesetzbuchs), hat im Verfahren keine Wirkung. Die Vorschriften über die Wirkungen einer Pfändung oder einer Beschlagnahme im Wege der Zwangsvollstreckung bleiben unberührt.

§ 88 InsO (Vollstreckung vor Verfahrenseröffnung – Rückschlagsperre)
Hat ein Insolvenzgläubiger im letzten Monat vor dem Antrag auf Eröffnung des Insolvenzverfahrens oder nach diesem Antrag durch Zwangsvollstreckung eine Sicherung an dem zur Insolvenzmasse gehörenden Vermögen des Schuldners erlangt, so wird diese Sicherung mit der Eröffnung des Verfahrens unwirksam.

§ 89 InsO (Vollstreckungsverbot)
(1) Zwangsvollstreckungen für einzelne Insolvenzgläubiger sind während der Dauer des Insolvenzverfahrens weder in die Insolvenzmasse noch in das sonstige Vermögen des Schuldners zulässig.
(2) Zwangsvollstreckungen in künftige Forderungen auf Bezüge aus einem Dienstverhältnis des Schuldners oder an deren Stelle tretende laufende Bezüge sind während der Dauer des Verfahrens auch für Gläubiger unzulässig, die keine Insolvenzgläubiger sind. Dies gilt nicht für die Zwangsvollstreckung wegen eines Unterhaltsanspruchs oder einer Forderung aus einer vorsätzlichen unerlaubten Handlung in den Teil der Bezüge, der für andere Gläubiger nicht pfändbar ist.
(3) Über Einwendungen, die auf Grund des Absatzes 1 oder 2 gegen die Zulässigkeit einer Zwangsvollstreckung erhoben werden, entscheidet das Insolvenzgericht. Das Gericht kann vor der Entscheidung eine einstweilige Anordnung erlassen; es kann insbesondere anordnen, dass die Zwangsvollstreckung gegen oder ohne Sicherheitsleistung einstweilen einzustellen oder nur gegen Sicherheitsleistung fortzusetzen sei.

§ 114 InsO (Bezüge aus einem Dienstverhältnis)
(1) Hat der Schuldner vor der Eröffnung des Insolvenzverfahrens eine Forderung für die spätere Zeit auf Bezüge aus einem Dienstverhältnis oder an deren Stelle tretende laufende Bezüge abgetreten oder verpfändet, so ist diese Verfügung nur wirksam, soweit sie sich auf die Bezüge für die Zeit vor Ablauf von zwei Jahren nach dem Ende des zur Zeit der Eröffnung des Verfahrens laufenden Kalendermonats bezieht.
(2) Gegen die Forderung auf die Bezüge für den in Absatz 1 bezeichneten Zeitraum kann der Verpflichtete eine Forderung aufrechnen, die ihm

gegen den Schuldner zusteht. Die §§ 95 und 96 Nr. 2 bis 4 bleiben unberührt.

(3) Ist vor der Eröffnung des Verfahrens im Wege der Zwangsvollstreckung über die Bezüge für die spätere Zeit verfügt worden, so ist diese Verfügung nur wirksam, soweit sie sich auf die Bezüge für den zur Zeit der Eröffnung des Verfahrens laufenden Kalendermonat bezieht. Ist die Eröffnung nach dem fünfzehnten Tag des Monats erfolgt, so ist die Verfügung auch für den folgenden Kalendermonat wirksam. § 88 bleibt unberührt; § 89 Abs. 2 Satz 2 gilt entsprechend.

§ 174 InsO (Anmeldung der Forderung)

(1) Die Insolvenzgläubiger haben ihre Forderungen schriftlich beim Insolvenzverwalter anzumelden. Der Anmeldung sollen die Urkunden, aus denen sich die Forderung ergibt, in Abdruck beigefügt werden.

(2) Bei der Anmeldung sind der Grund und der Betrag der Forderung anzugeben sowie die Tatsachen, aus denen sich nach Einschätzung des Gläubigers ergibt, dass ihr eine vorsätzlich begangene unerlaubte Handlung des Schuldners zugrunde liegt.

(3) Die Forderungen nachrangiger Gläubiger sind nur anzumelden, soweit das Insolvenzgericht besonders zur Anmeldung dieser Forderungen auffordert. Bei der Anmeldung solcher Forderungen ist auf den Nachrang hinzuweisen und die dem Gläubiger zustehende Rangstelle zu bezeichnen.

§ 175 InsO (Insolvenztabelle)

(1) Der Insolvenzverwalter hat jede angemeldete Forderung mit den in § 174 Abs. 2 und 3 genannten Angaben in eine Tabelle einzutragen. Die Tabelle ist mit den Anmeldungen sowie den beigefügten Urkunden innerhalb des ersten Drittels des Zeitraums, der zwischen dem Ablauf der Anmeldefrist und dem Prüfungstermin liegt, in der Geschäftsstelle des Insolvenzgerichts zur Einsicht der Beteiligten niederzulegen.

(2) Hat ein Gläubiger eine Forderung aus einer vorsätzlich begangenen unerlaubten Handlung angemeldet, so hat das Insolvenzgericht den Schuldner auf die Rechtsfolgen des § 302 und auf die Möglichkeit des Widerspruchs hinzuweisen.

§ 179 InsO (Streitige Forderungen)

(1) Ist eine Forderung vom Insolvenzverwalter oder von einem Insolvenzgläubiger bestritten worden, so bleibt es dem Gläubiger überlassen, die Feststellung gegen den Bestreitenden zu betreiben.

(2) Liegt für eine solche Forderung ein vollstreckbarer Schuldtitel oder ein Endurteil vor, so obliegt es dem Bestreitenden, den Widerspruch zu verfolgen.

(3) Das Insolvenzgericht erteilt dem Gläubiger, dessen Forderung bestritten worden ist, einen beglaubigten Auszug aus der Tabelle. Im Falle des Absatzes 2 erhält auch der Bestreitende einen solchen Auszug. Die Gläubiger, deren Forderungen festgestellt worden sind, werden nicht benachrichtigt; hierauf sollen die Gläubiger vor dem Prüfungstermin hingewiesen werden.

§ 201 InsO (Rechte der Insolvenzgläubiger nach Verfahrensaufhebung)

(1) Die Insolvenzgläubiger können nach der Aufhebung des Insolvenzverfahrens ihre restlichen Forderungen gegen den Schuldner unbeschränkt geltend machen.

(2) Die Insolvenzgläubiger, deren Forderungen festgestellt und nicht vom Schuldner im Prüfungstermin bestritten worden sind, können aus der Eintragung in die Tabelle wie aus einem vollstreckbaren Urteil die Zwangsvollstreckung gegen den Schuldner betreiben. Einer nicht bestrittenen Forderung steht eine Forderung gleich, bei der ein erhobener Widerspruch beseitigt ist. Der Antrag auf Erteilung einer vollstreckbaren Ausfertigung aus der Tabelle kann erst nach Aufhebung des Insolvenzverfahrens gestellt werden.

(3) Die Vorschriften über die Restschuldbefreiung bleiben unberührt.

§ 217 InsO (Insolvenzplan)

Die Befriedigung der absonderungsberechtigten Gläubiger und der Insolvenzgläubiger, die Verwertung der Insolvenzmasse und deren Verteilung an die Beteiligten sowie die Haftung des Schuldners nach der Beendigung des Insolvenzverfahrens können in einem Insolvenzplan abweichend von den Vorschriften dieses Gesetzes geregelt werden.

§ 287 InsO (Antrag auf Restschuldbefreiung)

(1) Die Restschuldbefreiung setzt einen Antrag des Schuldners voraus,

der mit seinem Antrag auf Eröffnung des Insolvenzverfahrens verbunden werden soll. Wird er nicht mit diesem verbunden, so ist er innerhalb von zwei Wochen nach dem Hinweis gemäß § 20 Abs. 2 zu stellen.

(2) Dem Antrag ist die Erklärung beizufügen, dass der Schuldner seine pfändbaren Forderungen auf Bezüge aus einem Dienstverhältnis oder an deren Stelle tretende laufende Bezüge für die Zeit von sechs Jahren nach der Eröffnung des Insolvenzverfahrens an einen vom Gericht zu bestimmenden Treuhänder abtritt. Hatte der Schuldner diese Forderungen bereits vorher an einen Dritten abgetreten oder verpfändet, so ist in der Erklärung darauf hinzuweisen.

§ 289 InsO (Entscheidung des Insolvenzgerichts)

(1) Die Insolvenzgläubiger und der Insolvenzverwalter sind im Schlusstermin zu dem Antrag des Schuldners zu hören. Das Insolvenzgericht entscheidet über den Antrag des Schuldners durch Beschluss.

(2) Gegen den Beschluss steht dem Schuldner und jedem Insolvenzgläubiger, der im Schlusstermin die Versagung der Restschuldbefreiung beantragt hat, die sofortige Beschwerde zu. Das Insolvenzverfahren wird erst nach Rechtskraft des Beschlusses aufgehoben. Der rechtskräftige Beschluss ist zusammen mit dem Beschluss über die Aufhebung des Insolvenzverfahrens öffentlich bekanntzumachen.

(3) Im Falle der Einstellung des Insolvenzverfahrens kann Restschuldbefreiung nur erteilt werden, wenn nach Anzeige der Masseunzulänglichkeit die Insolvenzmasse nach § 209 verteilt worden ist und die Einstellung nach § 211 erfolgt. Absatz 2 gilt mit der Maßgabe, dass an die Stelle der Aufhebung des Verfahrens die Einstellung tritt.

§ 290 InsO (Versagung der Restschuldbefreiung)

(1) In dem Beschluss ist die Restschuldbefreiung zu versagen, wenn dies im Schlusstermin von einem Insolvenzgläubiger beantragt worden ist und wenn

1. der Schuldner wegen einer Straftat nach den §§ 283 bis 283 c des Strafgesetzbuchs rechtskräftig verurteilt worden ist,
2. der Schuldner in den letzten drei Jahren vor dem Antrag auf Eröffnung des Insolvenzverfahrens oder nach diesem Antrag vorsätzlich oder grob fahrlässig schriftlich unrichtige oder unvollständige

Angaben über seine wirtschaftlichen Verhältnisse gemacht hat, um einen Kredit zu erhalten, Leistungen aus öffentlichen Mitteln zu beziehen oder Leistungen an öffentliche Kassen zu vermeiden,
3. in den letzten zehn Jahren vor dem Antrag auf Eröffnung des Insolvenzverfahrens oder nach diesem Antrag dem Schuldner Restschuldbefreiung erteilt oder nach § 296 oder § 297 versagt worden ist,
4. der Schuldner im letzten Jahr vor dem Antrag auf Eröffnung des Insolvenzverfahrens oder nach diesem Antrag vorsätzlich oder grob fahrlässig die Befriedigung der Insolvenzgläubiger dadurch beeinträchtigt hat, dass er unangemessene Verbindlichkeiten begründet oder Vermögen verschwendet oder ohne Aussicht auf eine Besserung seiner wirtschaftlichen Lage die Eröffnung des Insolvenzverfahrens verzögert hat,
5. der Schuldner während des Insolvenzverfahrens Auskunfts- oder Mitwirkungspflichten nach diesem Gesetz vorsätzlich oder grob fahrlässig verletzt hat oder
6. der Schuldner in den nach § 305 Abs. 1 Nr. 3 vorzulegenden Verzeichnissen seines Vermögens und seines Einkommens, seiner Gläubiger und der gegen ihn gerichteten Forderungen vorsätzlich oder grob fahrlässig unrichtige oder unvollständige Angaben gemacht hat.

(2) Der Antrag des Gläubigers ist nur zulässig, wenn ein Versagungsgrund glaubhaft gemacht wird.

§ 292 InsO (Rechtsstellung des Treuhänders)

(1) Der Treuhänder hat den zur Zahlung der Bezüge Verpflichteten über die Abtretung zu unterrichten. Er hat die Beträge, die er durch die Abtretung erlangt, und sonstige Leistungen des Schuldners oder Dritter von seinem Vermögen getrennt zu halten und einmal jährlich auf Grund des Schlussverzeichnisses an die Insolvenzgläubiger zu verteilen, sofern die nach § 4 a gestundeten Verfahrenskosten abzüglich der Kosten für die Beiordnung eines Rechtsanwalts berichtigt sind. § 36 Abs. 1 Satz 2, Abs. 4 gilt entsprechend. Von den Beträgen, die er durch die Abtretung erlangt, und den sonstigen Leistungen hat er an den Schuldner nach Ablauf von vier Jahren seit der Aufhebung des Insolvenzverfahrens zehn vom Hundert und nach Ablauf von fünf

Jahren seit der Aufhebung fünfzehn vom Hundert abzuführen. Sind die nach § 4 a gestundeten Verfahrenskosten noch nicht berichtigt, werden Gelder an den Schuldner nur abgeführt, sofern sein Einkommen nicht den sich nach § 115 Abs. 1 der Zivilprozessordnung errechnenden Betrag übersteigt.

(2) Die Gläubigerversammlung kann dem Treuhänder zusätzlich die Aufgabe übertragen, die Erfüllung der Obliegenheiten des Schuldners zu überwachen. In diesem Fall hat der Treuhänder die Gläubiger unverzüglich zu benachrichtigen, wenn er einen Verstoß gegen diese Obliegenheiten feststellt. Der Treuhänder ist nur zur Überwachung verpflichtet, soweit die ihm dafür zustehende zusätzliche Vergütung gedeckt ist oder vorgeschossen wird.

(3) Der Treuhänder hat bei der Beendigung seines Amtes dem Insolvenzgericht Rechnung zu legen. Die §§ 58 und 59 gelten entsprechend, § 59 jedoch mit der Maßgabe, dass die Entlassung von jedem Insolvenzgläubiger beantragt werden kann und dass die sofortige Beschwerde jedem Insolvenzgläubiger zusteht.

§ 295 InsO (Obliegenheiten des Schuldners)

(1) Dem Schuldner obliegt es, während der Laufzeit der Abtretungserklärung

1. eine angemessene Erwerbstätigkeit auszuüben und, wenn er ohne Beschäftigung ist, sich um eine solche zu bemühen und keine zumutbare Tätigkeit abzulehnen;
2. Vermögen, das er von Todes wegen oder mit Rücksicht auf ein künftiges Erbrecht erwirbt, zur Hälfte des Wertes an den Treuhänder herauszugeben;
3. jeden Wechsel des Wohnsitzes oder der Beschäftigungsstelle unverzüglich dem Insolvenzgericht und dem Treuhänder anzuzeigen, keine von der Abtretungserklärung erfassten Bezüge und kein von Nummer 2 erfasstes Vermögen zu verheimlichen und dem Gericht und dem Treuhänder auf Verlangen Auskunft über seine Erwerbstätigkeit oder seine Bemühungen um eine solche sowie über seine Bezüge und sein Vermögen zu erteilen;
4. Zahlungen zur Befriedigung der Insolvenzgläubiger nur an den Treuhänder zu leisten und keinem Insolvenzgläubiger einen Sondervorteil zu verschaffen.

(2) Soweit der Schuldner eine selbständige Tätigkeit ausübt, obliegt es ihm, die Insolvenzgläubiger durch Zahlungen an den Treuhänder so zu stellen, wie wenn er ein angemessenes Dienstverhältnis eingegangen wäre.

§ 296 InsO (Verstoß gegen die Obliegenheiten)

(1) Das Insolvenzgericht versagt die Restschuldbefreiung auf Antrag eines Insolvenzgläubigers, wenn der Schuldner während der Laufzeit der Abtretungserklärung eine seiner Obliegenheiten verletzt und dadurch die Befriedigung der Insolvenzgläubiger beeinträchtigt; dies gilt nicht, wenn den Schuldner kein Verschulden trifft. Der Antrag kann nur binnen eines Jahres nach dem Zeitpunkt gestellt werden, in dem die Obliegenheitsverletzung dem Gläubiger bekannt geworden ist. Er ist nur zulässig, wenn die Voraussetzungen der Sätze 1 und 2 glaubhaft gemacht werden.

(2) Vor der Entscheidung über den Antrag sind der Treuhänder, der Schuldner und die Insolvenzgläubiger zu hören. Der Schuldner hat über die Erfüllung seiner Obliegenheiten Auskunft zu erteilen und, wenn es der Gläubiger beantragt, die Richtigkeit dieser Auskunft an Eides Statt zu versichern. Gibt er die Auskunft oder die eidesstattliche Versicherung ohne hinreichende Entschuldigung nicht innerhalb der ihm gesetzten Frist ab oder erscheint er trotz ordnungsgemäßer Ladung ohne hinreichende Entschuldigung nicht zu einem Termin, den das Gericht für die Erteilung der Auskunft oder die eidesstattliche Versicherung anberaumt hat, so ist die Restschuldbefreiung zu versagen.

(3) Gegen die Entscheidung steht dem Antragsteller und dem Schuldner die sofortige Beschwerde zu. Die Versagung der Restschuldbefreiung ist öffentlich bekanntzumachen.

§ 300 InsO (Entscheidung über die Restschuldbefreiung)

(1) Ist die Laufzeit der Abtretungserklärung ohne eine vorzeitige Beendigung verstrichen, so entscheidet das Insolvenzgericht nach Anhörung der Insolvenzgläubiger, des Treuhänders und des Schuldners durch Beschluss über die Erteilung der Restschuldbefreiung.

(2) Das Insolvenzgericht versagt die Restschuldbefreiung auf Antrag eines Insolvenzgläubigers, wenn die Voraussetzungen des § 296

Abs. 1 oder 2 Satz 3 oder des § 297 vorliegen, oder auf Antrag des Treuhänders, wenn die Voraussetzungen des § 298 vorliegen.

(3) Der Beschluss ist öffentlich bekanntzumachen. Gegen den Beschluss steht dem Schuldner und jedem Insolvenzgläubiger, der bei der Anhörung nach Absatz 1 die Versagung der Restschuldbefreiung beantragt hat, die sofortige Beschwerde zu.

§ 301 InsO (Wirkung der Restschuldbefreiung)

(1) Wird die Restschuldbefreiung erteilt, so wirkt sie gegen alle Insolvenzgläubiger. Dies gilt auch für Gläubiger, die ihre Forderungen nicht angemeldet haben.

(2) Die Rechte der Insolvenzgläubiger gegen Mitschuldner und Bürgen des Schuldners sowie die Rechte dieser Gläubiger aus einer zu ihrer Sicherung eingetragenen Vormerkung oder aus einem Recht, das im Insolvenzverfahren zur abgesonderten Befriedigung berechtigt, werden durch die Restschuldbefreiung nicht berührt. Der Schuldner wird jedoch gegenüber dem Mitschuldner, dem Bürgen oder anderen Rückgriffsberechtigten in gleicher Weise befreit wie gegenüber den Insolvenzgläubigern.

(3) Wird ein Gläubiger befriedigt, obwohl er auf Grund der Restschuldbefreiung keine Befriedigung zu beanspruchen hat, so begründet dies keine Pflicht zur Rückgewähr des Erlangten.

§ 302 InsO (Ausgenommen Forderungen)

Von der Erteilung der Restschuldbefreiung werden nicht berührt:

1. Verbindlichkeiten des Schuldners aus einer vorsätzlich begangenen unerlaubten Handlung, sofern der Gläubiger die entsprechende Forderung unter Angabe dieses Rechtsgrundes nach § 174 Abs.2 InsO angemeldet hatte;
2. Geldstrafen und die diesen in § 39 Abs. 1 Nr. 3 gleichgestellten Verbindlichkeiten des Schuldners;
3. Verbindlichkeiten aus zinslosen Darlehen, die dem Schuldner zur Begleichung der Kosten des Insolvenzverfahrens gewährt wurden.

§ 303 InsO (Widerruf der Restschuldbefreiung)

(1) Auf Antrag eines Insolvenzgläubigers widerruft das Insolvenzgericht die Erteilung der Restschuldbefreiung, wenn sich nachträglich heraus-

stellt, dass der Schuldner eine seiner Obliegenheiten vorsätzlich verletzt und dadurch die Befriedigung der Insolvenzgläubiger erheblich beeinträchtigt hat.

(2) Der Antrag des Gläubigers ist nur zulässig, wenn er innerhalb eines Jahres nach der Rechtskraft der Entscheidung über die Restschuldbefreiung gestellt wird und wenn glaubhaft gemacht wird, dass die Voraussetzungen des Absatzes 1 vorliegen und dass der Gläubiger bis zur Rechtskraft der Entscheidung keine Kenntnis von ihnen hatte.

(3) Vor der Entscheidung sind der Schuldner und der Treuhänder zu hören. Gegen die Entscheidung steht dem Antragsteller und dem Schuldner die sofortige Beschwerde zu. Die Entscheidung, durch welche die Restschuldbefreiung widerrufen wird, ist öffentlich bekanntzumachen.

§ 304 InsO (Grundsatz des Verbraucherinsolvenzverfahren)

(1) Ist der Schuldner eine natürliche Person, die keine selbstständige wirtschaftliche Tätigkeit ausübt oder ausgeübt hat, so gelten für das Verfahren die allgemeinen Vorschriften, soweit in diesem Teil nichts anderes bestimmt ist. Hat der Schuldner eine selbstständige wirtschaftliche Tätigkeit ausgeübt, so findet Satz 1 Anwendung, wenn seine Vermögensverhältnisse überschaubar sind und gegen ihn keine Forderungen aus Arbeitsverhältnissen bestehen.

(2) Überschaubar sind die Vermögensverhältnisse im Sinne von Absatz 1 Satz 2 nur, wenn der Schuldner zu dem Zeitpunkt, zu dem der Antrag auf Eröffnung des Insolvenzverfahrens gestellt wird, weniger als 20 Gläubiger hat.

§ 305 InsO (Eröffnungsantrag des Schuldners

(1) Mit dem schriftlich einzureichenden Antrag auf Eröffnung des Insolvenzverfahrens (§ 311) oder unverzüglich nach diesem Antrag hat der Schuldner vorzulegen:

1. eine Bescheinigung, die von einer geeigneten Person oder Stelle ausgestellt ist und aus der sich ergibt, dass eine außergerichtliche Einigung mit den Gläubigern über die Schuldenbereinigung auf der Grundlage eines Plans innerhalb der letzten sechs Monate vor dem Eröffnungsantrag erfolglos versucht worden ist; der Plan ist beizufügen und die wesentlichen Gründe für sein Scheitern sind

darzulegen; die Länder können bestimmen, welche Personen oder Stellen als geeignet anzusehen sind;

2. den Antrag auf Erteilung von Restschuldbefreiung (§ 287) oder die Erklärung, dass Restschuldbefreiung nicht beantragt werden soll;
3. ein Verzeichnis des vorhandenen Vermögens und des Einkommens (Vermögensverzeichnis), eine Zusammenfassung des wesentlichen Inhalts dieses Verzeichnisses (Vermögensübersicht), ein Verzeichnis der Gläubiger und ein Verzeichnis der gegen ihn gerichteten Forderungen; den Verzeichnissen und der Vermögensübersicht ist die Erklärung beizufügen, dass die enthaltenen Angaben richtig und vollständig sind;
4. einen Schuldenbereinigungsplan; dieser kann alle Regelungen enthalten, die unter Berücksichtigung der Gläubigerinteressen sowie der Vermögens-, Einkommens- und Familienverhältnisse des Schuldners geeignet sind, zu einer angemessenen Schuldenbereinigung zu führen; in den Plan ist aufzunehmen, ob und inwieweit Bürgschaften, Pfandrechte und andere Sicherheiten der Gläubiger vom Plan berührt werden sollen.

(2) In dem Verzeichnis der Forderungen nach Absatz 1 Nr. 3 kann auch auf beigefügte Forderungsaufstellungen der Gläubiger Bezug genommen werden. Auf Aufforderung des Schuldners sind die Gläubiger verpflichtet, auf ihre Kosten dem Schuldner zur Vorbereitung des Forderungsverzeichnisses eine schriftliche Aufstellung ihrer gegen diesen gerichteten Forderungen zu erteilen; insbesondere haben sie ihm die Höhe ihrer Forderungen und deren Aufgliederung in Hauptforderung, Zinsen und Kosten anzugeben. Die Aufforderung des Schuldners muss einen Hinweis auf einen bereits bei Gericht eingereichten oder in naher Zukunft beabsichtigten Antrag auf Eröffnung eines Insolvenzverfahrens enthalten.

(3) Hat der Schuldner die in Absatz 1 genannten Erklärungen und Unterlagen nicht vollständig abgegeben, so fordert ihn das Insolvenzgericht auf, das Fehlende unverzüglich zu ergänzen. Kommt der Schuldner dieser Aufforderung nicht binnen eines Monats nach, so gilt sein Antrag auf Eröffnung des Insolvenzverfahrens als zurückgenommen. Im Falle des § 306 Abs. 3 Satz 3 beträgt die Frist drei Monate.

(4) Der Schuldner kann sich im Verfahren nach diesem Abschnitt vor dem Insolvenzgericht von einer geeigneten Person oder einem Ange-

hörigen einer als geeignet anerkannten Stelle im Sinne des Absatzes 1 Nr. 1 vertreten lassen. § 157 Abs. 1 der Zivilprozessordnung findet keine Anwendung.

(5) Das Bundesministerium der Justiz wird ermächtigt, durch Rechtsverordnung mit Zustimmung des Bundesrates zur Vereinfachung des Verbraucherinsolvenzverfahrens für die Beteiligten Formulare für die nach Absatz 1 Nr. 1 bis 4 vorzulegenden Bescheinigungen, Anträge, Verzeichnisse und Pläne einzuführen. Soweit nach Satz 1 Formulare eingeführt sind, muss sich der Schuldner ihrer bedienen. Für Verfahren bei Gerichten, die die Verfahren maschinell bearbeiten und für Verfahren bei Gerichten, die die Verfahren nicht maschinell bearbeiten, können unterschiedliche Formulare eingeführt werden.

§ 306 InsO (Ruhen des Verfahrens)

(1) Das Verfahren über den Antrag auf Eröffnung des Insolvenzverfahrens ruht bis zur Entscheidung über den Schuldenbereinigungsplan. Dieser Zeitraum soll drei Monate nicht überschreiten. Das Gericht ordnet nach Anhörung des Schuldners die Fortsetzung des Verfahrens über den Eröffnungsantrag an, wenn nach seiner freien Überzeugung der Schuldenbereinigungsplan voraussichtlich nicht angenommen wird.

(2) Absatz 1 steht der Anordnung von Sicherungsmaßnahmen nicht entgegen. Ruht das Verfahren, so hat der Schuldner in der für die Zustellung erforderlichen Zahl Abschriften des Schuldenbereinigungsplans und der Vermögensübersicht innerhalb von zwei Wochen nach Aufforderung durch das Gericht nachzureichen. § 305 Abs. 3 Satz 2 gilt entsprechend.

(3) Beantragt ein Gläubiger die Eröffnung des Verfahrens, so hat das Insolvenzgericht vor der Entscheidung über die Eröffnung dem Schuldner Gelegenheit zu geben, ebenfalls einen Antrag zu stellen. Stellt der Schuldner einen Antrag, so gilt Absatz 1 auch für den Antrag des Gläubigers. In diesem Fall hat der Schuldner zunächst eine außergerichtliche Einigung nach § 305 Abs. 1 Nr. 1 zu versuchen.

§ 308 InsO (Annahme des Schuldenbereinigungsplan)

(1) Hat kein Gläubiger Einwendungen gegen den Schuldenbereinigungsplan erhoben oder wird die Zustimmung nach § 309 ersetzt, so gilt

der Schuldenbereinigungsplan als angenommen; das Insolvenzgericht stellt dies durch Beschluss fest. Der Schuldenbereinigungsplan hat die Wirkung eines Vergleichs im Sinne des § 794 Abs. 1 Nr. 1 der Zivilprozessordnung. Den Gläubigern und dem Schuldner ist eine Ausfertigung des Schuldenbereinigungsplans und des Beschlusses nach Satz 1 zuzustellen.

(2) Die Anträge auf Eröffnung des Insolvenzverfahrens und auf Erteilung von Restschuldbefreiung gelten als zurückgenommen.

(3) Soweit Forderungen in dem Verzeichnis des Schuldners nicht enthalten sind und auch nicht nachträglich bei dem Zustandekommen des Schuldenbereinigungsplans berücksichtigt worden sind, können die Gläubiger von dem Schuldner Erfüllung verlangen. Dies gilt nicht, soweit ein Gläubiger die Angaben über seine Forderung in dem beim Insolvenzgericht zur Einsicht niedergelegten Forderungsverzeichnis nicht innerhalb der gesetzten Frist ergänzt hat, obwohl ihm der Schuldenbereinigungsplan übersandt wurde und die Forderung vor dem Ablauf der Frist entstanden war; insoweit erlischt die Forderung.

§ 311 InsO (Aufnahme des Verbraucherinsolvenzverfahrens)

Werden Einwendungen gegen den Schuldenbereinigungsplan erhoben, die nicht gemäß § 309 durch gerichtliche Zustimmung ersetzt werden, so wird das Verfahren über den Eröffnungsantrag von Amts wegen wieder aufgenommen.

§ 312 InsO (Allgemeine Vefahrensvereinfachungen)

(1) Öffentliche Bekanntmachungen erfolgen auszugsweise; § 9 Abs. 2 ist nicht anzuwenden. Bei der Eröffnung des Insolvenzverfahrens wird abweichend von § 29 nur der Prüfungstermin bestimmt. Wird das Verfahren auf Antrag des Schuldners eröffnet, so beträgt die in § 88 genannte Frist drei Monate.

(2) Sind die Vermögensverhältnisse des Schuldners überschaubar und die Zahl der Gläubiger oder die Höhe der Verbindlichkeiten gering, so kann das Insolvenzgericht anordnen, dass das Verfahren oder einzelne seiner Teile schriftlich durchgeführt werden. Es kann diese Anordnung jederzeit aufheben oder abändern.

(3) Die Vorschriften über den Insolvenzplan (§§ 217 bis 269) und über die Eigenverwaltung (§§ 270 bis 285) sind nicht anzuwenden.

§ 313 InsO (Treuhänder)

(1) Die Aufgaben des Insolvenzverwalters werden von dem Treuhänder (§ 292) wahrgenommen. Dieser wird abweichend von § 291 Abs. 2 bereits bei der Eröffnung des Insolvenzverfahrens bestimmt. Die §§ 56 bis 66 gelten entsprechend.

(2) Zur Anfechtung von Rechtshandlungen nach den §§ 129 bis 147 ist nicht der Treuhänder, sondern jeder Insolvenzgläubiger berechtigt. Aus dem Erlangten sind dem Gläubiger die ihm entstandenen Kosten vorweg zu erstatten. Die Gläubigerversammlung kann den Treuhänder oder einen Gläubiger mit der Anfechtung beauftragen. Hat die Gläubigerversammlung einen Gläubiger mit der Anfechtung beauftragt, so sind diesem die entstandenen Kosten, soweit sie nicht aus dem Erlangten gedeckt werden können, aus der Insolvenzmasse zu erstatten.

(3) Der Treuhänder ist nicht zur Verwertung von Gegenständen berechtigt, an denen Pfandrechte oder andere Absonderungsrechte bestehen. Das Verwertungsrecht steht dem Gläubiger zu. § 173 Abs. 2 gilt entsprechend.

6. Einkommensteuergesetz (EStG)

§ 76 a EStG (Kontenpfändung und Pfändung von Bargeld)

– ab 1.1.2012 ist § 76 a EStG aufgehoben, es gilt dann § 850 k (Pfändungsschutzkonto) –

(1) Wird Kindergeld auf das Konto des Berechtigten oder in den Fällen des § 74 Absatz 1 Satz 1 bis 3 bzw. § 76 auf das Konto des Kindes bei einem Kreditinstitut überwiesen, ist die Forderung, die durch die Gutschrift entsteht, für die Dauer von 14 Tagen seit der Gutschrift der Überweisung unpfändbar. Eine Pfändung des Guthabens gilt als mit der Maßgabe ausgesprochen, dass sie das Guthaben in Höhe der in Satz 1 bezeichneten Forderung während der 14 Tage nicht erfasst.

(2) Das Kreditinstitut ist dem Schuldner innerhalb der 14 Tage zur Leistung aus dem nach Absatz 1 Satz 2 von der Pfändung nicht erfassten Guthaben nur soweit verpflichtet, als der Schuldner nachweist oder als dem Kreditinstitut sonst bekannt ist, dass das Guthaben von der Pfändung nicht erfasst ist. Soweit das Kreditinstitut hiernach geleistet hat, gilt Absatz 1 Satz 2 nicht.

(3) Eine Leistung, die das Kreditinstitut innerhalb der 14 Tage aus dem nach Absatz 1 Satz 2 von der Pfändung nicht erfassten Guthaben an den Gläubiger bewirkt, ist dem Schuldner gegenüber unwirksam. Das gilt auch für eine Hinterlegung.

(4) Bei Empfängern laufender Kindergeldleistungen sind die in Absatz 1 genannten Forderungen nach Ablauf von 14 Tagen seit der Gutschrift sowie Bargeld insoweit nicht der Pfändung unterworfen, als ihr Betrag dem unpfändbaren Teil der Leistungen für die Zeit von der Pfändung bis zum nächsten Zahlungstermin entspricht.

(5) Pfändungsschutz für Kontoguthaben besteht nach dieser Vorschrift nicht, wenn der Schuldner ein Pfändungsschutzkonto im Sinne von § 850 k Absatz 7 der Zivilprozessordnung führt. Hat das Kreditinstitut keine Kenntnis von dem Bestehen eines Pfändungsschutzkontos, leistet es nach den Absätzen 1 bis 4 mit befreiender Wirkung an den Schuldner. Gegenüber dem Gläubiger ist das Kreditinstitut zur Leistung nur verpflichtet, wenn ihm das Bestehen des Pfändungsschutzkontos nachgewiesen ist.

7. Gesetz zur Verbesserung betrieblicher Altersversorgung (BetrAVG)

§ 1a BetrAVG (Anspruch auf betriebliche Altersversorgung durch Entgeltumwandlung)

(1) Der Arbeitnehmer kann vom Arbeitgeber verlangen, dass von seinen künftigen Entgeltansprüchen bis zu 4 vom Hundert der jeweiligen Beitragsbemessungsgrenze in der allgemeinen Rentenversicherung durch Entgeltumwandlung für seine betriebliche Altersversorgung verwendet werden. Die Durchführung des Anspruchs des Arbeitnehmers wird durch Vereinbarung geregelt. Ist der Arbeitgeber zu einer Durchführung über einen Pensionsfonds oder eine Pensionskasse (§ 1b Abs. 3) bereit, ist die betriebliche Altersversorgung dort durchzuführen; andernfalls kann der Arbeitnehmer verlangen, dass der Arbeitgeber für ihn eine Direktversicherung (§ 1b Abs. 2) abschließt. Soweit der Anspruch geltend gemacht wird, muss der Arbeitnehmer jährlich einen Betrag in Höhe von mindestens einem Hundertsechzigstel der Bezugsgröße nach § 18 Abs. 1 des Vierten Buches Sozialge-

setzbuch für seine betriebliche Altersversorgung verwenden. Soweit der Arbeitnehmer Teile seines regelmäßigen Entgelts für betriebliche Altersversorgung verwendet, kann der Arbeitgeber verlangen, dass während eines laufenden Kalenderjahres gleich bleibende monatliche Beträge verwendet werden.

(2) Soweit eine durch Entgeltumwandlung finanzierte betriebliche Altersversorgung besteht, ist der Anspruch des Arbeitnehmers auf Entgeltumwandlung ausgeschlossen.

(3) Soweit der Arbeitnehmer einen Anspruch auf Entgeltumwandlung für betriebliche Altersversorgung nach Abs. 1 hat, kann er verlangen, dass die Voraussetzungen für eine Förderung nach den §§ 10a, 82 Abs. 2 des Einkommensteuergesetzes erfüllt werden, wenn die betriebliche Altersversorgung über einen Pensionsfonds, eine Pensionskasse oder eine Direktversicherung durchgeführt wird.

(4) Falls der Arbeitnehmer bei fortbestehendem Arbeitsverhältnis kein Entgelt erhält, hat er das Recht, die Versicherung oder Versorgung mit eigenen Beiträgen fortzusetzen. Der Arbeitgeber steht auch für die Leistungen aus diesen Beiträgen ein. Die Regelungen über Entgeltumwandlung gelten entsprechend.

§ 1b BetrAVG (Unverfallbarkeit und Durchführung der betrieblichen Altersversorgung)

(1) Einem Arbeitnehmer, dem Leistungen aus der betrieblichen Altersversorgung zugesagt worden sind, bleibt die Anwartschaft erhalten, wenn das Arbeitsverhältnis vor Eintritt des Versorgungsfalls, jedoch nach Vollendung des 25. Lebensjahres endet und die Versorgungszusage zu diesem Zeitpunkt mindestens fünf Jahre bestanden hat (unverfallbare Anwartschaft). Ein Arbeitnehmer behält seine Anwartschaft auch dann, wenn er aufgrund einer Vorruhestandsregelung ausscheidet und ohne das vorherige Ausscheiden die Wartezeit und die sonstigen Voraussetzungen für den Bezug von Leistungen der betrieblichen Altersversorgung hätte erfüllen können. Eine Änderung der Versorgungszusage oder ihre Übernahme durch eine andere Person unterbricht nicht den Ablauf der Fristen nach Satz 1. Der Verpflichtung aus einer Versorgungszusage stehen Versorgungsverpflichtungen gleich, die auf betrieblicher Übung oder dem Grundsatz der Gleichbehandlung beruhen. Der Ablauf einer vorgesehenen War-

tezeit wird durch die Beendigung des Arbeitsverhältnisses nach Erfüllung der Voraussetzungen der Sätze 1 und 2 nicht berührt. Wechselt ein Arbeitnehmer vom Geltungsbereich dieses Gesetzes in einen anderen Mitgliedstaat der Europäischen Union, bleibt die Anwartschaft in gleichem Umfange wie für Personen erhalten, die auch nach Beendigung eines Arbeitsverhältnisses innerhalb des Geltungsbereichs dieses Gesetzes verbleiben.

(2) Wird für die betriebliche Altersversorgung eine Lebensversicherung auf das Leben des Arbeitnehmers durch den Arbeitgeber abgeschlossen und sind der Arbeitnehmer oder seine Hinterbliebenen hinsichtlich der Leistungen des Versicherers ganz oder teilweise bezugsberechtigt (**Direktversicherung**), so ist der Arbeitgeber verpflichtet, wegen Beendigung des Arbeitsverhältnisses nach Erfüllung der in Absatz 1 Satz 1 und 2 genannten Voraussetzungen das Bezugsrecht nicht mehr zu widerrufen. Eine Vereinbarung, nach der das Bezugsrecht durch die Beendigung des Arbeitsverhältnisses nach Erfüllung der in Absatz 1 Satz 1 und 2 genannten Voraussetzungen auflösend bedingt ist, ist unwirksam. Hat der Arbeitgeber die Ansprüche aus dem Versicherungsvertrag abgetreten oder beliehen, so ist er verpflichtet, den Arbeitnehmer, dessen Arbeitsverhältnis nach Erfüllung der in Absatz 1 Satz 1 und 2 genannten Voraussetzungen geendet hat, bei Eintritt des Versicherungsfalles so zu stellen, als ob die Abtretung oder Beleihung nicht erfolgt wäre. Als Zeitpunkt der Erteilung der Versorgungszusage im Sinne des Absatzes 1 gilt der Versicherungsbeginn, frühestens jedoch der Beginn der Betriebszugehörigkeit.

(3) Wird die betriebliche Altersversorgung von einer rechtsfähigen Versorgungseinrichtung durchgeführt, die dem Arbeitnehmer oder seinen Hinterbliebenen auf ihre Leistungen einen Rechtsanspruch gewährt (Pensionskasse und Pensionsfonds), so gilt Absatz 1 entsprechend. Als Zeitpunkt der Erteilung der Versorgungszusage im Sinne des Absatzes 1 gilt der Versicherungsbeginn, frühestens jedoch der Beginn der Betriebszugehörigkeit.

(4) Wird die betriebliche Altersversorgung von einer rechtsfähigen Versorgungseinrichtung durchgeführt, die auf ihre Leistungen keinen Rechtsanspruch gewährt (Unterstützungskasse), so sind die nach Erfüllung der in Absatz 1 Satz 1 und 2 genannten Voraussetzungen und vor Eintritt des Versorgungsfalles aus dem Unternehmen ausgeschie-

denen Arbeitnehmer und ihre Hinterbliebenen den bis zum Eintritt des Versorgungsfalles dem Unternehmen angehörenden Arbeitnehmern und deren Hinterbliebenen gleichgestellt. Die Versorgungszusage gilt in dem Zeitpunkt als erteilt im Sinne des Absatzes 1, von dem an der Arbeitnehmer zum Kreis der Begünstigten der Unterstützungskasse gehört.

(5) Soweit betriebliche Altersversorgung durch Entgeltumwandlung erfolgt, behält der Arbeitnehmer seine Anwartschaft, wenn sein Arbeitsverhältnis vor Eintritt des Versorgungsfalles endet; in den Fällen der Absätze 2 und 3

1. dürfen die Überschussanteile nur zur Verbesserung der Leistung verwendet,
2. muss dem ausgeschiedenen Arbeitnehmer das Recht zur Fortsetzung der Versicherung oder Versorgung mit eigenen Beiträgen eingeräumt und
3. **muss das Recht zur Verpfändung, Abtretung oder Beleihung durch den Arbeitgeber ausgeschlossen werden.**

Im Fall einer Direktversicherung ist dem Arbeitnehmer darüber hinaus mit Beginn der Entgeltumwandlung ein unwiderrufliches Bezugsrecht einzuräumen.

G. Die Lohnpfändungstabellen

1. Monatstabelle (BGBl I/2005 S. 493 ff. und 2009, 1141)

Anlage zu § 850 c ZPO – Stand: 1.1.2010 –

Netto-Lohn monatlich	Pfändbarer Betrag bei Unterhaltspflicht für .... Personen					
	0	1	2	3	4	5 und mehr
in €	in €					
0,00 bis 989,99	-	-	-	-	-	-
990,00 bis 999,99	3,40	-	-	-	-	-
1.000,00 bis 1.009,99	10,40	-	-	-	-	-
1.010,00 bis 1.019,99	17,40	-	-	-	-	-
1.020,00 bis 1.029,99	24,40	-	-	-	-	-
1.030,00 bis 1.039,99	31,40	-	-	-	-	-
1.040,00 bis 1.049,99	38,40	-	-	-	-	-
1.050,00 bis 1.059,99	45,40	-	-	-	-	-
1.060,00 bis 1.069,99	52,40	-	-	-	-	-
1.070,00 bis 1.079,99	59,40	-	-	-	-	-
1.080,00 bis 1.089,99	66,40	-	-	-	-	-
1.090,00 bis 1.099,99	73,40	-	-	-	-	-
1.100,00 bis 1.109,99	80,40	-	-	-	-	-
1.110,00 bis 1.119,99	87,40	-	-	-	-	-
1.120,00 bis 1.129,99	94,40	-	-	-	-	-
1.130,00 bis 1.139,99	101,40	-	-	-	-	-
1.140,00 bis 1.149,99	108,40	-	-	-	-	-
1.150,00 bis 1.159,99	115,40	-	-	-	-	-
1.160,00 bis 1.169,99	122,40	-	-	-	-	-
1.170,00 bis 1.179,99	129,40	-	-	-	-	-
1.180,00 bis 1.189,99	136,40	-	-	-	-	-
1.190,00 bis 1.199,99	143,40	-	-	-	-	-
1.200,00 bis 1.209,99	150,40	-	-	-	-	-
1.210,00 bis 1.219,99	157,40	-	-	-	-	-
1.220,00 bis 1.229,99	164,40	-	-	-	-	-
1.230,00 bis 1.239,99	171,40	-	-	-	-	-
1.240,00 bis 1.249,99	178,40	-	-	-	-	-
1.250,00 bis 1.259,99	185,40	-	-	-	-	-
1.260,00 bis 1.269,99	192,40	-	-	-	-	-
1.270,00 bis 1.279,99	199,40	-	-	-	-	-
1.280,00 bis 1.289,99	206,40	-	-	-	-	-
1.290,00 bis 1.299,99	213,40	-	-	-	-	-
1.300,00 bis 1.309,99	220,40	-	-	-	-	-
1.310,00 bis 1.319,99	227,40	-	-	-	-	-
1.320,00 bis 1.329,99	234,40	-	-	-	-	-
1.330,00 bis 1.339,99	241,40	-	-	-	-	-
1.340,00 bis 1.349,99	248,40	-	-	-	-	-
1.350,00 bis 1.359,99	255,40	-	-	-	-	-
1.360,00 bis 1.369,99	262,40	2,05	-	-	-	-
1.370,00 bis 1.379,99	269,40	7,05	-	-	-	-
1.380,00 bis 1.389,99	276,40	12,05	-	-	-	-
1.390,00 bis 1.399,99	283,40	17,05	-	-	-	-
1.400,00 bis 1.409,99	290,40	22,05	-	-	-	-
1.410,00 bis 1.419,99	297,40	27,05	-	-	-	-
1.420,00 bis 1.429,99	304,40	32,05	-	-	-	-

Netto-Lohn monatlich	Pfändbarer Betrag bei Unterhaltspflicht für .... Personen					
	0	1	2	3	4	5 und mehr
in €	in €					
1.430,00 bis 1.439,99	311,40	37,05	-	-	-	-
1.440,00 bis 1.449,99	318,40	42,05	-	-	-	-
1.450,00 bis 1.459,99	325,40	47,05	-	-	-	-
1.460,00 bis 1.469,99	332,40	52,05	-	-	-	-
1.470,00 bis 1.479,99	339,40	57,05	-	-	-	-
1.480,00 bis 1.489,99	346,40	62,05	-	-	-	-
1.490,00 bis 1.499,99	353,40	67,05	-	-	-	-
1.500,00 bis 1.509,99	360,40	72,05	-	-	-	-
1.510,00 bis 1.519,99	367,40	77,05	-	-	-	-
1.520,00 bis 1.529,99	374,40	82,05	-	-	-	-
1.530,00 bis 1.539,99	381,40	87,05	-	-	-	-
1.540,00 bis 1.549,99	388,40	92,05	-	-	-	-
1.550,00 bis 1.559,99	395,40	97,05	-	-	-	-
1.560,00 bis 1.569,99	402,40	102,05	-	-	-	-
1.570,00 bis 1.579,99	409,40	107,05	3,01	-	-	-
1.580,00 bis 1.589,99	416,40	112,05	7,01	-	-	-
1.590,00 bis 1.599,99	423,40	117,05	11,01	-	-	-
1.600,00 bis 1.609,99	430,40	122,05	15,01	-	-	-
1.610,00 bis 1.619,99	437,40	127,05	19,01	-	-	-
1.620,00 bis 1.629,99	444,40	132,05	23,01	-	-	-
1.630,00 bis 1.639,99	451,40	137,05	27,01	-	-	-
1.640,00 bis 1.649,99	458,40	142,05	31,01	-	-	-
1.650,00 bis 1.659,99	465,40	147,05	35,01	-	-	-
1.660,00 bis 1.669,99	472,40	152,05	39,01	-	-	-
1.670,00 bis 1.679,99	479,40	157,05	43,01	-	-	-
1.680,00 bis 1.689,99	486,40	162,05	47,01	-	-	-
1.690,00 bis 1.699,99	493,40	167,05	51,01	-	-	-
1.700,00 bis 1.709,99	500,40	172,05	55,01	-	-	-
1.710,00 bis 1.719,99	507,40	177,05	59,01	-	-	-
1.720,00 bis 1.729,99	514,40	182,05	63,01	-	-	-
1.730,00 bis 1.739,99	521,40	187,05	67,01	-	-	-
1.740,00 bis 1.749,99	528,40	192,05	71,01	-	-	-
1.750,00 bis 1.759,99	535,40	197,05	75,01	-	-	-
1.760,00 bis 1.769,99	542,40	202,05	79,01	-	-	-
1.770,00 bis 1.779,99	549,40	207,05	83,01	0,29	-	-
1.780,00 bis 1.789,99	556,40	212,05	87,01	3,29	-	-
1.790,00 bis 1.799,99	563,40	217,05	91,01	6,29	-	-
1.800,00 bis 1.809,99	570,40	222,05	95,01	9,29	-	-
1.810,00 bis 1.819,99	577,40	227,05	99,01	12,29	-	-
1.820,00 bis 1.829,99	584,40	232,05	103,01	15,29	-	-
1.830,00 bis 1.839,99	591,40	237,05	107,01	18,29	-	-
1.840,00 bis 1.849,99	598,40	242,05	111,01	21,29	-	-
1.850,00 bis 1.859,99	605,40	247,05	115,01	24,29	-	-
1.860,00 bis 1.869,99	612,40	252,05	119,01	27,29	-	-
1.870,00 bis 1.879,99	619,40	257,05	123,01	30,29	-	-
1.880,00 bis 1.889,99	626,40	262,05	127,01	33,29	-	-
1.890,00 bis 1.899,99	633,40	267,05	131,01	36,29	-	-
1.900,00 bis 1.909,99	640,40	272,05	135,01	39,29	-	-
1.910,00 bis 1.919,99	647,40	277,05	139,01	42,29	-	-
1.920,00 bis 1.929,99	654,40	282,05	143,01	45,29	-	-

Netto-Lohn monatlich	Pfändbarer Betrag bei Unterhaltspflicht für .... Personen					
	0	1	2	3	4	5 und mehr
in €	in €					
1.930,00 bis 1.939,99	661,40	287,05	147,01	48,29	-	-
1.940,00 bis 1.949,99	668,40	292,05	151,01	51,29	-	-
1.950,00 bis 1.959,99	675,40	297,05	155,01	54,29	-	-
1.960,00 bis 1.969,99	682,40	302,05	159,01	57,29	-	-
1.970,00 bis 1.979,99	689,40	307,05	163,01	60,29	-	-
1.980,00 bis 1.989,99	696,40	312,05	167,01	63,29	0,88	-
1.990,00 bis 1.999,99	703,40	317,05	171,01	66,29	2,88	-
2.000,00 bis 2.009,99	710,40	322,05	175,01	69,29	4,88	-
2.010,00 bis 2.019,99	717,40	327,05	179,01	72,29	6,88	-
2.020,00 bis 2.029,99	724,40	332,05	183,01	75,29	8,88	-
2.030,00 bis 2.039,99	731,40	337,05	187,01	78,29	10,88	-
2.040,00 bis 2.049,99	738,40	342,05	191,01	81,29	12,88	-
2.050,00 bis 2.059,99	745,40	347,05	195,01	84,29	14,88	-
2.060,00 bis 2.069,99	752,40	352,05	199,01	87,29	16,88	-
2.070,00 bis 2.079,99	759,40	357,05	203,01	90,29	18,88	-
2.080,00 bis 2.089,99	766,40	362,05	207,01	93,29	20,88	-
2.090,00 bis 2.099,99	773,40	367,05	211,01	96,29	22,88	-
2.100,00 bis 2.109,99	780,40	372,05	215,01	99,29	24,88	-
2.110,00 bis 2.119,99	787,40	377,05	219,01	102,29	26,88	-
2.120,00 bis 2.129,99	794,40	382,05	223,01	105,29	28,88	-
2.130,00 bis 2.139,99	801,40	387,05	227,01	108,29	30,88	-
2.140,00 bis 2.149,99	808,40	392,05	231,01	111,29	32,88	-
2.150,00 bis 2.159,99	815,40	397,05	235,01	114,29	34,88	-
2.160,00 bis 2.169,99	822,40	402,05	239,01	117,29	36,88	-
2.170,00 bis 2.179,99	829,40	407,05	243,01	120,29	38,88	-
2.180,00 bis 2.189,99	836,40	412,05	247,01	123,29	40,88	-
2.190,00 bis 2.199,99	843,40	417,05	251,01	126,29	42,88	0,79
2.200,00 bis 2.209,99	850,40	422,05	255,01	129,29	44,88	1,79
2.210,00 bis 2.219,99	857,40	427,05	259,01	132,29	46,88	2,79
2.220,00 bis 2.229,99	864,40	432,05	263,01	135,29	48,88	3,79
2.230,00 bis 2.239,99	871,40	437,05	267,01	138,29	50,88	4,79
2.240,00 bis 2.249,99	878,40	442,05	271,01	141,29	52,88	5,79
2.250,00 bis 2.259,99	885,40	447,05	275,01	144,29	54,88	6,79
2.260,00 bis 2.269,99	892,40	452,05	279,01	147,29	56,88	7,79
2.270,00 bis 2.279,99	899,40	457,05	283,01	150,29	58,88	8,79
2.280,00 bis 2.289,99	906,40	462,05	287,01	153,29	60,88	9,79
2.290,00 bis 2.299,99	913,40	467,05	291,01	156,29	62,88	10,79
2.300,00 bis 2.309,99	920,40	472,05	295,01	159,29	64,88	11,79
2.310,00 bis 2.319,99	927,40	477,05	299,01	162,29	66,88	12,79
2.320,00 bis 2.329,99	934,40	482,05	303,01	165,29	68,88	13,79
2.330,00 bis 2.339,99	941,40	487,05	307,01	168,29	70,88	14,79
2.340,00 bis 2.349,99	948,40	492,05	311,01	171,29	72,88	15,79
2.350,00 bis 2.359,99	955,40	497,05	315,01	174,29	74,88	16,79
2.360,00 bis 2.369,99	962,40	502,05	319,01	177,29	76,88	17,79
2.370,00 bis 2.379,00	909,40	507,05	323,01	180,29	78,88	18,79
2.380,00 bis 2.389,99	976,40	512,05	327,01	183,29	80,88	19,79
2.390,00 bis 2.399,99	983,40	517,05	331,01	186,29	82,88	20,79
2.400,00 bis 2.409,99	990,40	522,05	335,01	189,29	84,88	21,79
2.410,00 bis 2.419,99	997,40	527,05	339,01	192,29	86,88	22,79
2.420,00 bis 2.429,99	1004,40	532,05	343,01	195,29	88,88	23,79

Netto-Lohn monatlich	Pfändbarer Betrag bei Unterhaltspflicht für .... Personen					
	0	1	2	3	4	5 und mehr
in €	in €					
2.430,00 bis 2.439,99	1011,40	537,05	347,01	198,29	90,88	24,79
2.440,00 bis 2.449,99	1018,40	542,05	351,01	201,29	92,88	25,79
2.450,00 bis 2.459,99	1025,40	547,05	355,01	204,29	94,88	26,79
2.460,00 bis 2.469,99	1032,40	552,05	359,01	207,29	96,88	27,79
2.470,00 bis 2.479,99	1039,40	557,05	363,01	210,29	98,88	28,79
2.480,00 bis 2.489,99	1046,40	562,05	367,01	213,29	100,88	29,79
2.490,00 bis 2.499,99	1053,40	567,05	371,01	216,29	102,88	30,79
2.500,00 bis 2.509,99	1060,40	572,05	375,01	219,29	104,88	31,79
2.510,00 bis 2.519,99	1067,40	577,05	379,01	222,29	106,88	32,79
2.520,00 bis 2.529,99	1074,40	582,05	383,01	225,29	108,88	33,79
2.530,00 bis 2.539,99	1081,40	587,05	387,01	228,29	110,88	34,79
2.540,00 bis 2.549,99	1088,40	592,05	391,01	231,29	112,88	35,79
2.550,00 bis 2.559,99	1095,40	597,05	395,01	234,29	114,88	36,79
2.560,00 bis 2.569,99	1102,40	602,05	399,01	237,29	116,88	37,79
2.570,00 bis 2.579,99	1109,40	607,05	403,01	240,29	118,88	38,79
2.580,00 bis 2.589,99	1116,40	612,05	407,01	243,29	120,88	39,79
2.590,00 bis 2.599,99	1123,40	617,05	411,01	246,29	122,88	40,79
2.600,00 bis 2.609,99	1130,40	622,05	415,01	249,29	124,88	41,79
2.610,00 bis 2.619,99	1137,40	627,05	419,01	252,29	126,88	42,79
2.620,00 bis 2.629,99	1144,40	632,05	423,01	255,29	128,88	43,79
2.630,00 bis 2.639,99	1151,40	637,05	427,01	258,29	130,88	44,79
2.640,00 bis 2.649,99	1158,40	642,05	431,01	261,29	132,88	45,79
2.650,00 bis 2.659,99	1165,40	647,05	435,01	264,29	134,88	46,79
2.660,00 bis 2.669,99	1172,40	652,05	439,01	267,29	136,88	47,79
2.670,00 bis 2.679,99	1179,40	657,05	443,01	270,29	138,88	48,79
2.680,00 bis 2.689,99	1186,40	662,05	447,01	273,29	140,88	49,79
2.690,00 bis 2.699,99	1193,40	667,05	451,01	276,29	142,88	50,79
2.700,00 bis 2.709,99	1200,40	672,05	455,01	279,29	144,88	51,79
2.710,00 bis 2.719,99	1207,40	677,05	459,01	282,29	146,88	52,79
2.720,00 bis 2.729,99	1214,40	682,05	463,01	285,29	148,88	53,79
2.730,00 bis 2.739,99	1221,40	687,05	467,01	288,29	150,88	54,79
2.740,00 bis 2.749,99	1228,40	692,05	471,01	291,29	152,88	55,79
2.750,00 bis 2.759,99	1235,40	697,05	475,01	294,29	154,88	56,79
2.760,00 bis 2.769,99	1242,40	702,05	479,01	297,29	156,88	57,79
2.770,00 bis 2.779,99	1249,40	707,05	483,01	300,29	158,88	58,79
2.780,00 bis 2.789,99	1256,40	712,05	487,01	303,29	160,88	59,79
2.790,00 bis 2.799,99	1263,40	717,05	491,01	306,29	162,88	60,79
2.800,00 bis 2.809,99	1270,40	722,05	495,01	309,29	164,88	61,79
2.810,00 bis 2.819,99	1277,40	727,05	499,01	312,29	166,88	62,79
2.820,00 bis 2.829,99	1284,40	732,05	503,01	315,29	168,88	63,79
2.830,00 bis 2.839,99	1291,40	737,05	507,01	318,29	170,88	64,79
2.840,00 bis 2.849,99	1298,40	742,05	511,01	321,29	172,88	65,79
2.850,00 bis 2.859,99	1305,40	747,05	515,01	324,29	174,88	66,79
2.860,00 bis 2.869,99	1312,40	752,05	519,01	327,29	176,88	67,79
2.870,00 bis 2.879,99	1319,40	757,05	523,01	330,29	178,88	68,79
2.880,00 bis 2.889,99	1326,40	762,05	527,01	333,29	180,88	69,79
2.890,00 bis 2.899,99	1333,40	767,05	531,01	336,29	182,88	70,79
2.900,00 bis 2.909,99	1340,40	772,05	535,01	339,29	184,88	71,79
2.910,00 bis 2.919,99	1347,40	777,05	539,01	342,29	186,88	72,79
2.920,00 bis 2.929,99	1354,40	782,05	543,01	345,29	188,88	73,79

Netto-Lohn monatlich	Pfändbarer Betrag bei Unterhaltspflicht für .... Personen					
	0	1	2	3	4	5 und mehr
in €	in €					
2.930,00 bis 2.939,99	1361,40	787,05	547,01	348,29	190,88	74,79
2.940,00 bis 2.949,99	1368,40	792,05	551,01	351,29	192,88	75,79
2.950,00 bis 2.959,99	1375,40	797,05	555,01	354,29	194,88	76,79
2.960,00 bis 2.969,99	1382,40	802,05	559,01	357,29	196,88	77,79
2.970,00 bis 2.979,99	1389,40	807,05	563,01	360,29	198,88	78,79
2.980,00 bis 2.989,99	1396,40	812,05	567,01	363,29	200,88	79,79
2.990,00 bis 2.999,99	1403,40	817,05	571,01	366,29	202,88	80,79
3.000,00 bis 3.009,99	1410,40	822,05	575,01	369,29	204,88	81,79
3.010,00 bis 3.019,99	1417,40	827,05	579,01	372,29	206,88	82,79
3.020,00 bis 3.020,06	1424,40	832,05	583,01	375,29	208,88	83,79
Der Mehrbetrag über 3.020,06 € ist voll pfändbar.						

2. Wochentabelle (BGBl I/2005 S 493 ff.) Anlage zu § 850 c ZPO – Stand: 1.1.2010 –

Netto-Lohn monatlich	Pfändbarer Betrag bei Unterhaltspflicht für .... Personen					
	0	1	2	3	4	5 und mehr
in €	in €					
0,00 bis 227,49	-	-	-	-	-	-
227,50 bis 229,99	0,55	-	-	-	-	-
230,00 bis 232,49	2,30	-	-	-	-	-
232,50 bis 234,99	4,05	-	-	-	-	-
235,00 bis 237,49	5,80	-	-	-	-	-
237,50 bis 239,99	7,55	-	-	-	-	-
240,00 bis 242,49	9,30	-	-	-	-	-
242,50 bis 244,99	11,05	-	-	-	-	-
245,00 bis 247,49	12,80	-	-	-	-	-
247,50 bis 249,99	14,55	-	-	-	-	-
250,00 bis 252,49	16,30	-	-	-	-	-
252,50 bis 254,99	18,05	-	-	-	-	-
255,00 bis 257,49	19,80	-	-	-	-	-
257,50 bis 259,99	21,55	-	-	-	-	-
260,00 bis 262,49	23,30	-	-	-	-	-
262,50 bis 264,99	25,05	-	-	-	-	-
265,00 bis 267,49	26,80	-	-	-	-	-
267,50 bis 269,99	28,55	-	-	-	-	-
270,00 bis 272,49	30,30	-	-	-	-	-
272,50 bis 274,99	32,05	-	-	-	-	-
275,00 bis 277,49	33,80	-	-	-	-	-
277,50 bis 279,99	35,55	-	-	-	-	-
280,00 bis 282,49	37,30	-	-	-	-	-
282,50 bis 284,99	39,05	-	-	-	-	-
285,00 bis 287,49	40,80	-	-	-	-	-
287,50 bis 289,99	42,55	-	-	-	-	-
290,00 bis 292,49	44,30	-	-	-	-	-
292,50 bis 294,99	46,05	-	-	-	-	-
295,00 bis 297,49	47,80	-	-	-	-	-
297,50 bis 299,99	49,55	-	-	-	-	-
300,00 bis 302,49	51,30	-	-	-	-	-
302,50 bis 304,99	53,05	-	-	-	-	-
305,00 bis 307,49	54,80	-	-	-	-	-
307,50 bis 309,99	56,55	-	-	-	-	-
310,00 bis 312,49	58,30	-	-	-	-	-
312,50 bis 314,99	60,05	0,23	-	-	-	-
315,00 bis 317,49	61,80	1,48	-	-	-	-
317,50 bis 319,99	63,55	2,73	-	-	-	-
320,00 bis 322,49	65,30	3,98	-	-	-	-
322,50 bis 324,99	67,05	5,23	-	-	-	-
325,00 bis 327,49	68,80	6,48	-	-	-	-
327,50 bis 329,99	70,55	7,73	-	-	-	-
330,00 bis 332,49	72,30	8,98	-	-	-	-
332,50 bis 334,99	74,05	10,23	-	-	-	-
335,00 bis 337,49	75,80	11,48	-	-	-	-
337,50 bis 339,99	77,55	12,73	-	-	-	-
340,00 bis 342,49	79,30	13,98	-	-	-	-
342,50 bis 344,99	81,05	15,23	-	-	-	-
345,00 bis 347,49	82,80	16,48	-	-	-	-
347,50 bis 349,99	84,55	17,73	-	-	-	-

Netto-Lohn monatlich	Pfändbarer Betrag bei Unterhaltspflicht für .... Personen					
	0	1	2	3	4	5 und mehr
in €	in €					
350,00 bis 352,49	86,30	18,98	-	-	-	-
352,50 bis 354,99	88,05	20,23	-	-	-	-
355,00 bis 357,49	89,80	21,48	-	-	-	-
357,50 bis 359,99	91,55	22,73	-	-	-	-
360,00 bis 362,49	93,30	23,98	0,17	-	-	-
362,50 bis 364,99	95,05	25,23	1,17	-	-	-
365,00 bis 367,49	96,80	26,48	2,17	-	-	-
367,50 bis 369,99	98,55	27,73	3,17	-	-	-
370,00 bis 372,49	100,30	28,98	4,17	-	-	-
372,50 bis 374,99	102,05	30,23	5,17	-	-	-
375,00 bis 377,49	103,80	31,48	6,17	-	-	-
377,50 bis 379,99	105,55	32,73	7,17	-	-	-
380,00 bis 382,49	107,30	33,98	8,17	-	-	-
382,50 bis 384,99	109,05	35,23	9,17	-	-	-
385,00 bis 387,49	110,80	36,48	10,17	-	-	-
387,50 bis 389,99	112,55	37,73	11,17	-	-	-
390,00 bis 392,49	114,30	38,98	12,17	-	-	-
392,50 bis 394,99	116,05	40,23	13,17	-	-	-
395,00 bis 397,49	117,80	41,48	14,17	-	-	-
397,50 bis 399,99	119,55	42,73	15,17	-	-	-
400,00 bis 402,49	121,30	43,98	16,17	-	-	-
402,50 bis 404,99	123,05	45,23	17,17	-	-	-
405,00 bis 407,49	124,80	46,48	18,17	-	-	-
407,50 bis 409,99	126,55	47,73	19,17	0,11	-	-
410,00 bis 412,49	128,30	48,98	20,17	0,86	-	-
412,50 bis 414,99	130,05	50,23	21,17	1,61	-	-
415,00 bis 417,49	131,80	51,48	22,17	2,36	-	-
417,50 bis 419,99	133,55	52,73	23,17	3,11	-	-
420,00 bis 422,49	135,30	53,98	24,17	3,86	-	-
422,50 bis 424,99	137,05	55,23	25,17	4,61	-	-
425,00 bis 427,49	138,80	56,48	26,17	5,36	-	-
427,50 bis 429,99	140,55	57,73	27,17	6,11	-	-
430,00 bis 432,49	142,30	58,98	28,17	6,86	-	-
432,50 bis 434,99	144,05	60,23	29,17	7,61	-	-
435,00 bis 437,49	145,80	61,48	30,17	8,36	-	-
437,50 bis 439,99	147,55	62,73	31,17	9,11	-	-
440,00 bis 442,49	149,30	63,98	32,17	9,86	-	-
442,50 bis 444,99	151,05	65,23	33,17	10,61	-	-
445,00 bis 447,49	152,80	66,48	34,17	11,36	-	-
447,50 bis 449,99	154,55	67,73	35,17	12,11	-	-
450,00 bis 452,49	156,30	68,98	36,17	12,86	-	-
452,50 bis 454,99	158,05	70,23	37,17	13,61	-	-
455,00 bis 457,49	159,80	71,48	38,17	14,36	0,07	-
457,50 bis 459,99	161,55	72,73	39,17	15,11	0,57	-
460,00 bis 462,49	163,30	73,98	40,17	15,86	1,07	-
462,50 bis 464,99	165,05	75,23	41,17	16,61	1,57	-
465,00 bis 467,49	166,80	76,48	42,17	17,36	2,07	-
467,50 bis 469,99	168,55	77,73	43,17	18,11	2,57	-
470,00 bis 472,49	170,30	78,98	44,17	18,86	3,07	-
472,50 bis 474,99	172,05	80,23	45,17	19,61	3,57	-

Netto-Lohn monatlich	Pfändbarer Betrag bei Unterhaltspflicht für .... Personen					
	0	1	2	3	4	5 und mehr
in €	in €					
475,00 bis 477,49	173,80	81,48	46,17	20,36	4,07	-
477,50 bis 479,99	175,55	82,73	47,17	21,11	4,57	-
480,00 bis 482,49	177,30	83,98	48,17	21,86	5,07	-
482,50 bis 484,99	179,05	85,23	49,17	22,61	5,57	-
485,00 bis 487,49	180,80	86,48	50,17	23,36	6,07	-
487,50 bis 489,99	182,55	87,73	51,17	24,11	6,57	-
490,00 bis 492,49	184,30	88,98	52,17	24,86	7,07	-
492,50 bis 494,99	186,05	90,23	53,17	25,61	7,57	-
495,00 bis 497,49	187,80	91,48	54,17	26,36	8,07	-
497,50 bis 499,99	189,55	92,73	55,17	27,11	8,57	-
500,00 bis 502,49	191,30	93,98	56,17	27,86	9,07	-
502,50 bis 504,99	193,05	95,23	57,17	28,61	9,57	0,03
505,00 bis 507,49	194,80	96,48	58,17	29,36	10,07	0,28
507,50 bis 509,99	196,55	97,73	59,17	30,11	10,57	0,53
510,00 bis 512,49	198,30	98,98	60,17	30,86	11,07	0,78
512,50 bis 514,99	200,05	100,23	61,17	31,61	11,57	1,03
515,00 bis 517,49	201,80	101,48	62,17	32,36	12,07	1,28
517,50 bis 519,99	203,55	102,73	63,17	33,11	12,57	1,53
520,00 bis 522,49	205,30	103,98	64,17	33,86	13,07	1,78
522,50 bis 524,99	207,05	105,23	65,17	34,61	13,57	2,03
525,00 bis 527,49	208,80	106,48	66,17	35,36	14,07	2,28
527,50 bis 529,99	210,55	107,73	67,17	36,11	14,57	2,53
530,00 bis 532,49	212,30	108,98	68,17	36,86	15,07	2,78
532,50 bis 534,99	214,05	110,23	69,17	37,61	15,57	3,03
535,00 bis 537,49	215,80	111,48	70,17	38,36	16,07	3,28
537,50 bis 539,99	217,55	112,73	71,17	39,11	16,57	3,53
540,00 bis 542,49	219,30	113,98	72,17	39,86	17,07	3,78
542,50 bis 544,99	221,05	115,23	73,17	40,61	17,57	4,03
545,00 bis 547,49	222,80	116,48	74,17	41,36	18,07	4,28
547,50 bis 549,99	224,55	117,73	75,17	42,11	18,57	4,53
550,00 bis 552,49	226,30	118,98	76,17	42,86	19,07	4,78
552,50 bis 554,99	228,05	120,23	77,17	43,61	19,57	5,03
555,00 bis 557,49	229,80	121,48	78,17	44,36	20,07	5,28
557,50 bis 559,99	231,55	122,73	79,17	45,11	20,57	5,53
560,00 bis 562,49	233,30	123,98	80,17	45,86	21,07	5,78
562,50 bis 564,99	235,05	125,23	81,17	46,61	21,57	6,03
565,00 bis 567,49	236,80	126,48	82,17	47,36	22,07	6,28
567,50 bis 569,99	238,55	127,73	83,17	48,11	22,57	6,53
570,00 bis 572,49	240,30	128,98	84,17	48,86	23,07	6,78
572,50 bis 574,99	242,05	130,23	85,17	49,61	23,57	7,03
575,00 bis 577,49	243,80	131,48	86,17	50,36	24,07	7,28
577,50 bis 579,99	245,55	132,73	87,17	51,11	24,57	7,53
580,00 bis 582,49	247,30	133,98	88,17	51,86	25,07	7,78
582,50 bis 584,99	249,05	135,23	89,17	52,61	25,57	8,03
585,00 bis 587,49	250,80	136,48	90,17	53,36	26,07	8,28
587,50 bis 589,99	252,55	137,73	91,17	54,11	26,57	8,53
590,00 bis 592,49	254,30	138,98	92,17	54,86	27,07	8,78
592,50 bis 594,99	256,05	140,23	93,17	55,61	27,57	9,03
595,00 bis 597,49	257,80	141,48	94,17	56,36	28,07	9,28
597,50 bis 599,99	259,55	142,73	95,17	57,11	28,57	9,53

Netto-Lohn monatlich	Pfändbarer Betrag bei Unterhaltspflicht für .... Personen					
	0	1	2	3	4	5 und mehr
in €	in €					
600,00 bis 602,49	261,30	143,98	96,17	57,86	29,07	9,78
602,50 bis 604,99	263,05	145,23	97,17	58,61	29,57	10,03
605,00 bis 607,49	264,80	146,48	98,17	59,36	30,07	10,28
607,50 bis 609,99	266,55	147,73	99,17	60,11	30,57	10,53
610,00 bis 612,49	268,30	148,98	100,17	60,86	31,07	10,78
612,50 bis 614,99	270,05	150,23	101,17	61,61	31,57	11,03
615,00 bis 617,49	271,80	151,48	102,17	62,36	32,07	11,28
617,50 bis 619,99	273,55	152,73	103,17	63,11	32,57	11,53
620,00 bis 622,49	275,30	153,98	104,17	63,86	33,07	11,78
622,50 bis 624,99	277,05	155,23	105,17	64,61	33,57	12,03
625,00 bis 627,49	278,80	156,48	106,17	65,36	34,07	12,28
627,50 bis 629,99	280,55	157,73	107,17	66,11	34,57	12,53
630,00 bis 632,49	282,30	158,98	108,17	66,86	35,07	12,78
632,50 bis 634,99	284,05	160,23	109,17	67,61	35,57	13,03
635,00 bis 637,49	285,80	161,48	110,17	68,36	36,07	13,28
637,50 bis 639,99	287,55	162,73	111,17	69,11	36,57	13,53
640,00 bis 642,49	289,30	163,98	112,17	69,86	37,07	13,78
642,50 bis 644,99	291,05	165,23	113,17	70,61	37,57	14,03
645,00 bis 647,49	292,80	166,48	114,17	71,36	38,07	14,28
647,50 bis 649,99	294,55	167,73	115,17	72,11	38,57	14,53
650,00 bis 652,49	296,30	168,98	116,17	72,86	39,07	14,78
652,50 bis 654,99	298,05	170,23	117,17	73,61	39,57	15,03
655,00 bis 657,49	299,80	171,48	118,17	74,36	40,07	15,28
657,50 bis 659,99	301,55	172,73	119,17	75,11	40,57	15,53
660,00 bis 662,49	303,30	173,98	120,17	75,86	41,07	15,78
662,50 bis 664,99	305,05	175,23	121,17	76,61	41,57	16,03
665,00 bis 667,49	306,80	176,48	122,17	77,36	42,07	16,28
667,50 bis 669,99	308,55	177,73	123,17	78,11	42,57	16,53
670,00 bis 672,49	310,30	178,98	124,17	78,86	43,07	16,78
672,50 bis 674,99	312,05	180,23	125,17	79,61	43,57	17,03
675,00 bis 677,49	313,80	181,48	126,17	80,36	44,07	17,28
677,50 bis 679,99	315,55	182,73	127,17	81,11	44,57	17,53
680,00 bis 682,49	317,30	183,98	128,17	81,86	45,07	17,78
682,50 bis 684,99	319,05	185,23	129,17	82,61	45,57	18,03
685,00 bis 687,49	320,80	186,48	130,17	83,36	46,07	18,28
687,50 bis 689,99	322,55	187,73	131,17	84,11	46,57	18,53
690,00 bis 692,49	324,30	188,98	132,17	84,86	47,07	18,78
692,50 bis 694,99	326,05	190,23	133,17	85,61	47,57	19,03
695,00 bis 695,03	327,80	191,48	134,17	86,36	48,07	19,28
Der Mehrbetrag über 695,03 € ist voll pfändbar.						

3. Tagestabelle (BGBl I/2005 S 493 ff.) Anlage zu § 850 c ZPO – Stand: 1.1.2010 –

Netto-Lohn monatlich	Pfändbarer Betrag bei Unterhaltspflicht für .... Personen					
	0	1	2	3	4	5 und mehr
in €	in €					
0,00 bis 45,49	-	-	-	-	-	-
45,50 bis 45,99	0,11	-	-	-	-	-
46,00 bis 46,49	0,46	-	-	-	-	-
46,50 bis 46,99	0,81	-	-	-	-	-
47,00 bis 47,49	1,16	-	-	-	-	-
47,50 bis 47,99	1,51	-	-	-	-	-
48,00 bis 48,49	1,86	-	-	-	-	-
48,50 bis 48,99	2,21	-	-	-	-	-
49,00 bis 49,49	2,56	-	-	-	-	-
49,50 bis 49,99	2,91	-	-	-	-	-
50,00 bis 50,49	3,26	-	-	-	-	-
50,50 bis 50,99	3,61	-	-	-	-	-
51,00 bis 51,49	3,96	-	-	-	-	-
51,50 bis 51,99	4,31	-	-	-	-	-
52,00 bis 52,49	4,66	-	-	-	-	-
52,50 bis 52,99	5,01	-	-	-	-	-
53,00 bis 53,49	5,36	-	-	-	-	-
53,50 bis 53,99	5,71	-	-	-	-	-
54,00 bis 54,49	6,06	-	-	-	-	-
54,50 bis 54,99	6,41	-	-	-	-	-
55,00 bis 55,49	6,76	-	-	-	-	-
55,50 bis 55,99	7,11	-	-	-	-	-
56,00 bis 56,49	7,46	-	-	-	-	-
56,50 bis 56,99	7,81	-	-	-	-	-
57,00 bis 57,49	8,16	-	-	-	-	-
57,50 bis 57,99	8,51	-	-	-	-	-
58,00 bis 58,49	8,86	-	-	-	-	-
58,50 bis 58,99	9,21	-	-	-	-	-
59,00 bis 59,49	9,56	-	-	-	-	-
59,50 bis 59,99	9,91	-	-	-	-	-
60,00 bis 60,49	10,26	-	-	-	-	-
60,50 bis 60,99	10,61	-	-	-	-	-
61,00 bis 61,49	10,96	-	-	-	-	-
61,50 bis 61,99	11,31	-	-	-	-	-
62,00 bis 62,49	11,66	-	-	-	-	-
62,50 bis 62,99	12,01	0,05	-	-	-	-
63,00 bis 63,49	12,36	0,30	-	-	-	-
63,50 bis 63,99	12,71	0,55	-	-	-	-
64,00 bis 64,49	13,06	0,80	-	-	-	-
64,50 bis 64,99	13,41	1,05	-	-	-	-
65,00 bis 65,49	13,76	1,30	-	-	-	-
65,50 bis 65,99	14,11	1,55	-	-	-	-
66,00 bis 66,49	14,46	1,80	-	-	-	-
66,50 bis 66,99	14,81	2,05	-	-	-	-
67,00 bis 67,49	15,16	2,30	-	-	-	-
67,50 bis 67,99	15,51	2,55	-	-	-	-
68,00 bis 68,49	15,86	2,80	-	-	-	-
68,50 bis 68,99	16,21	3,05	-	-	-	-
69,00 bis 69,49	16,56	3,30	-	-	-	-
69,50 bis 69,99	16,91	3,55	-	-	-	-

Netto-Lohn monatlich	Pfändbarer Betrag bei Unterhaltspflicht für .... Personen					
	0	1	2	3	4	5 und mehr
in €	in €					
70,00 bis 70,49	17,26	3,80	-	-	-	-
70,50 bis 70,99	17,61	4,05	-	-	-	-
71,00 bis 71,49	17,96	4,30	-	-	-	-
71,50 bis 71,99	18,31	4,55	-	-	-	-
72,00 bis 72,49	18,66	4,80	0,04	-	-	-
72,50 bis 72,99	19,01	5,05	0,24	-	-	-
73,00 bis 73,49	19,36	5,30	0,44	-	-	-
73,50 bis 73,99	19,71	5,55	0,64	-	-	-
74,00 bis 74,49	20,06	5,80	0,84	-	-	-
74,50 bis 74,99	20,41	6,05	1,04	-	-	-
75,00 bis 75,49	20,76	6,30	1,24	-	-	-
75,50 bis 75,99	21,11	6,55	1,44	-	-	-
76,00 bis 76,49	21,46	6,80	1,64	-	-	-
76,50 bis 76,99	21,81	7,05	1,84	-	-	-
77,00 bis 77,49	22,16	7,30	2,04	-	-	-
77,50 bis 77,99	22,51	7,55	2,24	-	-	-
78,00 bis 78,49	22,86	7,80	2,44	-	-	-
78,50 bis 78,99	23,21	8,05	2,64	-	-	-
79,00 bis 79,49	23,56	8,30	2,84	-	-	-
79,50 bis 79,99	23,91	8,55	3,04	-	-	-
80,00 bis 80,49	24,26	8,80	3,24	-	-	-
80,50 bis 80,99	24,61	9,05	3,44	-	-	-
81,00 bis 81,49	24,96	9,30	3,64	-	-	-
81,50 bis 81,99	25,31	9,55	3,84	0,02	-	-
82,00 bis 82,49	25,66	9,80	4,04	0,17	-	-
82,50 bis 82,99	26,01	10,05	4,24	0,32	-	-
83,00 bis 83,49	26,36	10,30	4,44	0,47	-	-
83,50 bis 83,99	26,71	10,55	4,64	0,62	-	-
84,00 bis 84,49	27,06	10,80	4,84	0,77	-	-
84,50 bis 84,99	27,41	11,05	5,04	0,92	-	-
85,00 bis 85,49	27,76	11,30	5,24	1,07	-	-
85,50 bis 85,99	28,11	11,55	5,44	1,22	-	-
86,00 bis 86,49	28,46	11,80	5,64	1,37	-	-
86,50 bis 86,99	28,81	12,05	5,84	1,52	-	-
87,00 bis 87,49	29,16	12,30	6,04	1,67	-	-
87,50 bis 87,99	29,51	12,55	6,24	1,82	-	-
88,00 bis 88,49	29,86	12,80	6,44	1,97	-	-
88,50 bis 88,99	30,21	13,05	6,64	2,12	-	-
89,00 bis 89,49	30,56	13,30	6,84	2,27	-	-
89,50 bis 89,99	30,91	13,55	7,04	2,42	-	-
90,00 bis 90,49	31,26	13,80	7,24	2,57	-	-
90,50 bis 90,99	31,61	14,05	7,44	2,72	-	-
91,00 bis 91,49	31,96	14,30	7,64	2,87	0,01	-
91,50 bis 91,99	32,31	14,55	7,84	3,02	0,11	-
92,00 bis 92,49	32,66	14,80	8,04	3,17	0,21	-
92,50 bis 92,99	33,01	15,05	8,24	3,32	0,31	-
93,00 bis 93,49	33,36	15,30	8,44	3,47	0,41	-
93,50 bis 93,99	33,71	15,55	8,64	3,62	0,51	-
94,00 bis 94,49	34,06	15,80	8,84	3,77	0,61	-
94,50 bis 94,99	34,41	16,05	9,04	3,92	0,71	-

Netto-Lohn monatlich	Pfändbarer Betrag bei Unterhaltspflicht für .... Personen					
	0	1	2	3	4	5 und mehr
in €	in €					
95,00 bis 95,49	34,76	16,30	9,24	4,07	0,81	-
95,50 bis 95,99	35,11	16,55	9,44	4,22	0,91	-
96,00 bis 96,49	35,46	16,80	9,64	4,37	1,01	-
96,50 bis 96,99	35,81	17,05	9,84	4,52	1,11	-
97,00 bis 97,49	36,16	17,30	10,04	4,67	1,21	-
97,50 bis 97,99	36,51	17,55	10,24	4,82	1,31	-
98,00 bis 98,49	36,86	17,80	10,44	4,97	1,41	-
98,50 bis 98,99	37,21	18,05	10,64	5,12	1,51	-
99,00 bis 99,49	37,56	18,30	10,84	5,27	1,61	-
99,50 bis 99,99	37,91	18,55	11,04	5,42	1,71	-
100,00 bis 100,49	38,26	18,80	11,24	5,57	1,81	-
100,50 bis 100,99	38,61	19,05	11,44	5,72	1,91	0,01
101,00 bis 101,49	38,96	19,30	11,64	5,87	2,01	0,06
101,50 bis 101,99	39,31	19,55	11,84	6,02	2,11	0,11
102,00 bis 102,49	39,66	19,80	12,04	6,17	2,21	0,16
102,50 bis 102,99	40,01	20,05	12,24	6,32	2,31	0,21
103,00 bis 103,49	40,36	20,30	12,44	6,47	2,41	0,26
103,50 bis 103,99	40,71	20,55	12,64	6,62	2,51	0,31
104,00 bis 104,49	41,06	20,80	12,84	6,77	2,61	0,36
104,50 bis 104,99	41,41	21,05	13,04	6,92	2,71	0,41
105,00 bis 105,49	41,76	21,30	13,24	7,07	2,81	0,46
105,50 bis 105,99	42,11	21,55	13,44	7,22	2,91	0,51
106,00 bis 106,49	42,46	21,80	13,64	7,37	3,01	0,56
106,50 bis 106,99	42,81	22,05	13,84	7,52	3,11	0,61
107,00 bis 107,49	43,16	22,30	14,04	7,67	3,21	0,66
107,50 bis 107,99	43,51	22,55	14,24	7,82	3,31	0,71
108,00 bis 108,49	43,86	22,80	14,44	7,97	3,41	0,76
108,50 bis 108,99	44,21	23,05	14,64	8,12	3,51	0,81
109,00 bis 109,49	44,56	23,30	14,84	8,27	3,61	0,86
109,50 bis 109,99	44,91	23,55	15,04	8,42	3,71	0,91
110,00 bis 110,49	45,26	23,80	15,24	8,57	3,81	0,96
110,50 bis 110,99	45,61	24,05	15,44	8,72	3,91	1,01
111,00 bis 111,49	45,96	24,30	15,64	8,87	4,01	1,06
111,50 bis 111,99	46,31	24,55	15,84	9,02	4,11	1,11
112,00 bis 112,49	46,66	24,80	16,04	9,17	4,21	1,16
112,50 bis 112,99	47,01	25,05	16,24	9,32	4,31	1,21
113,00 bis 113,49	47,36	25,30	16,44	9,47	4,41	1,26
113,50 bis 113,99	47,71	25,55	16,64	9,62	4,51	1,31
114,00 bis 114,49	48,06	25,80	16,84	9,77	4,61	1,36
114,50 bis 114,99	48,41	26,05	17,04	9,92	4,71	1,41
115,00 bis 115,49	48,76	26,30	17,24	10,07	4,81	1,46
115,50 bis 115,99	49,11	26,55	17,44	10,22	4,91	1,51
116,00 bis 116,49	49,46	26,80	17,64	10,37	5,01	1,56
116,50 bis 116,99	49,81	27,05	17,84	10,52	5,11	1,61
117,00 bis 117,49	50,16	27,30	18,04	10,67	5,21	1,66
117,50 bis 117,99	50,51	27,55	18,24	10,82	5,31	1,71
118,00 bis 118,49	50,86	27,80	18,44	10,97	5,41	1,76
118,50 bis 118,99	51,21	28,05	18,64	11,12	5,51	1,81
119,00 bis 119,49	51,56	28,30	18,84	11,27	5,61	1,86
119,50 bis 119,99	51,91	28,55	19,04	11,42	5,71	1,91

Netto-Lohn monatlich	Pfändbarer Betrag bei Unterhaltspflicht für .... Personen					
	0	1	2	3	4	5 und mehr
in €	in €					
120,00 bis 120,49	52,26	28,80	19,24	11,57	5,81	1,96
120,50 bis 120,99	52,61	29,05	19,44	11,72	5,91	2,01
121,00 bis 121,49	52,96	29,30	19,64	11,87	6,01	2,06
121,50 bis 121,99	53,31	29,55	19,84	12,02	6,11	2,11
122,00 bis 122,49	53,66	29,80	20,04	12,17	6,21	2,16
122,50 bis 122,99	54,01	30,05	20,24	12,32	6,31	2,21
123,00 bis 123,49	54,36	30,30	20,44	12,47	6,41	2,26
123,50 bis 123,99	54,71	30,55	20,64	12,62	6,51	2,31
124,00 bis 124,49	55,06	30,80	20,84	12,77	6,61	2,36
124,50 bis 124,99	55,41	31,05	21,04	12,92	6,71	2,41
125,00 bis 125,49	55,76	31,30	21,24	13,07	6,81	2,46
125,50 bis 125,99	56,11	31,55	21,44	13,22	6,91	2,51
126,00 bis 126,49	56,46	31,80	21,64	13,37	7,01	2,56
126,50 bis 126,99	56,81	32,05	21,84	13,52	7,11	2,61
127,00 bis 127,49	57,16	32,30	22,04	13,67	7,21	2,66
127,50 bis 127,99	57,51	32,55	22,24	13,82	7,31	2,71
128,00 bis 128,49	57,86	32,80	22,44	13,97	7,41	2,76
128,50 bis 128,99	58,21	33,05	22,64	14,12	7,51	2,81
129,00 bis 129,49	58,56	33,30	22,84	14,27	7,61	2,86
129,50 bis 129,99	58,91	33,55	23,04	14,42	7,71	2,91
130,00 bis 130,49	59,26	33,80	23,24	14,57	7,81	2,96
130,50 bis 130,99	59,61	34,05	23,44	14,72	7,91	3,01
131,00 bis 131,49	59,96	34,30	23,64	14,87	8,01	3,06
131,50 bis 131,99	60,31	34,55	23,84	15,02	8,11	3,11
132,00 bis 132,49	60,66	34,80	24,04	15,17	8,21	3,16
132,50 bis 132,99	61,01	35,05	24,24	15,32	8,31	3,21
133,00 bis 133,49	61,36	35,30	24,44	15,47	8,41	3,26
133,50 bis 133,99	61,71	35,55	24,64	15,62	8,51	3,31
134,00 bis 134,49	62,06	35,80	24,84	15,77	8,61	3,36
134,50 bis 134,99	62,41	36,05	25,04	15,92	8,71	3,41
135,00 bis 135,49	62,76	36,30	25,24	16,07	8,81	3,46
135,50 bis 135,99	63,11	36,55	25,44	16,22	8,91	3,51
136,00 bis 136,49	63,46	36,80	25,64	16,37	9,01	3,56
136,50 bis 136,99	63,81	37,05	25,84	16,52	9,11	3,61
137,00 bis 137,49	64,16	37,30	26,04	16,67	9,21	3,66
137,50 bis 137,99	64,51	37,55	26,24	16,82	9,31	3,71
138,00 bis 138,49	64,86	37,80	26,44	16,97	9,41	3,76
138,50 bis 138,99	65,21	38,05	26,64	17,12	9,51	3,81
139,00 bis 139,01	65,56	38,30	26,84	17,27	9,61	3,86
Der Mehrbetrag über 139,01 € ist voll pfändbar.						

H. Sachregister